Der Stellungskrieg der Denkmäler

Historisches Forschungszentrum der Friedrich-Ebert-Stiftung
Reihe: Politik- und Gesellschaftsgeschichte, Band 64

Herausgegeben von Dieter Dowe und Michael Schneider

Christian Saehrendt

Der Stellungskrieg der Denkmäler

Kriegerdenkmäler im Berlin der Zwischenkriegszeit (1919–1939)

Bibliografische Information der Deutschen Bibliothek

Die Deutsche Bibliothek verzeichnet diese Publikation in der Deutschen Nationalbibliografie;
detaillierte bibliografische Daten sind im Internet über *http://dnb.ddb.de* abrufbar.

ISBN 3-8012-4150-5
ISSN 0941-7621

Copyright © 2004 by
Verlag J.H.W. Dietz Nachf. GmbH
Dreizehnmorgenweg 24, 53175 Bonn
Lektorat: Prof. Dr. Michael Schneider, Bonn
Dr. Alexander Behrens, Bonn
Reihengestaltung: Petra Strauch, Bonn
Umschlaggestaltung: Daniela Müller, Bonn
Umschlagfoto: Einweihung des Denkmals von Hugo Lederer
in der Berliner Friedrich-Wilhelms-Universität, 1926
Satz: Kempken DTP-Service, Marburg
Druck und Verarbeitung: Druckerei Plump, Rheinbreitbach
Alle Rechte vorbehalten
Printed in Germany 2004

Besuchen Sie uns im Internet: *http://www.dietz-verlag.de*

Inhalt

I. Politische Konflikte um das Gefallenengedenken 9

   1. Das politisch-soziale Spektrum der Veteranenvereine 10
      Kriegervereine und »vaterländische« Verbände 10
      Das Reichsbanner Schwarz-Rot-Gold 17
      Der Rot-Front-Kämpferbund (RFB) 26
   2. Politische Konflikte um das Gefallenengedenken in Berlin 31
      Berlin als Standort für Denkmäler und militärische Feiern 35
      Politische Konflikte um Denkmals-Standorte: Das Genehmigungs-
      verfahren für Denkmäler in Berlin 36
      Verbote, Ausschreitungen und Denkmalsbeschädigungen 41
      Brennpunkt Kriegervereinshaus 45
      Die Märsche des Stahlhelms 49
      Hindenburgs 80. Geburtstag 51

II. Der Denkmalsbau 54

   1. Die Künstler und die häufigsten Denkmalstypen 55
   2. Das Bildhauermaterial 60
      Marmor 61
      Kalkstein 63
      Granit 64
      Zement 66
      Eisen und Bronze 68
   3. Figürliche und gegenständliche Bildhauerei 70
      Das Soldatenstandbild 70
      Antikisierende Standbilder 74
      Löwen- und Adlerplastiken 77
      Einfache Stelen, Quader, Platten und andere Formen 78
   4. Expressionistische und archaisierende Formen 82
   5. Tendenzen: Heroisierung und Monumentalisierung 88
      Der Weg vom figürlichen zum architektonischen Denkmal 90
      Denkmäler und Feiern im Dienst der Republik 92

III. Konflikte um einzelne markante Denkmäler 97

    1. Kriegerdenkmäler des monarchistischen Milieus 97
        Das Denkmal des Königin-Augusta-Garde-Regiments Nr. 4 97
        Der Neue Garnisonfriedhof in der Hasenheide 104
    2. Die Kriegerdenkmäler der Berliner Universitäten 106
        Das Denkmal der Gefallenen der Berliner Universität
        als Beispiel eines Denkmalbaues des akademischen
        nationalistischen Spektrums 106
        Der Langemarck-Kult und die Rolle der Studenten
        im Rahmen des offiziellen Gefallenengedenkens 111
        Zulauf für die Nationalsozialisten an der Universität 114
        Gefallenendenkmäler der deutschen Hochschulen 114
        Das Gefallenendenkmal der Friedrich-Wilhelms-Universität:
        Wettbewerb, Entstehungsgeschichte und Rezeption 116
    3. Reichsehrenmal und republikanisches Gedenken:
       Die Neue Wache als Beispiel für das offizielle Gefallenen-
       gedenken des republikanischen Staates 127
    4. Nationalsozialistische Kriegerdenkmäler in Berlin 135
        Neue Aufträge für die Kriegerdenkmalsspezialisten 135
        Ehrenmale für die Toten aus der »Kampfzeit« 140
        Die Langemarck-Halle 145
        Themenpark Kaiserreich 149
        Die geplanten Totenburgen und die Soldatenhalle 150
        Hitlers Pläne für ein Reichsehrenmal 151
        Ruinenwerttheorie 153

IV. Der Stellungskrieg der Denkmäler:
    Zusammenfassung und Ausblick 156

    1. Die Wehrverbände und die Republik 156
    2. Politisch bestimmte Präferenzen für Formen
       und Materialien beim Denkmalsbau? 158
    3. Von der Nachkriegszeit bis zur Gegenwart:
       Kriegerdenkmäler im Urteil der Öffentlichkeit 165
    4. Denkmalspolitik in Ostberlin 169
    5. Kriegerdenkmäler heute 172

Anhang

1. Archivbestände 183
2. Publikationen 184
3. Abkürzungen 190
4. Personenregister 191
5. Orts- und Denkmalregister 195
6. Bildnachweis 204
7. Danksagung 205
8. Über den Autor 205
9. Aktuelle Forschungsprojekte 205

I. Politische Konflikte um das Gefallenengedenken

Im Ersten Weltkrieg fielen etwa zwei Millionen deutsche Soldaten, vier Millionen wurden verwundet, ganze Jahrgänge dezimiert. Waren die steigenden Verluste im Laufe des Krieges noch mit der Aussicht auf den Sieg als notwendige Opfer gerechtfertigt worden, entstand nach der Niederlage das Dilemma, dem Tod vieler Soldaten und dem Leiden der ca. 800.000 Invaliden und Hinterbliebenen einen »Sinn« zu verleihen. Zahlreiche Untersuchungen haben sich in den letzten Jahren mit den vielfältigen kulturellen Erscheinungen befasst, die dieses einschneidende Ereignis zu verarbeiten suchten.[1] Dabei wird deutlich: Die Frage nach dem »Wofür« konnte von der christlichen Metaphorik nicht mehr ausreichend beantwortet werden. Auch der Gedanke einer Wiedergeburt der Nation als sozialistischer, demokratischer oder spiritueller Gesellschaftsform, als wahrer »Gemeinschaft«, der die Katharsis des Massensterbens vorausgehen musste, überzeugte nur eine Minderheit. Vielmehr verbreitete sich die »vaterländische« Ideologie, die Soldatenehre und Soldatenpflicht als Selbstzweck feierte und den Sinn des Opfertodes nur in der Fortsetzung des Kampfes sah, in Rache und Revision.

Im ersten Teil des Textes wird zunächst die Frage im Mittelpunkt stehen, wie der Gefallenenkult von den verschiedenen Parteien und Verbänden funktionalisiert wurde. Die Kriegervereine und »vaterländischen Verbände« werden dabei dem Reichsbanner gegenübergestellt. Gesondert wird der Rot-Front-Kämpferbund betrachtet, denn auch im Gefallenengedenken manifestierte sich die Spaltung der Arbeiterbewegung. Dann werden Konflikte untersucht, die sich im Zusammenhang mit dem Gefallenengedenken und Denkmalsprojekten einstellten. Hier werden die verschiedenen Interessengruppen, Auftraggeber und genehmigende Behörden im Vordergrund stehen. Be-

---

1 Im Jahre 1929 zählte man 372.001 Witwen, 797.531 Waisen, 300.376 hilfsbedürftige Eltern Gefallener. Diese Gruppen wurden im Reichshaushalt mit 661,5 Mio. Mark unterstützt. Die 761.294 Invaliden wurden mit 680,7 Mio. unterstützt, Angaben nach: Die Ausgaben für die Opfer des Krieges, in: Vorstand der SPD (Hrsg.), *Sozialdemokratische Parteikorrespondenz* 4/ 1929, Berlin 1930, S. 143 f. Vgl. Sabine Kienitz, Der Krieg der Invaliden. Heldenbilder und Männlichkeitskonstruktionen nach dem Ersten Weltkrieg, in: *Militärgeschichtliche Zeitschrift* Jg. 60, H. 2, 2001, S. 367-402 und Christine Beil, Zwischen Hoffnung und Verbitterung. Selbstbild und Erfahrungen von Kriegsbeschädigten in den ersten Jahren der Weimarer Republik, in: *Zeitschrift für Geschichtswissenschaft* Jg. 46, 1998, H. 2, S. 139-157; Rainer Rother (Hrsg.), Die letzten Tage der Menschheit. Bilder des Ersten Weltkriegs, Berlin 1994; Reinhart Koselleck, Der politische Totenkult. Kriegerdenkmäler der Moderne, München 1994; Susanne Brandt, Der Erste Weltkrieg und die Medien des Gedächtnisses Filme, Soldatenfriedhöfe und Kriegsfotos nach 1918, in: *Sozialwissenschaftliche Informationen* 28, Heft 4 1999, S. 261-271.

sondere Aufmerksamkeit erfahren die Konflikte im Laufe der Genehmigungsverfahren und in Folge der rituellen Nutzung des Denkmals: Enthüllungsfeiern, Gegendemonstrationen, Presseecho und Denkmalsschändungen werden untersucht und analysiert.

Im zweiten Teil liegt der Schwerpunkt auf künstlerischen Fragen: Welche Bildhauer erhielten die Aufträge? Welche ästhetischen Tendenzen gab es nach 1914? Welche Denkmalstypen verbreiteten sich, welche Materialien wurden bevorzugt? Schließlich soll erörtert werden, ob es Präferenzen der Parteien für bestimmte künstlerische Formen und Materialien gab.

Die Arbeit beansprucht nicht, eine vollständige regionale Denkmalstopographie zu liefern, will keine erschöpfende Aufzählung bieten, denn die meisten Kriegerdenkmäler sind aus kunsthistorischer Sicht uninteressante, serielle Produkte. Vielmehr geht es im dritten Teil um einzelne Denkmäler, die eine besondere Affinität zu einer politischen Richtung oder einem sozio-kulturellen Milieu aufweisen: Dabei steht das Neuköllner Augustaner-Denkmal für die Gedenkkultur der monarchistischen Kriegervereine, die Neue Wache für das Bestreben, ein republikanisches, staatstragendes Ehrenmal zu errichten. Die Geschichte des Gefallenendenkmals der Berliner Universität öffnet den Blick für die politischen Kämpfe an der Universität und zeigt, wie sich Militarismus und völkischer Nationalismus im akademischen Milieu ausbreiteten. Im Gefallenenkult der Nationalsozialisten verschmolzen Kriegerehrungen mit dem Gedenken an die eigenen »Märtyrer der Bewegung«. Daher gilt die Aufmerksamkeit neben der Langemarck-Halle auch der Umgestaltung des Bülowplatzes zum Horst-Wessel-Platz. Zum Schluss wird der Umgang der Alliierten mit den Berliner Kriegerdenkmälern diskutiert. Wurde der »Zerstörungsbefehl« vom 13. Mai 1946 konsequent umgesetzt? Gab es unterschiedliche Umsetzungen des Befehls in Ost und West?

Die Arbeit basiert auf der Auswertung von Akten der Berliner Bezirksverwaltungen und der Polizei, des preußischen Volksbildungs- und Innenministeriums, der preußischen Akademie der Künste und der Staatlichen Museen zu Berlin. Flankierend wurden wichtige politische Zeitschriften und die Verbandspublikationen der Veteranenvereine und Parteiorganisationen herangezogen, um eine quellennahe, interdisziplinär angelegte Darstellung entstehen zu lassen.

1. Das politisch-soziale Spektrum der Veteranenvereine

Kriegervereine und »vaterländische« Verbände

Im Laufe der 1920er-Jahre wurden Land und Stadt von zahllosen Kriegerdenkmälern überzogen, die überwiegend von Kriegervereinen und Traditionsverbänden finanziert wurden. Die Kriegervereine waren nach der Reduktion der deutschen Armee Auffangorganisationen für die entlassenen Soldaten. Zusammen mit Schützen-, Sport- und Gesangvereinen bildeten sie eine antirepublikanische, nationalistische Gegenwelt zur Weimarer Republik.² In ihnen festigte sich das konservative und militärische Milieu. Die Vereine des *Kyffhäuserbundes*³ und anderer Kriegerverbände waren vor dem Krieg streng monarchistisch ausgerichtet.⁴ Kriegervereine und der *Stahlhelm*, der 1918 gegründete *Bund der Frontsoldaten*, bemühten sich um eine enge Zusammenarbeit vor Ort. Der Stahlhelm, personell mit der *Deutschnationalen Volkspartei* (DNVP) verflochten, war der professionellste Kriegerverein. Er beeindruckte durch sein uni-

---

2   Hier liegt der entscheidende Unterschied zu den französischen Veteranenverbänden, deren nationale Geschlossenheit und Loyalität zum Staat nie in Frage stand. Dazu dürfte beigetragen haben, dass das republikanische Frankreich als Sieger aus dem Krieg hervorgegangen war. Wie in Deutschland entstand dort ein landesweites, dichtes Netz von *Monuments aux morts*, Kriegerdenkmälern, die unter stärkerer Beteiligung der Gemeinden errichtet wurden. Der Feiertag des einfachen Soldaten, des *Poilu*, war *l'armistice*, der Waffenstillstand vom 11.11.1918. Jährliche Verdun- und Marnefeiern fanden statt sowie der Umzug am Champs-Elyseés mit der Kranzniederlegung am Grab des Unbekannten Soldaten. Auch die rechtsextremen Veteranenverbände richteten sich hauptsächlich gegen die Kommunisten, nicht aber, wie in Deutschland, unversöhnlich gegen den Staat, so etwa der *Faisceaux des Combattants*, gegr. am 1.11.1925 durch Angehörige der *Action française*, der Veteranen und ungediente *aspirants* aufnahm (1926: 40.000 Mitglieder) oder etwa der *Croix de feu* mit seinen 500.000 Mitgliedern (1936). Andreas Wirsching, Vom Weltkrieg zum Bürgerkrieg. Politischer Extremismus in Deutschland und Frankreich 1918–1933/39. Berlin und Paris im Vergleich, München 1999, S. 293, 352 ff.
3   Der *Deutsche Reichskriegerbund Kyffhäuser* widmete sich vornehmlich Wohlfahrts- und Fürsorgeaufgaben. Unterstützungskassen sollten die Mitglieder bei Krankheit und Unglücksfällen absichern, Waisenhäuser wurden unterstützt. Wichtigstes Anliegen war aber die Ehrung der Gefallenen und der Kampf gegen den Versailler Vertrag. Als Interessenvertretung ehemaliger Offiziere agierte der 1918 gegründete *Nationalverband Deutscher Offiziere*. Siehe dazu Frank Bösch, Das konservative Milieu. Vereinskultur und lokale Sammlungspolitik, Göttingen 2002, S. 66-79. Im Handbuch des öffentlichen Lebens, Hrsg.: Maximilian Müller-Jabusch, Leipzig 1929 finden sich auf den S. 347-349 u.a. folgende Angaben über »Kriegsteilnehmerverbände aller Richtungen«: »*Deutscher Reichskriegerbund Kyffhäuser*, Berlin, Zeitschrift ›Kyffhäuser‹ (wöchentlich), rund drei Millionen Mitglieder, rund 30.000 Vereine, 25 Landesverbände. Programm: Zusammenschluss aller deutschen Landeskriegerverbände und damit der ihnen angeschlossenen Krieger-, Militär- und Regimentsvereine zur Förderung gemeinnütziger, vaterländischer, kameradschaftlicher und sozialer Bestrebungen [...].; *Stahlhelm. Bund der Frontsoldaten*, Magdeburg, Zeitschrift ›Der Stahlhelm‹, 1 Million Mitglieder. »Der Stahlhelm bleibt nationale Opposition [...] eine Schicht von Männern, die, die auf kriegerischer Tugend aufbauend, den Staat sich zimmert (erobernd oder in den jetzigen hineinwachsend); *Der Jungdeutsche Orden*, Berlin, Zeitschrift ›Der Jungdeutsche‹ [...] ein volkspolitischer Männerbund auf ideeller, vaterländisch-völkischer, christlicher und verfassungsmäßiger Grundlage«; *Der Wehrwolf. Soziale großdeutsche Freiheitsbewegung*, Halle, Zeitschrift ›Wehrwolf‹. Gliederung: »getreue Ekkehardgruppen«, (über 25 Jahre), »Jungwolf« (14-18 Jahre), »Opfergruppen« (Frauen und Mädchen), Zweck: Pflege vaterländischer und völkischer Gesinnung; *Nationalverband Deutscher Offiziere*, Berlin, Zeitschrift ›Deutsche Treue‹. Zweck: Politische Schulung der aus dem aktiven Dienst ausgeschiedenen deutschen Offiziere, Pflege der Tradition des deutschen Offizierskorps; *Deutscher Offiziersbund*, Berlin, Zeitschrift ›Deutscher Offizier-Bund‹.«
4   So hieß es in der Satzung des Kriegervereins Neukölln vom 17.8.1918: »§ 3. Ausgeschlossen werden Mitglieder, [...] welche der Anforderung der Pflege und Betätigung der Liebe und Treue zu Kaiser und Reich, Landesfürst und Vaterland nicht entsprechen« In: Landesarchiv Berlin B Rep. 42 Vereine, Acc. 2147, Nr. 27904.

formiertes und geschlossenes Auftreten, seine festlichen Inszenierungen und ließ seinen mittellosen Mitgliedern wirtschaftliche Unterstützung zukommen. Der Verband gliederte sich in den *Kernstahlhelm*: für alle, die »nachweislich 6 Monate an der Feuerfront« waren, den *Ringstahlhelm*: »für alle Männer über 23 Jahren, die aus ehrenhaften Gründen der Front fernbleiben mußten«, den *Jungstahlhelm*: »für Jungmannen zwischen 17 und 21 Jahren« und den *Scharnhorstbund*: »für Jungmannen zwischen 13 und 17 Jahren«. Eng angeschlossen war der *Königin-Luise-Bund* zur Erfassung der »nationalgesinnten« Frauen und Mädchen. Trotz der Werbung um Mitglieder aus dem Arbeitermilieu blieb der *Stahlhelm* jedoch ein hierarchischer, monarchistischer Verband der höchstens 400.000 Mitglieder vereinigte (1929), davon etwa 150.000 ehemalige Frontsoldaten. Das Mitgliedskriterium der Fronterfahrung war stark aufgeweicht worden, um eine Massenbewegung zu werden. Deutlich wird hier die Parallele zum französischen *Croix de feu*, einem 1928 nur für dekorierte Frontkämpfer gegründeten Verband, der sich bald für nichtdekorierte *briscards*, dann für ungediente Ältere (*regroupement national*) und für Jugendliche (*volontaires nationaux*) öffnete. Die Mitgliederzahl dieses straff geführten, antikommunistischen »Volkspartei«-Verbandes stieg von anfänglich 5.000 auf über 500.000 im Jahr 1936.[5]

Doppelmitgliedschaften in den deutschen Kriegervereinen und im Stahlhelm waren ausdrücklich erwünscht, eine gegenseitige Einladung und Unterstützung durch die jeweiligen Ortsgruppen wurde vereinbart. Zwar distanzierte sich der Stahlhelm pro forma von antisemitischen Gruppen, doch definierte er sich »positiv völkisch« und bekannte sich zur »zukünftigen Abwehr fremdrassiger Einflüsse, damit sie nicht wie in unseren Tagen eine unheilvolle Rolle spielen können.«[6] Eine unmissverständliche Sprache findet sich im Liedgut des Stahlhelms, wie etwa im Lied: »Wir sind der Rache schwarzes Korps, wir gehen zum Sturme vor! Von Knechtschaft und von Tyrannei woll'n wir das Land befrei'n. Von Sowjetmacht und Judenpest, vom Feind in Ost und West; So zieh'n wir aus zur blut'gen Schlacht, die Rache ist erwacht. [...] Allein der Haß, den sie gesät, als blut'ge Saat aufgeht: Erzitt're Judenrepublik! Die Freiheit kehrt zurück!«[7]

Für Nervosität im Spektrum der Kriegervereine hatten im Krieg Überlegungen führender Sozialdemokraten gesorgt, eigene Vereine von Kriegsteilnehmern und Kriegsbeschädigten zu gründen.[8] Der Vorsitzende des *Preußischen Landeskriegerver-*

---

5 Mitgliederzahl 1929: 5.000; 1932: 25.000; 1935: 240.000, 1936: 500.000; 1937: 700.000. Andreas Wirsching, Vom Weltkrieg zum Bürgerkrieg, München 1999, S. 479.
6 Sechs Jahre Stahlhelm in Mitteldeutschland, (Hrsg.: Landesverband Halle-Merseburg), 1925/26, S. 60.
7 Jungstahlhelm Greifswald (Hrsg.), Front Heil! Eine Auswahl deutscher Lieder, Greifswald 1929, S. 79, Nr. 153.
8 Erich Kuttner und Friedrich Stampfer luden im September 1916 alle Genossen, die sich für die Organisierung als Kriegsteilnehmer und Kriegsbeschädigte interessierten, ins Cafe Josty, »separierter Raum«, am Potsdamer Platz ein, so die *Essener Arbeiterzeitung* am 27.9.1916. Eine Dis-

bandes, schrieb 1916 scheinbar gelassen an den Minister des Inneren: »Die Lebensfähigkeit der sozialdemokratischen Kriegervereine wird daran scheitern, dass ihnen nicht die Rechte der behördlich anerkannten Kriegervereine zugebilligt werden. Das Kriegervereinswesen wird diesen Neugründungen mit Ruhe entgegensehen können.«[9] Trotzdem wollte man potentieller, linker Konkurrenz den Wind aus den Segeln nehmen. Vor diesem Hintergrund ist zu erklären, dass sich der Kyffhäuserbund im September 1918 für politisch neutral erklärte und sich Sozialdemokraten öffnete.[10] Nach dem Krieg kehrten die Kriegervereine, in denen Offiziere und Adlige den Ton angaben, zu ihrer SPD-feindlichen Haltung zurück.[11] Die Gründung des *Reichsbanners Schwarz-Rot-Gold* (RB) 1924 wurde zunächst mit Spott kommentiert, so lancierten Stahlhelmkreise die Bezeichnung »Holzhelm« oder »Papphelm« für die republikanische Organisation.[12] Besonderen Haß zog der Vorsitzende Otto Hörsing auf sich. Er erhielt zahlreiche Droh- und Schmähbriefe. Beispielsweise beschimpfte ihn 1927 mit vollständiger Absenderangabe ein »Dr. Ensler« als »Ungeziefer«, als »dreckigen, dummen Lausebengel« und »dummes Schwein« etc.[13] Diese deutschnationalen Briefeschreiber fühlten sich offenbar völlig sicher. Als das rasche Wachstum und die massivere Präsenz des RB erkennbar wurden, entschlossen sich die »vaterländischen« Verbände zur massenhaften Gegenpropaganda. Dabei wirken die Vorwürfe gegen die Republikschutz-Organisation wie eine Projektion eigener Wünsche und Inhalte: Im RB würden Etappensoldaten und Halbstarke dominieren, einerseits würde das RB Friede, Einheit und Vaterland beschwören, andererseits würde ein anderer, ein »roter Zukunftsstaat« vorbereitet: »Am klarsten wird der brutale Wille zur Macht, der hinter der Gründung des RB steht, wenn man die geradezu zaristische Bundessatzung studiert.«[14] Der *Stahlhelm* warf den Republikanern vor: »Jene betreiben Parteipolitik und schützen eine fremde Rasse [...], jene sind Verräter an den zwei Millionen Gefallenen, die nicht unter Schwarz-Rot-Gold, sondern im Gedanken an Schwarz-Weiß-Rot ge-

---

kussion fand vor allem im Frühjahr 1917 in den sozialdemokratischen Medien statt, siehe *Vorwärts* 23.3., 3.4., 8.4., 27.5.1917, *Sozialdemokratische Feldpost* Nr. 1/15.5.1917.

9 Der Geschäftsführende Vorsitzende des *Preußischen Landeskriegerverbandes*, Westphal, an den Königl. Staatsminister und Minister des Inneren, von Loebell, Gesch.-Z. Nr. 5122 II, 6.10.1916. In: Geheimes Staatsarchiv Preußischer Kulturbesitz, I. HA, Innenministerium Rep. 77, Tit. 1137, Nr. 46.

10 Zu diesem Beschluss s. *Kriegerzeitung – Parole-. Amtliches Blatt des Deutschen Kriegerbundes,* Berlin 8.9.1918, S. 26.

11 Schon im ersten Nachkriegs-*Geschäftsbericht des Deutschen Kriegerbundes*, Berlin 1920, breitete der Vorsitzende Westphal auf der ersten Seite die Dolchstoßlegende aus: »Deutsche konnten nur von Deutschen besiegt werden.«

12 Die Wahrheit über das Reichsbanner, in: *Der Stahlhelm* Nr. 29, Magdeburg 17.8.1924, S. 1 f.

13 H.W. Ensler, Heimhuderstr. 17, Hamburg an Hörsing 23.7.1927. In: Archiv der sozialen Demokratie, Bonn (AdsD), Nachlass Hörsing Mappe 24.

14 Anonyme Broschüre von 1925 »Was Du vom Reichsbanner wissen musst. Eine sachliche Aufklärung«, S. 5.

fallen sind.«[15] Den Vorwurf des Verrats an der alten Reichsflagge drehte ein Reichsbanner-Flugblatt von 1924 um. Es sei eine »Beleidigung unserer toten Kameraden, dass ausgerechnet von den so genannten nationalen Parteien die einstige Reichsflagge in den Parteiensumpf herabgezogen, zum Symbol des Eidbruchs und Hochverrats gemacht wird. Mehr konnte niemand die Schwarz-Weiß-Rote Fahne schänden unter der wir gekämpft und geblutet haben und die anzugreifen und zu besudeln noch keiner von uns sich erniedrigt hat.«[16] Im *Stahlhelm-Erlass Nr. 3* von 1923 hieß es doppelbödig: »Eine Provozierung der Gegner ist ein für alle Mal zu vermeiden, dagegen sind tätliche Angriffe so abzuweisen, dass der Denkzettel genügt«.[17] Tatsächlich provozierten die Rechtsorganisationen systematisch Tätlichkeiten, indem sie durch Arbeiterbezirke marschieren und dies als »Eroberung der Straße« deklarierten.

Die Kriegervereine schlossen nun häufig das RB von Denkmalseinweihungen aus oder sie erlaubten Sozialdemokraten und Reichsbannermitgliedern die Teilnahme nur als Privatpersonen. Besonders empörte die Sozialdemokraten und Reichsbannermitglieder, wenn sie selbst ausgeschlossen wurden, die Reichswehr jedoch teilnahm.[18] In der Reichsbanner-Presse wurde festgestellt, dass bei Paraden und Denkmaleinweihungen die Republik noch kein eigenes »Gesicht« erhalten habe, stattdessen dominierten die Repräsentanten der Monarchie und der Kriegerverein, »über dessen Gestalten und Treiben man so gern seine Glossen macht.«[19]

Eine typische Begebenheit war etwa die Grundsteinlegung für das Gefallenendenkmal der Brandenburgischen Gemeinde Tremmen. Dort verlangte der örtliche Kriegerverein das Einholen der Schwarz-Rot-Goldenen Flagge und setzte dies handgreiflich durch: »Nur durch Vergraben auf dem Felde konnte die Fahne vor der Vernichtung durch die nationalistischen Exzedenten geschützt werden. Der als Festredner vorgesehene Pastor Dietz weigerte sich, die Festrede zu halten, solange der ›verhaßte Lumpen‹ noch am Mast hänge. Erst nach der Entfernung hielt er dann die Festrede, die in gröbsten Beschimpfungen der Reichsregierung und der republikanischen Festteilnehmer gipfelte.«[20]

---

15 Rundschreiben des Stahlhelms Nr. 13, 5.7.1924, in: Sechs Jahre Stahlhelm in Mitteldeutschland, S. 66.
16 Reichsbannerflugblatt zur Reichstagswahl Dezember 1924, Bundesarchiv Koblenz ZSg. 1-82/1 Nr. 19, abgedruckt bei Bernd Buchner, Um nationale und republikanische Identität, Bonn 2001, S 217.
17 *Der Stahlhelm. Halbmonatsschrift des Bundes der Frontsoldaten*, Magdeburg 15.5.1923, S. 10. Anschließend wird die erfolgreiche Abwehr eines kommunistischen Angriffs auf einen Stahlhelmumzug in Eilenburg geschildert.
18 *Illustrierte Reichsbanner Zeitung. Mit offiziellen Mitteilungen des Bundesvorstandes*, Magdeburg, Nr. 8, 21.2.1925, S. 117.
19 *Illustrierte Reichsbanner Zeitung*. Nr. 26, 27.6.1925, S. 412 f.
20 Kleine Anfrage des Abgeordneten Kuttner (SPD) im Preußischen Landtag, 1. Wahlperiode, 1. Tagung 1921, Nr. 254, in: Geheimes Staatsarchiv Preußischer Kulturbesitz (GStA PK), Rep. 77, Tit. 1215, Nr. 3d.

Der Reichskriegerbund Kyffhäuser formulierte 1924 einen Unvereinbarkeitsbeschluss, nach dem Reichsbanner-Mitglieder aus dem Bund auszuschließen seien, weil dieses eine parteipolitische Organisation sei.[21] Gelegentlich kam es dennoch zur Zusammenarbeit von RB, örtlichem Stahlhelm und Kriegervereinen. So kritisierten Kommunisten im November 1927 das RB für die Teilnahme an der Kriegerdenkmalsweihe in Lychen, weil es die Schwarz-Weiß-Rote Flagge an der Spitze des Zuges toleriert habe.[22] In Holzminden planten RB und rechte Verbände 1928 ein Ebert-Hindenburg-Denkmal, das aber nicht finanziert werden konnte.[23]

Mitte der 1920er-Jahre ließen die Anziehungskraft und die Integrationsfunktion der Kriegervereine für das konservative Milieu nach. Spitzenvertreter des Kyffhäuserbundes beschworen die Gefahr, »daß die Kriegervereine jede Werbekraft auf die Jugend verlieren.« Das Durchschnittsalter in den Vereinen liege inzwischen bei 45, nur wenige Mitglieder seien jünger als 30 Jahre. Daher müsse man eigene Jugendgruppen gründen, das Kleinkaliberschießen und die sportliche Betätigung der 40- bis 50-jährigen fördern, um jene leistungsfähig zu halten: »Man hat keinen Erfolg bei der Jugend, wenn man Jugendgruppen bildet, die jungen Leute auffordert, Körperpflege zu betreiben und ältere Leute mit ihren behäbigen Bäuchen stehen da und schauen wohlgefällig zu.«[24] Doch konnten die Kriegervereine nur noch in geringem Ausmaß jüngere Mitglieder gewinnen. Der Stahlhelm und radikalere Gruppierungen wie die Nationalsozialisten okkupierten die deutschnationale Klientel. An die Offiziere der Traditionsvereine richtete das *Bundesblatt des Deutschen Offizier-Bundes* die Aufforderung, sich stärker um die ehemaligen Mannschaften zu bemühen. Trotz »aller Verhetzung« in der Gegenwart seien diese »das beste Menschenmaterial des Vaterlandes.« Offiziere müssten in jeder Hinsicht Vorbilder sein: »Heute ist es Sache des alten Offiziers, die Seelen der alten Soldaten wiederzugewinnen. Sehr erwünscht ist das Tragen der Uniform bei den Regimentsfeiern, wobei selbstverständlich auf einen guten Sitz ein großer Wert zu legen ist. Es darf nicht so aussehen, als käme die ganze Erscheinung aus dem Mottenkasten.«[25]

---

21 *Militärwochenblatt* 11.12.1924, S. 640.
22 Angeblich sei gelost worden, welche Fahne am 27.11.1927 an der Spitze des Zuges getragen werden sollte. Gewerkschaften und Reichsbanner hätten sich dem Lospech gefügt. Abends sollen patriotische Filme wie »Tannenberg« und »Hindenburgs Ehrentag« gezeigt worden sein. *Die Rote Front. Organ des Rot-Front-Kämpferbundes* Nr. 4, Berlin Februar 1928, 2. Ausg.
23 Die reduzierte Variante sah ein Volkshaus mit integrierter Jugendbegegnungsstätte und Wohnungen für Kriegsinvaliden vor. Kritik am gemeinsamen Aufruf von SPD, Reichsbanner, Stahlhelm, Jungdo und örtlichen Militärverein. In: *Die Rote Front.* Nr. 5, März 1928, 1. Ausg. und Nr. 22, August 1928, 1. Ausg. Kritik auch am gemeinsamen Aufruf von Reichsbanner und Stahlhelm für einen Ehrenhain auf dem Hainberg bei Jena, in: *Die Rote Front.* Nr. 4, 20.4.1925, S. 4.
24 Auszug Protokoll des 24. Vertretertages des *Deutschen Reichskriegerbundes Kyffhäuser* auf dem Kyffhäuser m 13./14.9.1925, Punkt 11: Jugendbewegung. Beiträge Frank, München und Karwiese, Berlin, in: LA Berlin B Rep. 42 Vereine Acc. 2147 Nr. 26096 Bd. I.
25 *Bundesblatt des Deutschen Offizier-Bundes*, Berlin 5.11.1925, Nr. 31.

Anlässe für Treffen und Aufmärsche der Kriegervereine und der »vaterländischen Verbände« waren Reichsgründungstag, Sedanstag, Kaisergeburtstag, Hindenburggeburtstag, Totensonntag und Volkstrauertag. Der Ablauf war stets ähnlich: Die uniformierten Mitglieder der Krieger-, Schützen-, Sport- und Gesangvereine marschierten hinter den örtlichen Honoratioren und unter Schwarz-Weiß-Roten Fahnen zum Denkmal. Gesänge und Kranzniederlegung folgten, ein Geistlicher segnete die Vereinsfahnen. Die *Alldeutschen Blätter* schwelgten im Pathos »vaterländischer« Festivitäten: »Das herrliche Vorspiel der ›Meistersinger‹ wogte als Eröffnung durch den Saal. Dann Bannereinmarsch unter den brausenden Klängen altvertrauter, die Herzen emporreißender Kriegsmärsche. Bismarckjugend, Jungdeutscher Orden, Verband nationalgesinnter deutscher Soldaten, Wehrwolf, Wiking trugen in dröhnendem Schritt von nicht endenwollendem Jubel begleitet, ihre Fahnen in den Saal, ihn in Schwarz-Weiß-Rot tauchend.«[26] Charakteristische Liedtexte lauteten z.B.: »Oh Du alte Kriegerherrlichkeit, wo bist Du hingegangen/ Du tatenfrohe Heldenzeit, Dein denk ich mit Verlangen/ Statt Schwerthieb und Kanonenknall nur Zeitungsklatsch/ und Redeschwall. Oh jerum, jerum, jerum! O quae mutatio rerum!/ Was treibt Ihr, die mit Heldenmut in uns'ren/ Schlachten stritten, bei Winterfrost und Sonnenglut durch/ Feindeslande schritten? Der Waffenschmuck ward abgetan/ Wir zogen Frack und Schlafrock an. O jerum […].«[27] Das Kriegervereinswesen wurde auch Gegenstand der satirischen Unterhaltung: So gab Erich Weinert 1929 im Künstlercafé Budapesterstraße einen Kabarettabend »Der Kriegerverein feiert Denkmalseinweihung«, der jedoch rasch ein Auftritts- und Lokalverbot nach sich zog.

In Berlin gab es 1930 ca. 125 allgemeine Kriegervereine, 374 nach Truppenteilen und Waffengattungen benannte Kriegervereine und 226 Offiziersvereine.[28] Auch diese Vereine litten teilweise an Überalterung oder Passivität der Mitglieder. In den Vereinsblättern gab es häufig Klagen über das geringe Spendenaufkommen für Regimentsdenkmäler und die Aufforderung, auch die erwachsenen Söhne der Veteranen als Mitglieder zu werben.[29]

Die Zeitschriften und Zeitungen der Kriegervereine erreichten insgesamt eine Auflage von über 300.000 Exemplaren, allein die gleichnamige Zeitschrift des Stahlhelms erschien in einer Auflage von 108.000 Stück.[30]

---

26 Über die Tagung des *Alldeutschen Verbandes* in der Liederhalle in Stuttgart 1924, in: *Alldeutsche Blätter*, Berlin Nr. 13, 6.9.1924, S. 112.

27 Jungstahlhelm Greifswald (Hrsg.), Front Heil! Eine Auswahl deutscher Lieder, Greifswald 1929, S. 61, Nr. 116.

28 Jahrbuch der Vereine und Verbände Groß-Berlins, Berlin 1930, S. 228-250.

29 Bsp. im *Alexanderblatt. Nachrichtenblatt der Angehörigen des ehem. Kaiser-Alexander-Garde-Grenadier-Regiments Nr. 1* (Hrsg.: Verein der Offiziere des ehem. Kaiser-Alexander-Garde-Grenadier-Regiments Nr. 1), Berlin 3.11.1925.

30 Angaben nach Sperlings Zeitungs- und Zeitschriftenadressbuch, Leipzig 1931, S. 243 ff. Weitere Kriegerzeitschriften mit Erscheinungsort und Auflage: *Die deutsche Artillerie*, München, 6.000; *Die schwere Artillerie*, München, 11.000; *Hessischer Kamerad*, Gießen, 56.000, *Württem-*

Das Reichsbanner Schwarz-Rot-Gold

Im Gründungsaufruf des Reichsbanners hieß es, man wolle die »Gegner der Republik niederkämpfen, mit denselben Mitteln, mit denen sie die Republik angreifen.«[31] Laut Satzung wollte der Bund vor allem Kameradschaft und republikanische Gesinnung wecken und pflegen, die Reichsverfassung sowie die republikanischen Länderverfassungen schützen und sich den republikanischen Regierungen und Behörden in Fällen der Not zur Verfügung stellen.[32] Eine illegale Bewaffnung der Mitglieder lehnte der Bund ab. Ende der 1920er-Jahre waren ausdrücklich der Saalschutz für demokratische Parteiveranstaltungen und die geordnete Durchführung politischer Demonstrationen in die Satzung aufgenommen worden.[33] Der Schutz eigener Veranstaltungen wurde ab Ende der 1920er-Jahre zu einer Hauptaufgabe des RB, wie aus den »Rundschreiben zum Versammlungsschutz« hervorgeht. Um mit den Schützenvereinen auf wehrsportlicher Ebene gleichzuziehen, wurde Ende der 1920er-Jahre das Kleinkaliberschießen eingeführt. Polizeioberst Hermann Schützinger fungierte als militärischer Berater und Leiter.

Das RB führte eigene Kriegerehrungen ohne geistlichen Beistand, aber mit republikanischen und pazifistischen Reden und Symbolen durch[34], die auch nach einem stereotypen Muster verliefen: »Wie das Ding vor sich geht, weiß ich bereits im voraus, mit allen Schattierungen bis auf die obligate Begrüßungsrede des örtlichen Vorsitzenden, die unvermeidliche Ansprache des ›überparteilichen‹ Herrn Bürgermeisters, die üblichen Eifersüchteleien hinter dem Rednerpodium und hinter der großen Kulisse, das Zwischenspiel mit ›Ich hatt' einen Kameraden‹ [...], das Steckenbleiben der ›Ehrenjungfrau‹, die bei der Überreichung des üblichen Fahnenbandes ihr Sprüchlein aus der zitternden Hand zu lesen pflegt.«[35] Die Kriegervereine verwendeten stets die Flagge des Kaiserreichs. Schon allein deshalb war ein gemeinsames Gedenken unmöglich. Der Gründungsaufruf für das RB hatte sich ausdrücklich an Republikaner gewandt,

---

bergische Kriegerzeitung, Stuttgart, 58.000, *Kyffhäuser*, Berlin, 70.000-90.000; *Mitteil. d. Feuerwerk- und Zeugpersonals*, Berlin, 3.700; *Deutsche Soldatenzeitung*, Berlin, 6.000, *Deutsche Treue. Zeitung des Nationalverbandes dt. Offiziere*, Berlin, 8.000, *Nachrichtenblatt des Reichs-Offiziersbundes*, Berlin, 7.000; *Alldeutsche Blätter*, Berlin, 18.000, *Stahlhelm,* Berlin, 108.000.

31 Gründungsaufruf und Bundessatzung in: *Das Reichsbanner. Zeitung des Reichsbanners Schwarz-Rot-Gold. Bund der republikanischen Kriegsteilnehmer* e.V. Magdeburg, Nr. 1, 1924, S. 1 f.
32 Bundessatzung A. § 1 und 2, in: Reichsbanner Schwarz-Rot-Gold. Wegweiser für Funktionäre, Führer und Bundeskameraden, Magdeburg 1926, S. 8.
33 Bundessatzung A. § 1 und 2, in: Reichsbanner Schwarz-Rot-Gold. Wegweiser für Funktionäre, Führer und Bundeskameraden, Magdeburg 1929, S. 9 und C. Organisation, Agitation, Finanzen 1k. Saalschutz, S. 35: Wichtig dabei sei, »daß der Versammlungsleiter bei der Eröffnung der Veranstaltung des Hausrecht dem Reichsbannerführer überträgt.«
34 Bundessatzung C. Allg. Bestimmungen 10., in: Reichsbanner Schwarz-Rot-Gold. Wegweiser für Funktionäre, 1926, S. 31 f.
35 Hermann Schützinger, Reichsbanner und republikanischer Gedanke, in: *Die Weltbühne* 1926, Bd. II, Nr. 39, S. 494. Schützinger verteidigte das Reichsbanner gegen pazifistische Vorwürfe, rechtfertigte u.a. die Einführung des Kleinkaliberschießens.

um die neue Verfassung gegenüber den zahlreichen radikalen Wehrbünden zu schützen: »Kriegsteilnehmer, Kameraden, die Ihr als Republikaner ins Feld gezogen oder als solche von dort zurückgekehrt seid. [...] Hinein in unseren Bund!«[36]

Das RB wandte sich auch gegen die Verleumdungen jüdischer Soldaten und unterstützte damit den *Reichsbund jüdischer Frontsoldaten*[37], der als Interessenvertreter jüdischer Kriegsteilnehmer gegründet worden war: »Wir Republikaner werden nie vergessen, daß Schulter an Schulter mit Katholiken, Protestanten und Freidenkern jüdische Soldaten gekämpft und geblutet haben. Die Zahl der toten und schwerverwundeten Juden beweist dies.«[38] Reichsbanner-Gruppen ehrten die Gräber jüdischer Gefallener.[39] Allerdings war das RB hauptsächlich zum Schutz sozialdemokratischer und demokratischer Veranstaltungen da – wobei auch Todesopfer durch Angriffe von Stahlhelm-Mitgliedern und Nationalsozialisten zu beklagen waren.[40] Erst in zweiter Linie war das RB ein Kriegsveteranenverein, obwohl seine Mitglieder im ersten Jahr des stürmischen Wachstums zu 90% ehemalige Soldaten waren.

Das RB adaptierte militärische Formen. Bewegungen und Märsche sollten »ein erfreuliches Bild der Disziplin bieten«; dies werde durch »straffe Einzelausbildung und in der Rotte, Gruppe, Zug und Kameradschaft« erreicht. »Gesang und Frei-Heil-Rufe aus geschlossenen Abteilungen dürfen lediglich auf Kommando des Führers erfolgen. [...] Alle Kommandos sind mit scharfer Betonung abzugeben, denn schlaffe Kommandos verleiten zu nachlässiger Ausführung. [...] Die Haltung ist frei, ungezwungen und aufgerichtet. Die Hacken sind geschlossen, das Körpergewicht gleichmäßig auf beide Füße verteilt. Der Kopf wird hochgetragen. Der Blick ist frei geradeaus gerichtet. Nichts darf sich rühren«. Zu den Ausbildungszielen für die Mitglieder gehörte das »ordnungsgemäße Antreten, gute und straffe Körperhaltung, vorschriftsmäßiger, sauberer und einheitlicher Anzug [...]. Der geordnete Abmarsch in Kolonnen, die schnellste Umformung von einer Formation in die andere.« Es seien »Kameraden mit sichtlichen Gebrechen sowie Frauen und Kinder aus dem marschierenden Zug grundsätzlich

---

36 Gründungsaufruf Reichsbanner Schwarz-Rot-Gold, Magdeburg, 22.2.1924, abgedruckt in: Vorstand der SPD (Hrsg.), *Sozialdemokratische Parteikorrespondenz für die Jahre 1923–28*, Berlin 1930, S. 354 f.
37 Gegründet 1919, ca. 35.000 Mitglieder um 1930.
38 Gründungsaufruf und Bundessatzung in: *Das Reichsbanner* Magdeburg, Nr. 1 1924, S. 1 f. Die Zeitung hatte 1931 eine Auflage von 140.000.
39 Bsp. Lüdenscheid, *Illustrierte Reichsbanner Zeitung*, Nr. 17, 24.4.1926, S. 260.
40 *Sozialdemokratische Parteikorrespondenz*, 1930, S. 356. General a.D. Freiherr von Schönaich zählte zu den Aufgaben des RB: »Gewaltstreiche gegen die Republik unmöglich zu machen« und »dafür zu sorgen, dass die Wahlen nicht durch den Terror der ›Vaterländischen‹ im Sinne der großen Wirtschaftsverbände verfälscht werden.« Schönaich hoffte, das Reichsbanner würde »Keimzelle für die allein regierungsfähige Koalition aus SPD, Zentrum und Demokraten«, während sich die Völkischen gegenseitig auffräßen und sich die Kommunisten »zu einer radikalen, aber sachlichen Oppositionspartei durchmausern«, in: *Illustrierte Reichsbanner Zeitung*, Nr. 3, 6.12.1924, S. 38.

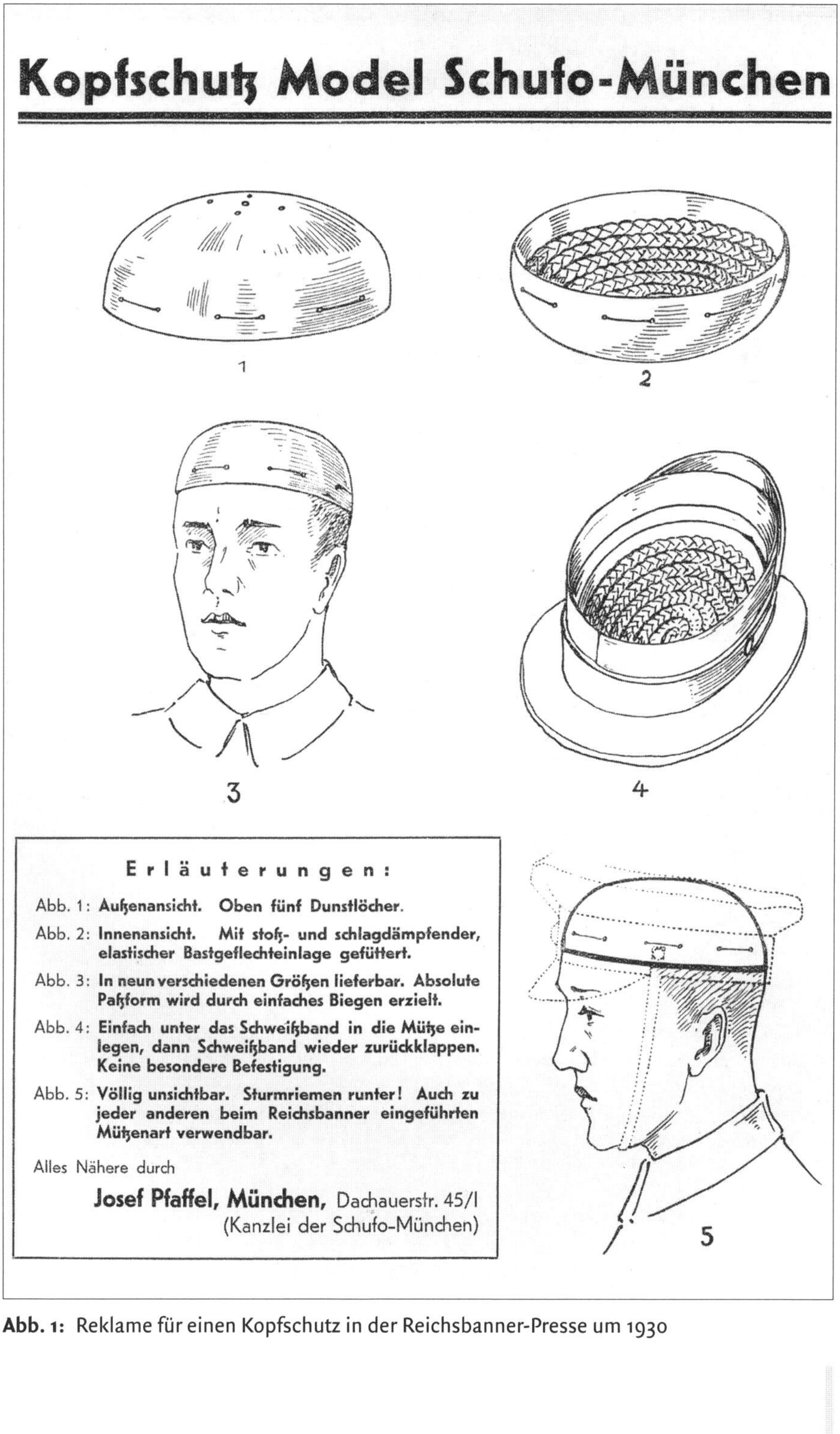

Kopfschutz Model Schufo-München

Erläuterungen:

Abb. 1: Außenansicht. Oben fünf Dunstlöcher.

Abb. 2: Innenansicht. Mit stoß- und schlagdämpfender, elastischer Bastgeflechteinlage gefüttert.

Abb. 3: In neun verschiedenen Größen lieferbar. Absolute Paßform wird durch einfaches Biegen erzielt.

Abb. 4: Einfach unter das Schweißband in die Mütze einlegen, dann Schweißband wieder zurückklappen. Keine besondere Befestigung.

Abb. 5: Völlig unsichtbar. Sturmriemen runter! Auch zu jeder anderen beim Reichsbanner eingeführten Mützenart verwendbar.

Alles Nähere durch

Josef Pfaffel, München, Dachauerstr. 45/I
(Kanzlei der Schufo-München)

Abb. 1: Reklame für einen Kopfschutz in der Reichsbanner-Presse um 1930

fernzuhalten.«[41] Diese Ausführungs- und Ausbildungsbestimmungen in der Bundessatzung zeigen, dass ein Ausdruck von Disziplin, Masse und Kraft erzeugt werden sollte, wenngleich die Realität oft davon weit entfernt war, wie Bilder in der *Illustrierten Reichsbanner Zeitung* zeigen.[42] Wiederkehrende Elemente der Aufmärsche waren Fahnenabordnungen, Fackelträger in abendlicher Stunde, ein militärisch grüßender Redner oder Prominenter, an dem der Zug vorbeiging, Formationen in Uniform und in Zivil. Einige wenige Ex-Militärs und Polizeioffiziere engagierten sich für das RB. Zum republikanischen Liedgut gehörten neben alten Volks- und Wanderliedern zahlreiche Melodien und Liedtexte der demokratischen 1848er Bewegung, darunter das Deutschlandlied Hoffmann von Fallerslebens mit allen drei Strophen. Hinzu kamen Lieder aus der Jugendbewegung und neue Dichtungen auf die Republik, auf nationale republikanische Traditionen und zum Andenken an 1914/18 gefallene Kameraden.[43]

Zum Ordnungsanspruch der Organisation gehörte es einerseits, in der Öffentlichkeit massiv präsent zu sein, andererseits, keine Ausschreitungen zu provozieren: »Besucht der Reichspräsident ein Land der deutschen Republik, das eine republikanische Regierung hat, so marschiert das Reichsbanner in voller Stärke auf«; den nationalistischen Verbänden dürfe, auch in rechts regierten Ländern, »unter keinen Umständen« allein das Feld überlassen werden.[44] Kommunisten seien von eigenen RB-Veranstaltungen »grundsätzlich auszuschließen, in den Versammlungsankündigungen ist dies ausdrücklich anzumerken«.[45] Reichsbannermitglieder hätten sich »von gegnerischen Versammlungen grundsätzlich fernzuhalten« und müssten »Provokationen der Nationalisten und Kommunisten aus dem Wege gehen. […] Ungezogene und provozierende Gegner« übergebe man der Polizei. Diese Politik wurde von manchen Mitgliedern und den Kommunisten als inkonsequenter Antifaschismus kritisiert. Offiziell wurde der Pazifismus abgelehnt: »Der Pazifismus gehört nicht in den Aufgabenkreis des Reichsbanners. Wohl aber sind Pazifisten, die zur Verteidigung der Republik bereit

---

41 Bundessatzung E. Anleitung für Aufstellung, Bewegungen und Märsche, in: Reichsbanner Schwarz-Rot-Gold. Wegweiser für Funktionäre 1926, S. 39 ff.

42 Der erste Jahrgang 1924 sollte als Gegenstück dienen zu den illustrierten Blättern, »die die Monarchie und ihre ehemaligen Träger verhimmeln, oder sie zeigen uns den ›Sowjethimmel‹ in brutalster Unwahrheit« schrieb Otto Hörsing in der ersten Nummer am 22.11.1924. Das Blatt sollte »in erster Linie durch Wort und Bild aufklärend, aufmunternd und unterhaltend, erst in zweiter Linie polemisch abwertend wirken.« Tatsächlich war es als sozialdemokratisches Familienblatt konzipiert und zeigte sowohl realistische Bilder aus dem Weltkrieg wie auch »packende« Aufnahmen von Reiterpatrouillen, vor allem aber Aufmärsche des RB und von »republikanischen Tagen«.

43 Wenn wir marschieren[…] Ein republikanisches Liederbuch, Reichsbanner (Hrsg.)., zusammengestellt von Franz Osterroth, Berlin 1930.

44 Bundessatzung C. Allgemeine Bestimmungen. 4. Offizielle Veranstaltungen, in: Reichsbanner Schwarz-Rot-Gold. Wegweiser für Funktionäre 1926, S. 28.

45 Bundessatzung B. Ausführungsbestimmungen. 2a. Agitation und Versammlungen, in: Reichsbanner Schwarz-Rot-Gold. Wegweiser für Funktionäre 1926, S. 18: »Wo keine Ortsgruppe besteht, aber die Aussicht auf Gründung, sollen Werbeversammlungen einberufen werden, zu denen jedoch nur Republikaner, keine Kommunisten und Monarchisten eingeladen werden sollen.«

sind, willkommen. Damit ist die Pazifismusfrage für uns endgültig erledigt und darf in unseren Versammlungen nicht mehr diskutiert werden.«[46]

Der militärische Bezug der Organisation wurde z.B. durch die Errichtung eines Denkmals auf dem Neuen Garnisonfriedhof in Berlin-Neukölln illustriert: In unmittelbarer Nähe zu den Regimentsehrenmälern wurde am 25. April 1926 für den erschossenen Reichsbanner-Mann Erich Schulz ein Denkmal enthüllt.[47] Schulz war ein Jahr zuvor im Reichspräsidenten-Wahlkampf auf dem Bayrischen Platz von Faschisten ermordet worden. »Er fiel unter den Schwarz-Rot-Goldenen Farben seines geliebten Reichsbanners, ein guter Kamerad. Nun hat er das letzte, höchste Opfer gebracht im heiligen Krieg, den wir um die Republik führen. Wir haben ihn zu Grabe getragen, doch vergessen wir ihn nicht, den toten Soldaten der Republik«, hieß es im Nachruf.[48] 1928 veröffentlichte das RB Fotos von zwölf Kameraden, die in den letzten Jahren von Rechten und Kommunisten getötet worden waren, drei trugen auf den Fotos Militäruniform, drei weitere Reichsbanner-Uniform. »Die freiwilligen Soldaten fielen im Dienst des Reichsbanners für die deutsche Republik«, lautete die Bildunterschrift.[49] Der von Nationalsozialisten Anfang 1931 im Prenzlauer Berg ermordete Reichsbanner-Mann Willi Schneider wurde zum »Unbekannten Soldaten der Republik« stilisiert. Am Leichenzug nahmen etwa 100.000 Menschen teil.[50]

Auch die Beerdigung »unseres treuen Parteigenossen, des von Kommunisten schändlich ermordeten Polizeibeamten Paul Zänkert«, der am 2. Juni 1931 unter quasi militärischen Ehren auf dem Neuen Garnisonfriedhof beigesetzt wurde, illustriert die Bedeutung des militärischen Rituals für das Reichsbanner: Es nahmen teil »Hunderte von Kameraden des Toten, Kranzdelegationen der verschiedenen Reviere und Polizeiinspektionen, darunter eine große Zahl von Offizieren«, sowie Fahnendelegationen der SPD und des RB. Schupobeamte bildeten Spalier, »das rote Banner der Partei senkte sich, als der Sarg langsam in die Tiefe glitt.« Die rote Parteifahne auf dem »Heldenfriedhof« wirkte in nationalistischen Kreisen als Provokation.[51] Demonstrativ veranstaltete das RB auf dem Neuen Garnisonfriedhof »Totengedenkfeiern zu Ehren der gefallenen Krieger ohne Unterschied der Nationen.«[52]

Die Kriegsgefallenenehrungen am Volkstrauertag oder Totensonntag wollte das RB als möglichst große Demonstrationen durchführen, »die eindrucksvoll beweisen,

---

46 Bundessatzung C. Allgemeine Bestimmungen. 8. Pazifistenfrage, in: Reichsbanner Schwarz-Rot-Gold. Wegweiser für Funktionäre 1926, S. 30.
47 Kommando der Schupo, Abt. Ia, Tgb. Nr. 1491/26, 23.4.1926, in: Akten des Polizei-Präsidiums Berlin, Landesarchiv Berlin, A Pr. Br. Rep 30, Tit 90, Nr. 7489.
48 *Illustrierte Reichsbanner Zeitung,* Nr. 19, 9.5.1925, S. 299 und 307.
49 *Illustrierte Reichsbanner Zeitung,* Nr. 39, 29.9.1928, S. 613.
50 »So ehrt das republikanische Berlin den unbekannten Soldaten der Republik«, in: *Vorwärts* 8.1.1931 (morgens).
51 *Vorwärts* 2.6.1931 (morgens) und 3.6.1931 (abends).
52 *Illustrierte Reichsbanner Zeitung* Nr. 49, 3.12.1927, S. 782.

dass in unserem Lager Massen von Kriegsteilnehmern und Angehörigen von Kriegsopfern sind.« Die Redner sollten stets die »vaterländische Haltung der republikanischen und demokratischen Organisationen und ihrer Mitglieder im Weltkrieg« hervorheben. Beim Aufmarsch wurde empfohlen, uniformierte Reichsbanner-Mitglieder in der ersten Staffel, Kriegsverletzte in der zweiten, schwarzgekleidete Kriegerwitwen und Waisen in der dritten und erneut uniformierte Reichsbanner-Mitglieder in der vierten Staffel laufen zu lassen.[53] Bei den Feiern sei auf vorschriftsmäßige Reichsbanner-Uniform zu achten, keine Taschen oder Pakete dürften mitgeschleppt werden: »Noch schlimmer ist es, wie kürzlich passiert, wenn während der Gefallenenehrung ein Kamerad raucht.«[54] Derartige Disziplinlosigkeit schade dem RB besonders, »wenn unsere heftigsten Gegner dabeistehen und zusehen.« Auch wurde gewarnt: »Betrunkene Kameraden bedeuten immer eine schwer verwischbare Bloßstellung des RB.«[55]

Die Abbildungen von Feierlichkeiten in der *Illustrierten Reichsbanner Zeitung* zeigen eine Vielzahl von Denkmälern, die ganz überwiegend schlicht gestaltet sind und bei denen das Motiv der Trauer dominiert.[56] Auch die Opfer der Kämpfe der Arbeiterbewegung wurden mit Denkmälern geehrt.[57] Im Zusammenhang mit der Debatte um ein Reichsehrenmal kursierte im RB die Idee des »demokratischen« Ehrenmals des »Unbekannten Soldaten«, einer demokratischen Kriegerehrung statt der »Feldherrenverehrung«.[58]

Die Idee des »Unbekannten Soldaten« breitete sich seit 1920 von London und Paris aus und ergriff schließlich auch die Terminologie der politischen Parteien in Deutschland. Regelmäßig berichtete die Reichsbanner-Presse über große Denkmalsbauten der ehemaligen Kriegsgegner, so über das Betonmonument über dem »Tran-

---

53 Rundschreiben des Reichsbannergaus Oberbayern-Schwaben an alle Ortsvereine 13.10.1932, in: Barch Ry 12/II/113/3 Bl. 99.
54 Rundschreiben des Reichsbannergaus Oberbayern-Schwaben an alle Ortsvereine 27.6.1929, in: Barch Ry 12/II/113/2 Bl. 4.
55 Rundschreiben des Reichsbannergaus Oberbayern-Schwaben an alle Ortsvereine 5.9.1929, in: Barch Ry 12/II/113/2 Bl. 8.
56 *Illustrierte Reichsbanner Zeitung*, Nr. 2, 29.11.1924, S. 2: »Stimmungsvolles Kriegerdenkmal auf dem alten Friedhof der Stadt Ludwigsburg« von Bildhauer Dröllmann und Architekt Haußer, 8 Stelen mit den Namen der Gefallenen, angeordnet im Kreis, auf dem Innenseiten figürliche Reliefs im Hochformat; Nr. 24, 13.6.1925, S. 372: Reichsbannerdenkmal für die Gefallenen in Kleinwerther; Nr. 40, 3.10.1925, S. 635: »Ein musterhaftes Denkmal für die Kriegsopfer in Völklingen«, Trauernde Frauenfigur auf einem Steinblock inmitten eines Teiches., Nr. 47, 27.11.1925, S. 738: Totenfeier des Ortsvereins Stein b. Nürnbg. vor dem Ehrenmal »Unseren Opfern«, Leidende männliche Gestalt in Stein.
57 Siehe »Kranzniederlegung an den Gräbern der Gefallenen in Weimar« (Denkmal von Walter Gropius, 1921) in: *Illustrierte Reichsbanner Zeitung*, Nr. 8, 21.2.1925, S. 117 und »Einweihung des würdigen Portals auf dem Friedhof der Märzgefallenen in Berlin am 11.10.1925, in: Nr. 43, 24.10.1925, S. 677.
58 Siehe Karl Brögers Plädoyer für eine »demokratische« Kriegerehrung, in: *Illustrierte Reichsbanner Zeitung*, Nr. 5, 20.12.1924, S. 72 und Bruno Taut: »Schutz den Lebenden – Ehrung der Kriegsopfer, in: Nr. 3, 17.1.1925, S. 43.

cheé des bajonettes« bei Verdun[59], über das Beinhaus von Douaumont[60] oder über das englische Tor-Monument in Ypern.[61] Auch pazifistische französische Denkmäler fanden Beachtung.[62] Scharf kritisiert wurden hingegen deutsche Kriegerdenkmäler, deren Symbolik sie zu »Mahnmalen des Hasses und der Rache« mache: »Da sind Rachefäuste, die unter steinernen Leichentüchern hervorragen, zum Racheschwur erhobene steinerne Hände, nackte Krieger, nur mit Stahlhelm bekleidet« – Anspielungen auf Berliner Kriegerdenkmäler. Mit zahlreichen Bildbeispielen wurden diese »geschmacklosen Entgleisungen« verdeutlicht.[63]

Mit dem Denkmal für den Reichstagsabgeordneten Ludwig Frank machte das RB 1925 den Versuch, ein repräsentatives Ehrenmal für den Beitrag der Sozialdemokraten zu den deutschen Kriegsanstrengungen zu popularisieren und Frank zum republikanischen Helden aufzubauen: »Ludwig Frank, dessen Grabstelle heute unbekannt ist, liegt in Frankreichs Erde als unbekannter deutscher Soldat.«[64] Frank war 1914 als Kriegsfreiwilliger gefallen, er sei nun »Leitstern des Reichsbanners«.[65] Seine jüdische Herkunft wurde ausdrücklich erwähnt. Das Denkmal war eine Pyramide aus übereinander geschichteten Kuben mit einer flammenartigen Bekrönung und trug die Inschriften: »Dem Republikaner Ludwig Frank« und »Einer muß die Fundamente gesehen haben/ Die Fundamente des neuen Staates/ gewidmet vom Reichsbanner Schwarz-Rot-Gold«. Das repräsentative kubistische Ehrenzeichen war ca. drei Meter hoch und zwei mal zwei Meter breit. An der Spitze trug es ein Medaillon mit Franks Portrait in Profilansicht. Die Enthüllung fand am 28. September 1924 im Rahmen eines »Republikanischen Tages« in Mannheim statt. Zur Einweihung schrieb der Reichstagsabgeordnete Erich Rossmann: »Die demokratische Republik ist das einzige Kriegsergebnis, das versöhnlich stimmt. Sie ist das wahre Vermächtnis unserer Toten. Die erste Ehrenpflicht ihnen gegenüber ist die Erhaltung der Republik.«[66]

Zum Reichsverfassungtag am 11. August 1929 mobilisierte das RB reichsweit. Es gälte, »unseren Gegner rechts und links das Reichsbanner in einer starken Geschlos-

---

59 *Illustrierte Reichsbanner Zeitung* Nr. 18, 30.4.1927, S. 292 f. Hermann Schützinger berichtete im Rahmen seines Schlachtfeldtourismus-Reportes über das Monument, das über einem verschütteten Graben errichtet worden war, aus dem nur noch die Bajonettspitzen der französischen Soldaten herausragten.
60 *Illustrierte Reichsbanner Zeitung* Nr. 42, 8.10.1927, S. 673.
61 *Illustrierte Reichsbanner Zeitung* Nr. 35, 27.8.1927, S. 561.
62 *Illustrierte Reichsbanner Zeitung* Nr. 18, 30.4.1927, Titelblatt und Nr. 21, 21.5.1927, S. 331.
63 *Illustrierte Reichsbanner Zeitung* Nr. 8, 19.2.1927, S. 126 f. Anspielung auf das Augustaner-Denkmal, das Denkmal des 22. Res.-Korps und das Universitäts-Denkmal.
64 *Das Reichsbanner*, Nr. 6, 1.8.1924.
65 *Das Reichsbanner*, Nr. 8, 1.9.1924 vgl. auch die Gedenkrede von der Einweihungsfeier im *Reichsbanner* Nr. 11, 15.10.1924.
66 *Illustrierte Reichsbanner Zeitung*, Nr. 6, 7.2.1925, S. 85. Vgl. S. Grünebaum, Ludwig Frank. Ein Beitrag zur Entwicklung der deutschen Sozialdemokratie, Heidelberg 1924; Hedwig Wachenheim (Bearb.), Ludwig Frank. Aufsätze, Reden und Briefe, Berlin 1924.

senheit zu zeigen, wie nie zuvor. Die Aufmärsche des Stahlhelm und das wüste Treiben der Kommunisten im Mai d.J. fordern, die Überlegenheit des Reichsbanners zu demonstrieren.« Die Rundschreiben der Gauleitungen forderten starke Beteiligung und diszipliniertes, straffes Auftreten.[67] Den Kameraden wurde eingeschärft, nicht zu trinken, keine Bordelle zu besuchen und nur Schwarz-Rot-Golden geflaggte Lokale aufzusuchen.[68] Wie wichtig dem RB die Gefallenenehrung war, zeigt auch die Errichtung eines ephemeren Denkmals während des Verfassungsfeiertages am 11. August 1929, das stark an den Londoner Kenotaph in Whitehall erinnerte.[69] Die Leitung »beabsichtigt, auf dem Pariser Platz ein provisorisches Monument als Ehrenmal für die Opfer des Krieges, für die Toten der Republik und für die Opfer des Reichsbanners aufzustellen. Dieses Monument besteht aus einem Holzgerüst, welches mit Stoffen in den Farben Schwarz-Rot-Gold bespannt ist.«[70] Dieser Versuch, das Gefallenengedenken den Kriegervereinen und deutschnationalen Verbänden streitig zu machen, wurde im *Militärwochenblatt* neidvoll registriert.[71]

Schon bald nach der Gründung des RB wurden Bedenken geäußert, dass auch gerade in einer demokratischen Republik ein nach militärischem Vorbild organisierter Zivilistenverband u.U. große Gefahren in sich berge. Das RB dürfe nur eine taktische, temporäre Einrichtung sein. Otto Hörsing, Oberpräsident der Provinz Sachsen, komme zwar das Verdienst zu, das RB »innerhalb weniger Wochen aus dem Boden gestampft, organisiert, gedrillt, eingeteilt, eingekleidet, einexerziert, ausgebildet, in den Abwehrkampf gegen die Vaterländischen Verbände geführt« zu haben, seine Agitation gegen Pazifisten und Kommunisten weise jedoch in die falsche Richtung: »daß die Reichsbannerkompanien vor ihm mit klingendem Spiel und wehenden Standarten vorbeidefilieren, das scheint diesen Parteisozialisten allmählich zu einem Mann gemacht zu haben, der sich als kleiner Bonaparte fühlt. Nichts ist für einen Deutschen gefährlicher als das militärische Spiel«, urteilte die *Weltbühne* 1925.[72] Auch Militärs sorgten sich um die »Militarisierung« des RB: »Während man nach außen den Frieden

---

67 Rundschreiben des Reichsbannergaus Oberbayern-Schwaben an alle Ortsvereine 27.6.1929, in: Barch Ry 12/II/113/2 Bl. 4.
68 Zehn Gebote für den Reichsbannermann in Berlin, in: Orientierungsplan für die Verfassungsfeier, Berlin 1929. Archiv der sozialen Demokratie Bonn. RB 1. Vgl. auch die Festschrift zur Feier am 10.11.1929.
69 Der klassizistisch-schlichte Kenotaph von Edwin Luytens war ein würdiges Ehrenmal. Weit »prächtiger«, stilistisch angelehnt an den Arc de triomphe, war der Kenotaph in Paris, der für die Siegesparade am 14. Juli 1919 aufgebaut worden war und 1920 wieder demontiert wurde. Im Herbst 1920 entstanden in Paris und London fast zeitgleich die Grabesstätten des »Unbekannten Soldaten«.
70 Der Gauvorstand des Gaues Berlin-Brandenburg an das Polizei-Präsidium Berlin. Berlin, 7.8.1929, in: Akten des Polizei-Präsidiums Berlin, Landesarchiv Berlin, A Pr. Br. Rep 30, Tit 89-90, Nr. 7531. Die Verfassungsfeier selbst habe »würdigsten Verlauf genommen. In Berlin marschierte das Reichsbanner mit 150.000 Mann zu einer glänzenden Demonstration auf.« in: *Sozialdemokratische Parteikorrespondenz* 9/1929, S. 495.
71 *Militärwochenblatt* 4.10.1929, S. 481 f.
72 Heinz Pol, Das Reichsbanner, in: *Die Weltbühne,* 1925, Bd. II, Nr. 45, S. 746 f.

um jeden Preis erhalten will, hetzen die selben Leute im Inneren zum Bürgerkrieg. Die Pazifisten im Reichsbanner werden militarisiert und zum Klassenkampf herangebildet.«[73] Scharf urteilte Kurt Tucholsky unter seinem Pseudonym »Ignaz Wrobel« in der *Weltbühne*: »Ich kenne alle diese vorsichtigen Pazifisten, den Führer des Reichsbanners, diesen unsäglichen RjF, wo sich geprügelte Deutsche an prügelnde Deutsche anmeiern. Seht uns an! Auch wir sind imstande, die Peitsche zu führen! Auch wir wollen Reklamedenkmäler für den nächsten Krieg, Weihegesang und Lüge um die Toten. Und es nutzt ihnen nicht einmal. Zu recht dreht sich der Monokelträger um, läßt das Monokel fallen und feixt.«[74] Kurt Hiller sah sogar die Gefahr der »Pflege des nationalistischen und militaristischen Geistes in der jungen Republik«.[75] Der Stahlhelm höhnte: »Alles, was am Stahlhelm verdammenswert war, Spielleute, Musik, einheitliche Tracht, Fahnenkompanien, selbst der Stock, wurde vom Reichsbanner sofort übernommen.«[76] Auch die Witzblätter nahmen das RB regelmäßig aufs Korn. So zeigte der *Simplizissimus* eine Zeichnung älterer Reichsbanner-Leute mit der Unterschrift: »Alt geworden im Kampf gegen den Militarismus und nu ist man Kompanieführer.«[77]

Nationalistischen Intellektuellen war das RB zu unheroisch. So spottete der *Widerstand*: »Das Jungbanner sammelt den Nachwuchs, die Schutzformation stellt die aktiven und unternehmungslustigen Elemente in Reih und Glied. Die dicken Bäuche, die Asthmatiker, Rheumatiker und Alkoholiker, die Vorsichtigen und Bequemgewordenen, die Respektspersonen, Sanftmütigen und Almosenspender aber setzen sich in der Stammformation aufs Altenteil. [...] Nicht umsonst sitzt die Leitung in Magdeburg: Ein bißchen Spießerei und vornehme Provinz gehört dazu. [...] Immer liegt der Duft der Kantine über dem Reichsbanner: In der Kantine erzählt man seine Heldentaten, brütet über seinen verfassungsschützenden Feldzugsplänen, findet man selig zu seinem wahrsten Selbst.«[78]

Die deutschnationalen Burschenschaften sahen sich ihrer Schwarz-Rot-Goldenen Traditionsfahne beraubt. Nachdem ein inaktives Mitglied der *Germania* Leipzig, der Bonner Professor Ermann, das RB öffentlich als einzig legitimes Erbe der Trikolore von 1848 bezeichnet hatte, kam es zu einem Unvereinbarkeitsbeschluß und der verquasten Formel, man trage die Farben Schwarz-Rot-Gold nur aus traditionellen Gründen, sei aber »im Herzen« stramm Schwarz-Weiß-Rot.[79]

---

73 *Nachrichtenblatt des Reichs-Offizier-Bundes*, Berlin Nr. 3/1928, S. 1.
74 Ignaz Wrobel, »Wo waren Sie im Kriege, Herr-«, in: *Die Weltbühne*, 1926 Bd. II, Nr. 13, S. 489.
75 Kurt Hiller, Reichsbanner und Reichswehr, in: *Die Weltbühne*, 1925 Bd. II, Nr. 51, S. 994.
76 Sechs Jahre Stahlhelm in Mitteldeutschland, S. 64.
77 *Simplizissimus*, München/Stuttgart 18.11.1929, Nr. 34, S. 415, vgl. 2.8.1926, Nr. 18, S. 234 und 7.10.1929, Nr. 28, S. 356, 27.10.1930, Nr. 31, S. 364; vgl. *Kladderadatsch*, Berlin, 23.5.1926, Titelblatt.
78 Spectator (Pseudonym), Wehrbünde links, in: *Widerstand. Zeitschrift für nationalrevolutionäre Politik*, Berlin Heft 3 1931, S. 82.
79 Der Bonner Professor Ermann wurde aus seiner Burschenschaft ausgeschlossen, in: *Burschenschaftliche Blätter. Zeitschrift der Deutschen Burschenschaft*, Frankfurt, Heft 7, April 1925, S. 122

Der Rot-Front-Kämpferbund (RFB)

Von den Kommunisten sind nur wenige Kriegerehrungen oder Denkmalsbauten bekannt.[80] Galten ihnen Denkmäler doch generell als »Kampfmittel der herrschenden Klasse«.[81] Kommunisten lehnten Kriegerehrungen ab, stattdessen wurden soziale und medizinische Leistungen für die Kriegsopfer und Hinterbliebenen eingefordert. Insgesamt blieb das Gefallengedenken ein Randthema kommunistischer Agitation.[82] Der 1. August wurde in der kommunistischen Bewegung als Antikriegstag mit Demonstrationen u.a. Aktionen begangen.

Ein intensiver Kult wurde um die eigenen Opfer der politischen Kämpfe getrieben. Unter dem Rubrum »Unsere Toten« fanden zahlreiche Feiern und Denkmalseinweihungen statt; das berühmteste Beispiel war Mies van der Rohes Revolutionsdenkmal auf dem Friedhof Berlin-Friedrichsfelde aus dem Jahre 1926, bei dem auch Karl Liebknecht und Rosa Luxemburg begraben waren.[83] Das Denkmal, das der Kulturhistori-

---

und 127 f. Vgl. auch den Spottvers »Burschenschaftlers Klagelied« in der *Illustrierten Reichsbanner Zeitung* Nr. 9, 28.2.1925, S. 143.

80 Ein seltenes Beispiel ist in Waldheim Hedelfingen bei Stuttgart zu finden: Mitglieder des *Turn- u. Sportvereins Jahn* und des *Gesangvereins Concordia* stifteten 1920 eine Stele »Zum ehrenden Andenken unserer für Kapitalsucht, Ehrgeiz und Ländergier 1914–18 gefallenen Kameraden«, nach Meinhold Lurz, Kriegerdenkmäler in Deutschland, 6 Bde., Heidelberg 1985, Band IV Weimarer Republik, S. 403. *Die Weltbühne* 1926, Bd. II, Nr. 47, S. 833 lobt ein Kriegerdenkmal der Gemeinde Mammoltshain i.T., das die Inschrift trage: »Nie wieder Krieg«.

81 W. Ackermann, Reichsehrenmal, in: *Die Weltbühne,* 1926 Bd. II, Nr. 35, S, 352.

82 Der Versuch, einen regelmäßigen internationalen *Kongress der Kriegsopfer* zu veranstalten und zur Plattform politischer Agitation zu machen, blieb marginal. Im Aufruf zum Kongress am 1. bis 4. Juli 1925 in Paris, an dem schließlich 25 Delegierte aus Frankreich, Deutschland, Belgien und Österreich teilnahmen, hieß es: »Was haben die werktätigen Massen vom Kriege profitiert? Sie wurden als Helden gepriesen, die Kriegshetzer aus bürgerlichem und sozialdemokratischem Lager versprachen ihnen goldene Berge. Nun betteln Millionen Kriegskrüppel in allen Städten […]. Es vergeht kein Monat ohne neue Angriffe auf die äußerst spärlichen Renten und Bezüge, die der Staat den Kriegsopfern schuldet.« *Internationale Pressekorrespondenz*, Bd. II, Berlin 1925, 1.7.1925, S. 1559. Auf dem Kongress in Brüssel 1927 wurden Forderungen nach besserer medizinischer Versorgung und Feststellung der Invalidität ungeachtet des Dienstgrades gestellt, allerdings musste schon eine Spaltung der Organisation eingeräumt werden. *Inprekorr* I/1927, S. 1377 f.

Anfang der 1920er-Jahre fanden in Berlin mehrmals Demonstrationen der Kriegbeschädigten statt, so im April 1920, im Juli und Oktober 1921, im April 1922 und Oktober 1925. Angaben nach Marie-Luise Ehls, Protest und Propaganda. Demonstrationen im Berlin der Weimarer Republik, Berlin 1997.

83 Einweihung in Bln.-Friedrichsfelde am 11.7.1926, vgl. auch Gedenksteineinweihung für die revolutionären Matrosen Köbes und Reichpietsch am 16.9.1928 in Köln (reliefartige Portraits der beiden Matrosen auf dem Gedenkstein) und Grab von 60 Gefallenen des Kapp-Putsches auf dem Friedrichsfeld bei Wesel (Steinstele mit appliziertem Hammer und Sichel, umfriedet von weißen Holzkreuzen). Neuere Literatur zum Denkmal: Christian Fuhrmeister, Das Revolutionsdenkmal von Ludwig Mies van der Rohe in Berlin-Friedrichsfelde, in: Beton-Klinker-Granit. Eine Materialikongraphie, Berlin 2001, S. 121-190.

ker Eduard Fuchs damals im Namen der Partei in Auftrag gab, ist einer der bedeutsamsten Denkmalsbauten der Weimarer Republik gewesen. Der längliche Block aus liegenden, ineinander geschobenen Kuben war 12–15m lang, 5–6m hoch und etwa 4m tief. Er trug einen stählernen Sowjetstern mit Fahnenstange und wurde zu besonderen Anlässen mit Parolen wie der Losung *Ich war, ich bin, ich werde sein* dekoriert. Der Bau wurde aus Spenden der Arbeiterschaft finanziert. Es war eine Eisenbetonkonstruktion mit Hartbrandklinkerverkleidung – eine ästhetisch durchaus gelungene Lösung, denn die Verwendung der groben Klinker zweiter Wahl verlieh dem Objekt eine »gealterte«, mauerartige Oberfläche. Mies schuf durch seine Komposition einen Block, der nicht monolithisch-starr wirkt, sondern dynamisch. Die asymmetrisch gestapelten Einzelformen vermeiden Achsen und Dominanten und bildeten so eine ästhetische Vorlage, wie die kommunistische Bewegung hätte sein sollen: Ein bewegliches Kräftespiel der einzelnen Elemente, Plattformen und Meinungen, ein Pluralismus, der doch insgesamt seine Kraft blockhaft zu bündeln vermag.

Im Gegensatz zu dieser heutigen, pluralistischen Deutung der Form betonten zeitgenössische Parteiführer die Kraftsymbolik und Geschlossenheit. Wilhelm Pieck schrieb am 15. Juni 1926, einige Wochen vor der Einweihung des Denkmals, in der *Roten Fahne*: »Einfach, massig, wuchtig, wie die revolutionäre Kraft der Proletariats erhebt es sich auf dieser Grabstätte unserer Führer und Kampfgenossen. [...] So soll uns das Denkmal mit der von ihm wehenden roten Fahne und dem an ihm leuchtenden Sowjetstern ständig ein Mahnzeichen zum Kampf sein, zum Sammeln der Massen für den Kampf, zur Organisierung der Revolution und der höchsten Kraftentfaltung, um sie zum Siege zu führen«. Am 11. Juli 1926 fand die Einweihung statt. Das Gedenken an Luxemburg war für die Parteiführung auf ihren Opferstatus beschränkt. Das politische Vermächtnis der Ermordeten galt ihr hingegen als schädlich. So forderte Ernst Thälmann 1932 den »schärfsten Kampf gegen die Überreste des Luxemburgismus.« Das Denkmal ist eines der seltenen Beispiele abstrakter Partei-Auftragskunst, in der sonst die figürliche, später sozialistisch-realistische Darstellung dominierte. Es ist ein Beispiel für den punktuellen Gleichklang politischer und künstlerischer Avantgarde, ein kurzer heller Moment schöpferischer Freiheit, der schnell wieder verdunkelt wurde: Während die sich stalinisierende KPD ihren Teil zum Untergang der Republik beitrug, beteiligte sich Mies van der Rohe noch 1938 am Wettbewerb um den repräsentativen Neubau der Reichsbank. Sein Luxemburg-Denkmal hatten die Nazis 1935 zerstört, nachdem es ihnen noch eine Weile als »Köder« diente.[84] Der große Sowjetstern des Denkmals wurde als Trophäe im »Revolutionsmu-

---

84 Die letzte legale Beisetzung von ermordeten Arbeitern fand hier am 10.2.1933 statt. Im Juni 1935 meldet *Der Friedhof. Monatsschrift des Verbandes der Friedhofsverwalter Deutschlands*, Berlin, auf S. 73 den Abriss der »massigen roten Mauer«, die »wie ein Fremdkörper« auf dem Friedrichsfelder Friedhof gewirkt habe und die Umgestaltung des »jahrelang völlig vernachlässigten Hügels vor der Mauer zur Rasenfläche.«

seum der SA-Standarte 6« in der Taubenstraße ausgestellt.[85] Damals sollen auch, nach Aussagen von Friedhofsangestellten, die Gebeine Luxemburgs und Liebknechts entfernt worden sein, um einem zukünftigen Kult keinen Anlaufpunkt mehr zu liefern.[86] Anfang der 1980er-Jahre entstand das seltene Beispiel eines Denkmals für ein Denkmal. Während die neue Gedenkstätte der Sozialisten 1950 am Südende des Zentralfriedhofes angelegt wurde, blieb das Areal des geschleiften Revolutionsdenkmals am Nordende des Friedhofs fast 50 Jahre verwaist. Noch im Dezember 1945 hatte der Berliner Magistrat beschlossen, am Ort des Revolutionsdenkmals ein provisorisches Monument in Form einer Tribünengestaltung zu errichten, die die Aufschrift »Ich war/ich bin/ich werde sein« tragen sollte. Doch zu einem Wiederaufbau, wie im Falle von Gropius' Märzgefallenendenkmal in Weimar, kam es nicht. Möglicherweise galt die abstrakte Form des Revolutionsdenkmals im Rahmen des geforderten »Sozialistischen Realismus« als Hindernis für eine Rekonstruktion. Auch konnte der SED-Führung nicht an einem Aufleben des Liebknecht-Luxemburg-Kultes gelegen sein.[87] Erst 1982 errichtete Gerhard Thieme ein Denkmal auf dem Fundament des historischen Denkmals. Ein Klinkerkubus mit einer Kantenlänge von eineinhalb Metern befindet sich an einer ebenfalls mit Klinkern ausgekleideten Mulde. Es wurden dunkelrote Klinker mit hellem Fugenmaterial verwendet, um dem Original möglichst nahe zukommen. Der Kubus trägt eine Bronzetafel, die man in Augenhöhe betrachten kann, wenn man die Mulde betritt. Die Tafel zeigt das Revolutionsdenkmal als fein gearbeitetes Relief, kombiniert mit einem Schriftzug (s. Abb. 2 und 3, S. 29): »Auf diesem Fundament stand das Revolutionsdenkmal für Karl Liebknecht/ Rosa Luxemburg/ und viele andere/ revolutionäre Kämpfer/ der deutschen Arbeiterbewegung/ 1926 errichtet von der / Kommunistischen Partei Deutschlands/ nach Plänen von/ Ludwig Mies van der Rohe/ 1935 von den Faschisten zerstört«. Die Grabsteine von Liebknecht und Luxemburg wurden aus dem Gräberfeld vor dem Revolutionsdenkmal gerettet. Sie befinden sich heute in der Sammlung des Deutschen Historischen Museums.

---

85 Das Museum in der Taubenstraße 7 enthielt eine Sammlung von Trophäen: Kommunistische Flugblätter, Drohbriefe, Schwarze Listen, Waffen, Fahnen etc., nach: J.K. Engelbrechten und Hans Volz, Wir wandern durch das nationalsozialistische Berlin, München 1937, S. 59.
86 In einer Bestandsaufnahme vor dem Bau der Gedenkstätte der Sozialisten in Friedrichsfelde hieß es um 1950: Die Gräber der Abt. 64, von Luxemburg und Liebknecht, seien »bereits eingeebnet und anderweitig belegt«. In einer »Letzten Anordnung für die Gedenkstätte Friedrichsfelde« vom 27.12.1950, zwei Wochen vor der Einweihung, hieß es jedoch in Punkt 3: »Von der früheren Grabstätte der Januarkämpfer soll der in einem Zinksarg befindliche Leichnam von Karl Liebknecht ausgehoben und auf die Gedenkstätte überführt werden.« LA Berlin C Rep. 110, Nr. 165. Vgl. a. Nr. 176 und 180.
87 Stefanie Endlich, Rosa-Rote Zeiten. Über Versuche, Rosa Luxemburg ein Denkmal zu setzen, in: Senatsverwaltung für Wissenschaft, Forschung und Kultur (Hrsg.), Rosa Luxemburg. Ein Platz – Ein Zeichen, Berlin 2003, S. 63.

Abb. 2/3: Ein Denkmal für das Revolutionsdenkmal auf dem Zentralfriedhof Friedrichsfelde von Gerhard Thieme und Günther Stahn, 1982

Der kommunistische Rot-Front-Kämpferbund[88] von 1924 hatte anfangs noch einen hohen Kriegsveteranenanteil, er übernahm zum Exerzieren sogar das Komman-

---

88 Im Handbuch des öffentlichen Lebens von 1929 finden sich auf den S. 347-349 u.a. folgende Angaben über »Kriegsteilnehmerverbände aller Richtungen«: *Roter Front-Kämpferbund* e.V. Berlin, Zeitschrift ›Die Rote Front‹. Zweck: Zusammenfassung aller im deutschen Reich lebenden Kriegsteilnehmer des Weltkrieges und der im Wehrdienst ausgebildeten Männer, die auf dem Boden des proletarischen Klassenkampfes stehen. Der Bund stellt sich zur Aufgabe die Pflege des Klassenbewusstseins und die Pflege der Kriegserinnerungen zum Zwecke der Abwehr nationalistisch-militärischer Propaganda für neue imperialistische Kriege. Er wird die Interessen der Kriegsteilnehmer und insbesondere der Kriegsbeschädigten und Kriegshinterbliebenen mit Nachdruck vertreten und pflegt enge Beziehungen zu den proletarischen Kriegsbeschädigten und Kriegshinterbliebenen-Organisationen aller Länder. Aufklärung über die Methoden und den Klassencharakter imperialistischer Kriege. Eine illegale Bewaffnung der Mitglieder lehnt der Bund ab.«

do-Reglement der Reichswehr.[89] Die Zeitschrift des RFB, *Die Rote Front,* betonte, das eigene »straffe und disziplinierte Auftreten im Wahlkampf und bei Aufmärschen«, sei für weitere Erfolge der kommunistischen Bewegung grundlegend.

Neidvoll blickte mancher Vertreter des militaristischen Spektrums auf den RFB: »Sieht man dann die straffe Manneszucht der Marschkolonnen des RFB, [...] die muskulösen Körper, so muß man die Geschlossenheit und innere Kraft anerkennen.« Auch erkenne »man in den Augen ein starkes inneres Feuer, einen festen Willen, hinter dem ein starker Glaube, eine Hoffnung auf die Zukunft zu stehen scheint«, beobachtete Generalmajor Rüdiger Graf v.d. Goltz. Dem nationalen Lager, das in »Vereinsmeierei, Verbandsegoismus und Anpassungsfähigkeit« ersticke, mangele es genau an diesem »Fanatismus«, hieß es im Blatt des *Deutschen Offizier-Bundes.*[90]

Bei politischen Auseinandersetzungen ums Leben gekommene RFB-Mitglieder galten den Kommunisten als »Gefallene«, so der am 26. Januar 1926 in Charlottenburg ermordete Hans Klaffert: »Er zählte zu den einfachen Soldaten der Revolution, die immer in der vordersten Front stehen.«[91] Während der Kriegsalltag des Weltkriegs in den kommunistischen Medien realistisch geschildert wurde, wurden die Militärmacht der Sowjetunion und der kommende Bürgerkrieg gefeiert. Dieser Widerspruch wurde in der Parole »Unser revolutionäre Antimilitarismus« aufgelöst: »Wir verlachen die Pazifisten mit ihrem inhaltslosen Geschrei von ›Nie wieder Krieg‹, ewigem Völkerfrieden, internationaler Schiedsgerichtsbarkeit usw. Sie hemmen mit ihren Phrasen die proletarische Jugend in ihrem revolutionären Antimilitarismus. [...] Jedes Mitglied, das wir aus den Reihen der bürgerlichen Wehrverbände gewinnen, schwächt die militärische Front der deutschen Bourgeoisie.«[92] Mit dem Ende des Kapitalismus seien auch jeder Kriegsgrund und jede Kriegsgefahr überwunden.

Wie in den anderen Wehrverbänden herrschte auch im RFB ein martialischer Ton, ein Denken in den Kategorien von territorialer Eroberung und Einrichtung von Stützpunkten vor. So meldete die *Rote Front* über einen Aufmarsch des RFB im Jahre 1925: »Frankfurt a.O., der Stützpunkt der faschistischen Organisationen in Brandenburg und außerdem Hochburg des Reichsbanners, wurde am 30. August vom RFB im Sturm erobert«; »ein endloser Zug der Frontkämpfer« habe die Stadt durchzogen, »wuchtig und markig erschallte nachdem der Fahneneid über den Marktplatz.«[93] Wie bei den anderen Wehrverbänden war die Bekleidung der RFB-Männer eine Uniform, die sich aus Wandervogel- und Militärkleidung zusammensetzte: Windjacken, Kittel, Breecheshosen, Mützen mit Sturmriemen, Koppel, Schulterriemen, Armbinden, Stöcke, Brotbeutel und Tornister gehörten zur Ausstattung.

---

89 Kurt G.P. Schuster, Der RFB 1924–1929, Düsseldorf 1975, S. 41. Das Kommandoreglement war für 10 Pfennig zu erwerben.
90 *Deutscher Offizier-Bund,* Nr. 29, 15.10.1927, S. 1211.
91 *Die Rote Front,* Nr. 2, Januar 1927, 2. Ausg.
92 *Die Rote Front,* Nr. 21, November 1927, 1. Ausg.
93 *Die Rote Front,* Nr. 9, 1.10.1925.

2. Politische Konflikte um das Gefallenengedenken in Berlin

Häufig kam es bei Kriegerehrungen zu Gegendemonstrationen und Auseinandersetzungen.[94] Anfang September 1920 demonstrierte die SPD in Berlin gegen die Sedanstagsfeiern, im Juni 1922 agitierte die KPD in Berlin gegen Regimentsfeiern. Anfang der 1920er-Jahre beschwerten sich die Kriegervereine beim Reichsinnenminister über mangelnden Polizeischutz gegen diese Störungen aus der Arbeiterbewegung. In einem Aufruf zu einer »Massenversammlung gegen die reaktionäre Gefahr« schrieb die *Rote Fahne* am 13. Juni 1922 über die seit Wochen stattfindenden Regimentsfeiern, »die nichts weiter sind als Kontrollversammlungen aller militärisch bewaffneter Reaktionäre. Jede dieser Regimentsfeiern ist eine freche Provokation der Arbeiterschaft. Gedenktage, die für jeden Arbeiter nur Gedenktage des Schreckens und des Grauens sind. Tage, an denen das Völkermorden Berge von Leichen türmte, sind der willkommene Anlaß für die Reaktion, große Paraden abzuhalten und ihre Macht zu demonstrieren.«[95]

Nach dem Zusammenbruch des Kapp-Lüttwitz-Putsches im Frühjahr 1920 und nach der Ermordung Rathenaus war es der starken Empörung der republikanischen Öffentlichkeit geschuldet, dass monarchistische Vereine nur noch in geschlossenen Räumen auftreten konnten und öffentliche Regimentsfeiern zeitweilig verboten wurden. So klagte die reaktionäre Zeitschrift *Die Tradition* über einen Teilnehmerzug der Trauerfeierlichkeiten für Rathenau in Berlin, »der als Abzeichen eine große Strohpuppe in Offiziersuniform, deren Gesicht ein Schweinskopf ersetzte, mit sich führte.« Nach der Trauerfeier hätten sich die Teilnehmer damit beschäftigt, »harmlose Spaziergänger, die Ordensbändchen im Knopfloch oder Hakenkreuz am Rock trugen, entsetzlich zu verprügeln.«[96]

Die Verordnung zum Schutz der Republik, die am 18. Juli 1922 als Gesetz im Reichstag bestätigt wurde, erlaubte das Verbot von republikfeindlichen Vereinigungen und Versammlungen.[97] Die *Rote Fahne* kritisierte die Verordnung als unzureichend: »Nicht einmal die Regimentsfeiern und Truppenparaden müssen nach der Verordnung unbedingt verboten werden. Es ist in das freie Ermessen der Landesbehörden gestellt,

---

94 Einige Beispiele: So am 18. Juli in Neunkirchen. In einem Rundbrief der KPD-Bezirksleitung Saar vom 14.2.1927 wird die Absicht erklärt, den diesjährigen »Heldengedenktag durch massiven RFB-Einsatz zu dominieren«, nach Klaus Michael Mallmann, Kommunisten in der Weimarer Republik. Sozialgeschichte einer revolutionären Bewegung, Darmstadt 1996, S. 238. Das *Militärwochenblatt* vom 18.9.1925 berichtet auf S. 399: »Auch das Heldendenkmal in Hindenburg konnte gegen alle kommunistischen Störungsversuche enthüllt werden […]. Jeder sollte zu diesem herrlichen Werk an Deutschlands Ostgrenze beitragen.«
95 *Rote Fahne* 13.6.1922.
96 *Die Tradition. Wochenschrift der Vereinigten Vaterländischen Verbände*, Berlin 15.7.1922, Nr. 14, S. 286 ff.
97 *Die Weltbühne* fragte am 3.8.1922: »warum erst jetzt das Verbot der Regimentsfeiern?«, 1922 Bd. II, Nr. 32, S. 131. S. a. Hagen Schulze, Weimar. Deutschland 1917–1933, Berlin 1982, S. 244.

ob sie gestattet oder unterdrückt werden sollen. Bayern, das Bollwerk deutsch-nationaler Verschwörung wird keinen Finger rühren zur Beseitigung dieser Regimentstage.«[98] Zu den Aufgaben der nach 1919 neu organisierten Politischen Polizei, die ihre Tätigkeit als präventiv darstellte, gehörte auch die Überwachung der paramilitärischen Vereine. Hier war das Deutsche Reich zur Zusammenarbeit mit der Interalliierten Militärkontrolle verpflichtet: »In militärischer Hinsicht müssen dauernd beobachtet werden die halbmilitärischen Vereine, deren Übungen und Ausrüstungen, militärische Übungen und Feierlichkeiten und die Sommerlager.« Dabei stützte sich die Polizei u.a. auf das Allgemeine Landrecht, das Reichsvereinsgesetz und das Republikschutzgesetz.[99]

Der preußische Innenminister Carl Severing verbot am 10. Januar 1923 den Nationalverband deutscher Offiziere (NdO), dessen Zweck laut § 2 der Satzung in der »Bekämpfung aller undeutschen und fremdstämmigen Einflüsse im Volksleben« bestand. Nach § 5 waren nur Mitglieder »deutschrassiger Abstammung« willkommen.[100] Severing begründete das Verbot aufgrund des Gesetzes zum Schutz der Republik mit dem aggressiven Auftreten des Verbandes in der Öffentlichkeit. Trotz Versammlungsverbots habe der Verband am 30. November 1922 ein heimliches Ersatztreffen in den Charlottenburger Gaststätten Türkisches Zelt und Bamberger Hof organisiert: »Dort entwickelte sich eine regelrechte Feier, bei der nach Zeugenaussagen Ansprachen gehalten und monarchistische Lieder gesungen wurden, die schwere Verstöße gegen das Gesetz zum Schutz der Republik enthielten. Von den Rednern des Abends wurde u.a. der ermordete Reichsminister Dr. Rathenau schwer beschimpft. Der Hauptredner, 1. Vorsitzender des Landesverbandes des Nationalverbandes deutscher Offiziere, Hauptmann a.D. Engelbrecht, wandte sich in seiner Rede in beschimpfender Weise gegen ein Mitglied der jetzigen Preußischen Landesregierung und ließ seine Ansprache ausklingen in den Worten ›Wir dürfen nicht nur sagen, unsere Bewegung marschiert, sondern wir müssen aus der Bewegung heraus, wie es ja jedem Soldaten bekannt ist, zur offenen Schlacht entwickeln‹. Aus der Versammlung wurden stürmische Rufe laut ›Nieder mit der Judenrepublik‹, auch wurden Hochrufe auf Ehrhardt und den früheren Kaiser Wilhelm den II. ausgebracht. Unter den gesungenen politischen Liedern enthält das vorgetragene Ehrhardt-Lied ›Hakenkreuz und Stahlhelm Schwarz-Weiß-Rotes Band‹ schwere Beschimpfungen der Republik. Mehrere Versammlungsteilnehmer trugen Schusswaffen in Lederfutteralen.«[101]

Der Bundesvorstand des RB beschloß 1924 hingegen, sich an den »sog. Regimentsfeiern, zu denen wir Republikaner nie eingeladen worden sind […], obgleich

---

98 *Rote Fahne* 26.6.1922.
99 Die Aufgaben der Politischen Polizei, in: *Kriminalistische Monatshefte*, Berlin Februar 1928, S. 38 ff.
100 Satzung des *Nationalverbandes deutscher Offiziere*, Berlin 17.5.1922, in: LA Berlin B Rep. 42 Vereine, Acc. 2147, Nr. 27631, Bl. 4 f.
101 Der Preußische Innenminister II 6.6., 10.1.1923 an den Vorsitzenden des NdO, bezugnehmend auf §§ 14 Abs. 2 8 Ziffer 1, 7 Ziffer 2 Republikschutzgesetz, in: LA Berlin B Rep. 42 Vereine, Acc. 2147, Nr. 27631, Bl. 39.

die große Mehrheit der Gefallenen Republikaner waren«, nun massiv zu beteiligen – und zwar: »Würdig, in entsprechender Stärke, die Fahnen der Republik zeigend, […] nachdem vorher den Veranstaltern schriftlich oder mündlich hiervon Kenntnis gegeben ist.«[102] Erste Erfolge bei der Einflußnahme auf die Feiern wurden in der Reichsbanner-Presse gemeldet.[103] Als historisches Ereignis bezeichnet wurde dabei ein erstmaliges, gemeinsames Auftreten von Reichsbanner und Reichswehr beim Einzug des 2. Bat. des Infanterie-Regiments Nr. 5 in Neuruppin im Jahre 1928, bei dem Reichswehrminister Wilhelm Groener die Reichsbanner-Abteilung begrüßte.[104] Doch insgesamt schien es die Reichsbannerführung nicht auf eine Konfrontation anzulegen, wenn die Militärvereine den Reichsbanner-Ortsgruppen die Teilnahme verweigerten.

Sozialdemokratisches Gefallenengedenken wurde von kommunistischer Seite scharf kritisiert. Der kommunistische *Rot-Front-Kämpferbund* verurteilte das Mannheimer Frank-Denkmal, hier werde einem »Zufallsopfer ein heroisches Mäntelchen umgehängt. Fern sei es uns, diesen einen gefallenen Verwirrten zu beschimpfen. Dennoch – dieser eine, der sich freiwillig dem Imperialismus als Opfer bot, ist er ein Denkmal wert?«[105] Im Frühjahr 1925 war das Denkmal von Unbekannten mit Farbe besudelt worden.[106] So übergossen Unbekannte den Stein in der Nacht zum 19. Mai mit roter Kopiertinte. Nachahmungstäter beschmierten das Denkmal in der Nacht vom 21. auf den 22. Mai mit einem Hakenkreuz. Das RB vermutete die Täter beider Anschläge im rechten Spektrum.[107]

Gelegentlich versuchte sich der RFB bei Kriegerehrungen anderer Verbände durch disziplinierte, große Aufmärsche zu profilieren. Die Zeitschrift des RFB *Die rote Front* agitierte in erster Linie gegen das RB, in zweiter Linie gegen den Stahlhelm. Beispielhaft seien hier Flugblätter des RFB erwähnt, die das RB aufforderten, am 18. Oktober 1925 beim Reichskriegertag in Sachsen den monarchistischen Verbänden entgegenzutreten, statt der Parole der RB-Führer zu folgen, die Zurückhaltung forderten.[108] Das RB wurde auch als »militaristischer« Verband attackiert. In einem Aufruf an die

---

102 *Das Reichsbanner*, Nr. 3, 1.6.1924. Mitteilungen des Bundesvorstands.
103 *Illustrierte Reichsbanner Zeitung*, Nr. 8, 21.2.1925, S. 117: »Das Reichsbanner hat vielerorts erreicht, dass statt der üblichen Hetz- und Revanchereden, die bis dahin bei den Feiern üblich waren, in wahrem kameradschaftlichen Ton der Toten gedacht wurde«. *Das Reichsbanner* Nr. 12, 15.6.1925 berichtete, das Reichsbanner habe eine Denkmalseinweihung in der nationalistischen Hochburg Vegesack b. Bremen dominieren können, in der Nr. 8 vom 15.4.1926 wurde der geschlossene Übertritt eines Kriegervereins im oberfränkischen Gefrees gemeldet.
104 *Illustrierte Reichsbanner Zeitung*, Nr. 15, 14.4.1928, S. 226.
105 *Die Rote Front*, Nr. 1, 15.10.1924, o.A.
106 *Illustrierte Reichsbanner Zeitung*, Nr. 23, 6.6.1925, S. 356. Das Denkmal wurde »in der Nacht vom 14. auf den 15. Mai 1925 von Bubenhänden besudelt«. Die Stadt Mannheim übernahm die Reinigung.
107 *Das Reichsbanner*, Nr. 12, 15.6.1925.
108 Flugblatt RFB in Westsachsen, Oktober 1925, in: Barch RY 1/I/2/63 Flugblattsammlung des RFB, Bl. 117.

Abb. 4: Karikatur »Propagandaleichen« aus Simplizissimus zum Berliner Blutmai 1929 »Weine nicht, Mutter, er starb nicht fürs Vaterland – er fiel für die Idee.«

»Kameraden im Reichsbanner« hieß es: »Wozu militärische Übungen, wozu Waffenübungen? Weil auch das Reichsbanner Krieg führen will – Krieg gegen die Arbeiter!«[109] Im RB herrsche »Stahlhelmgeist«. »Warum Gefallenenehrung nach faschistischem Muster?« fragte *Die Rote Front* und kritisierte, dass bei Reichsbanner-Treffen militärische Orden getragen würden. Es sei dort Usus, »die Reichsbannerführer, darunter richtiggehende Generäle, von den Proleten ›anhochen‹ und anstaunen zu lassen«. Dabei bezog man sich vor allem auf den »Reklamegeneral des Reichsbanners«, von Deimling, und dessen umstrittene Kriegsführung im Herero-Aufstand und bei Verdun.[110] Auch im militärischen Spektrum erinnerte man sich an Deimlings kriegerische Berichte im Reichstag zum Herero-Aufstand und bezichtigte ihn wie auch die Reichsbanner-Führer Generalmajor Paul Freiherr Fr. v. Schönaich und Polizeioberstleutnant Hermann Schützinger des Opportunismus.[111] Schließlich wurde in der *Roten Front* behauptet, die Überfälle auf RFB-Mitglieder würden im RB systematisch eingeübt, und der Verband habe die Funktion, die deutschen Arbeiter in einen Kreuzzug gegen das revolutionäre Rußland einzubinden.[112]

Während in den kommunistischen Medien der Kriegsalltag des Weltkriegs realistisch geschildert wurde, wurden die Militärmacht der Sowjetunion und der kommende Bürgerkrieg gefeiert. Das RB verwies auf diese Widersprüchlichkeit und kritisierte immer wieder die umfassende Militarisierung der sowjetischen Gesellschaft, die von den deutschen Kommunisten als so vorbildlich gepriesen wurde. »RFB spielt Krieg« lautete eine Unterschrift zu einem Bild in der *Illustrierten Reichsbanner-Zeitung*, das mit Holzgewehren posierende RFB-Mitglieder zeigte.[113]

---

109 *Die Rote Front*, Nr. 2, Februar 1925, S. 1.
110 *Die Rote Front*, Nr. 2, Februar 1925, S. 5.
111 *Nachrichtenblatt des Reichs-Offizier-Bundes*, Nr. 3/1928, S. 1.
112 *Die Rote Front*, Nr. 19, Oktober 1925, 1. Ausg.
113 *Illustrierte Reichsbanner Zeitung*, Nr. 32, 11.8.1928, S. 511. und Nr. 13, 31.3.1928, S. 200: »Das militaristische Rußland.«

Berlin als Standort für Denkmäler und militärische Feiern

Berlin war als große Garnisonstadt und politisches Zentrum der Nation häufig Schauplatz militärischer Feierlichkeiten. Bei den Regimentsfeiern und Festtagen einzelner Truppeneinheiten reisten die Teilnehmer aus dem ganzen Reichsgebiet an. Oft war eine Denkmalsenthüllung Mittelpunkt der Aktivitäten. Geburtstage, Dienstjubiläen und Begräbnisse hoher Militärs sowie die Gedenktage der Reichsgründung, der Unterzeichnung des Versailler Vertrags und der Schlacht von Langemarck boten das ganze Jahr hindurch Anlässe für militärische Feierlichkeiten.[114] Provinziell verankerte Wehrorganisationen des Stahlhelms, des Jungdeutschen Ordens, des Wehrwolfes oder der Bismarckjugend, der Jugendorganisation der DNVP, versuchten mit Sternfahrten und Aufmärschen die Hauptstadt zu erobern. Nachdem die Aufregung über den Kapp-Lüttwitz-Putsch nachgelassen hatte, erlebten Regimentsfeiern u.ä. im Laufe der 1920er-Jahre eine immer stärkere Konjunktur. Die private Erinnerung an den Krieg und die realistische Darstellung der Ereignisse in Bild und Wort wurde nun von idealistischen und heroischen Konstruktionen überformt. Zunehmend dominierten Jugendliche und »Etappenkrieger« das Geschehen der Kriegsfeste, wie die *Weltbühne* anmerkte: Gegen das »Geschrei der Desperados, der dummen Jungens, der alten Generäle und Generalstäbler« wirkten die Stimmen der wirklichen Kriegsteilnehmer so schwach, »weil viereinhalb Jahre Frontkrieg den Menschen in seinen Nerven bis zum letzten so zerstört haben«.[115] Tatsächlich hatten die »vaterländischen« Wehrorganisationen ihr Aufnahmekriterium »Fronterfahrung« stark aufgeweicht und organisierten nun auch Jugendliche in großer Zahl. Über einen Transport von Stahlhelmern, die 1930 zu einer »Befreiungsfeier« nach Koblenz fuhren, berichtete ein Zeuge: »Alle in Uniform, feldgrau, von der Reichswehr kaum zu unterscheiden. Schon in Halle gröhlten sie ›Die Wacht am Rhein‹ und andere ›vaterländische‹ Lieder; in Weimar ergossen sie sich über den Bahnsteig, die Treppen, die Wartesäle, meistens ganz junge

---

114 Bei der Feier zum 80. Geburtstag des Generalfeldmarschalls von Mackensen am 9.12.1929 in den Marmorsälen des Zoo wurden die diversen Offiziersvereinigungen eingeladen. Zu tragen sei »Uniform, großes Ordensband, Frack, Smoking, oder dunkler Anzug« »Der Abend ist auf ausdrücklichen Wunsch des Generalfeldmarschalls als eine schlichte Kameradenfeier gedacht […]. Pünktlich um 20.00 Uhr wird seine Exzellenz in Begleitung des rangältesten Offiziers den Saal betreten. Anschließend bringt der rangälteste Offizier dem Herrn Feldmarschall die Wünsche der Verbände dar. Die Musik wird von Trompetern der ehemaligen Leibhusarenbrigade ausgeführt. Seine Exzellenz hat sich bereit erklärt, am Morgen des 9. Dezember im Kaiserhof Deputationen usw. zur Beglückwünschung zu empfangen […]. Es wird gebeten, erst nach den offiziellen Ansprachen zu rauchen!« Mitteilungen des Hauptvorstandes, in: *Nachrichtenblatt Deutsche Kraftfahr-Offiziers-Vereinigung e.V.*, Berlin 1.12.1929, Nr. 117, S. 286. Über die Feier berichtete das *Nachrichtenblatt des Reichs-Offizier-Bundes*, Berlin Nr. 1/1930, S. 9: »Der Besuch war recht stark […]. Der 80-jährige sprach mit jugendlichem Geist nach Husarenart. Er feierte den Kaiser und die alte herrliche deutsche Armee.«
115 Walter von Hollander, Krieg und Kriegsteilnehmer, in: *Die Weltbühne*, 1925 Bd. II, Nr. 28, S. 52 ff.

Burschen, ›Rotznasen‹, größtenteils offenbar besoffen, die Uniformen halb aufgeknöpft, randalierend, gröhlend, Reisende anpöbelnd, völlig ohne jede Disziplin, von Soldatentum keine Spur.«[116]

Politische Konflikte um Denkmals-Standorte: Das Genehmigungsverfahren für Denkmäler in Berlin

Generell läßt sich im Vergleich mit den französischen Verhältnissen sagen, dass in Deutschland die Denkmalsinitiativen meistens von den Kriegervereinen, in Frankreich von den Gemeinden ausgingen. In den Denkmalsausschüssen der Vereine waren oft schon Entwürfe beschlossen und Modelle präsentiert worden. Mit den Gemeinden wurde dann über einen geeigneten Standort und Zuschüsse verhandelt. Je kleiner die Gemeinden waren, desto leichter waren die Verhandlungen. Die politische Wirkungslosigkeit offizieller Gremien in diesem Prozess ist auffällig: Weder konnte die Reichsregierung ästhetisch-politische Richtlinien durchsetzen, noch konnten die regionalen Landesberatungsstellen für Kriegerehrungen Durchschlagskraft entwickeln. Die Gemeinden konnten oft nur ihr Veto gegen besonders aggressive und revanchistische Entwürfe bekunden, ohne Alternativen anzubieten. Dies führte dazu, dass in Deutschland überwiegend die Soldaten ihren gefallenen Kameraden Denkmäler setzten, während in Frankreich die Bürger ihre gefallenen Mitbürger ehrten. Die Dominanz der Kriegervereine in Fragen der Denkmalsymbolik hing auch damit zusammen, dass in Deutschland ein höherer Integrationsdruck auf dem Totenkult lag, während in Frankreich keine ausdrückliche Berufung auf die Einheit der Nation notwendig war, sie wurde als gesichert vorausgesetzt. Daher war dort eine größere Bandbreite von Kriegsdeutungen möglich, wenngleich rein pazifistische Denkmäler auch in Frankreich sehr selten waren.[117]

Schon seit 1893 existierte in Berlin eine Kommission, die einen Ankaufsetat für Kunstwerke verwaltete, mit denen die Hauptstadt verschönert werden sollte; darunter befanden sich vor allem Skulpturen für Parks, Plätze und Brunnenanlagen. 1925 entstand für Großberlin eine Satzung der »Zentralverwaltung für das Kunst- und Bildungswesen.« Zu ihren Aufgaben gehörten das Aufstellen von Kunstwerken auf öffentlichen Plätzen und Straßen und die Festsetzung von Bestimmungen, nach denen von den Bezirken die öffentlichen Kunstdenkmäler einschließlich der Gedenktafeln berühmter Persönlichkeiten zu unterhalten sind.[118] Zur ausführenden Kunstdeputation zählten je fünf Magistratsmitglieder, darunter der Oberbürgermeister, 17 Stadtver-

---

116 Harry Graf Kessler, Tagebucheintrag »Weimar 3.10.1930. Freitag«, in: Tagebücher 1918–1937 (Hrsg. Wolfgang Pfeiffer-Belli), Frankfurt 1996, S. 681 f.
117 Michael Jeismann und Rolf Westheider, Wofür stirbt der Bürger? In: Reinhard Koselleck, Der politische Totenkult. Kriegerdenkmäler der Moderne, München 1994, S. 23-49, hier S. 36 ff.
118 Satzung für das Kunst- und Bildungswesen der Stadt Berlin, Berlin 1925, § 2. In: Zentralarchiv Staatliche Museen Preußischer Kulturbesitz Berlin (ZA SMPK) I/NG 527, Bl. 615.

ordnete, neun Bürgerdeputierte und zwei Bezirksamtsmitglieder, die auf Vorschlag der Bezirksämter vom Oberbürgermeister ernannt wurden.[119] In der Deputation waren neben dem Oberbürgermeister Stadtbauräte, Stadtbaumeister und Künstler vertreten.[120] Zwischen 1924 und 1930 wurden bei Ausstellungen 77 Plastiken für die Aufstellung in öffentlichen Parks und Plätzen angekauft. Der jährliche Etat stieg von 200.000 RM (1924) auf 400.000 RM (1929), um dann wieder auf 200.000 RM (1932) zu sinken.[121] Anfang der 1930er wuchs die Kritik am umständlichen Entscheidungsverfahren der vielköpfigen Deputation. Die Forderung nach der Einstellung eines städtischen Kunstwartes setzte sich jedoch nicht durch.[122]

Während die Kriegervereine möglichst zentrale, repräsentative Lagen für ihre Denkmäler forderten, war die Stadt- und Bezirksverwaltung, oft von den Arbeiterparteien dominiert, an dezenteren Standorten wie Friedhöfen und Kirchen interessiert. Daher entstanden viele Kriegerdenkmäler im Zusammenhang mit der militärischen Infrastruktur, was heute z.T. nicht mehr erkennbar ist, da die Kasernen abgerissen wurden oder zivil genutzt werden. Das Gefallenengedenken blieb überwiegend in der Hand der Traditionsvereine, die Denkmäler waren dezentral über die Stadt, vornehmlich ihre südwestlichen Bezirke, verteilt. Die Kriegervereine und Veteranenverbände der aufgelösten oder verkleinerten Truppenteile wurden mit einer Stadtbevölkerung und Verwaltung konfrontiert, die vielfach von der Arbeiterbewegung geprägt war und soziale wie pazifistische Ideen vertrat. So kolportierte das *Militärwochenblatt* 1929, der Haushaltsausschuss der Stadtverordnetenversammlung habe einem Antrag stattgegeben, die Aufstellung von Kriegerdenkmälern generell »mit allen ihm zu Gebote stehenden Mitteln zu verhindern.«[123] Ein generelles Bauverbot von Kriegerdenkmälern gab es zu keiner Zeit. Die »Zentrale Deputation für das Kunst- und Bildungswesen« bestand jedoch darauf, alle Anträge für Denkmäler zu entscheiden. Die Bezirke hätten dazu kein Recht und müßten die Anträge weiterleiten.[124] Ablehnungen, wie im Falle von Hermann Hosaeus' Denkmal in Dahlem, das später doch noch verwirklicht

---

119 Satzung für das Kunst- und Bildungswesen der Stadt Berlin, Berlin 1925, § 4. In: ZA SMPK I/NG 527, Bl. 615.
120 In der Mitgliederliste der Städtischen Deputation für das Kunst- und Bildungswesen von 1928 fanden sich u.a. Stadtbaurat Wagner und Stadtbaumeister Garbe, in der Mitgliederliste von 1931 der Maler Hans Baluschek, der Schriftsteller Guttmann und der Bildhauer Placzek als Bürgerdeputierte. In: ZA SMPK I/NG 526, Bl. 315 (1928) und ZA I/NG 527, Bl. 616 (1931).
121 Bericht von Stadtbaurat Garbe über die Arbeit der Deputation, Berlin 7.5.1931. Im Haushalt der Stadt waren für den Kunstfond, über den die Deputation entschied, folgende Mittel vorgesehen: 200.000 RM (1924), 300.000 RM (1925–26), 400.000 RM (1927–29), 300.000 RM (1930), 200.000 RM (1931/32). In: ZA SMPK I/NG 526, Bl. 611 ff.
122 Vgl. das Schreiben des Oberbürgermeisters Sahm an Ludwig Justi, 18.5.1931. In: ZA SMPK I/NG 526, Bl. 610.
123 *Militärwochenblatt*, 18.3.1929.
124 Notiz Prof. Amersdorffer, Preuß. Akademie der Künste, nach Anfrage beim Oberbürgermeister, 18.1.1927. Stiftung Archiv der Preußischen Akademie der Künste (SAdK Pr AdK) Nr. 0808, Bl. 2.

wurde, oder in Tegel, sind in Einzelentscheidungen erfolgt. »Wohl haben die Pazifisten gegen krasse Denkmäler Einspruch erhoben«, vermuteten Mitglieder der Akademie der Künste, die nun darauf drängten, der Kunstdeputation im Interesse der Akademie-Mitglieder einen Bildhauer als Gutachter zur Verfügung zu stellen.[125]

Die Debatte in der Stadtverordnetenversammlung über das Kriegerdenkmal in der Dorfaue in Tegel gibt Aufschluß über die verschiedenen politischen Haltungen zum Gefallenenkult. So fragte der kommunistische Abgeordnete Letz im Hinblick auf die Denkmalsinschrift »Groß wie die Tat ist auch der Dank«, ob jenen, die »um die Interessen der deutschen Kapitalisten auf den Schlachtfeldern« verbluteten, auch wirklich der »Dank des Vaterlandes« zugefallen sei, angesichts des Elends der Hinterbliebenen und Kriegsbeschädigten wohl kaum. »Allein schon in dieser Inschrift zeigt sich die große Unwahrhaftigkeit, die bei der Errichtung derartiger Dinge überhaupt in Frage kommt. Es handelt sich doch im Wesentlichen nicht darum, Dankbarkeit zu erweisen, sondern monarchistischen Institutionen Gelegenheit zu Demonstrationen zu geben [Zurufe rechts: Hu hu].« Vorrang habe die Kriegsopferversorgung, »statt überflüssige Bauwerke zu errichten, die noch dazu unwahrhaftig in ihren Aufschriften sind, mit deren Errichtung ein Ziel verfolgt wird, das der heutigen Staatsform zuwiderläuft [Zurufe rechts: Na nu? – Lachen].« Letz erklärte noch abschließend, nicht als Fürsprecher der Republik aufzutreten: »Ich stelle fest, daß wir keine Vertreter der heutigen Staatsform sind.« Der deutschnationale Stadtverordnete von Jecklin leugnete jede staatspolitische Implikation der Denkmalsinschrift und stellte fest, dass der Stadt durch diese Initiative eines Privatvereins keine Kosten entstünden, man müsse dem Verein vielmehr für das patriotische Engagement danken. Der Sozialdemokrat Weinberg erklärte, der politische Charakter werde bei der Enthüllungsfeier hervortreten, »wenn uns ein neuer Erguß à la Sixt von Arnim dabei vorgesetzt wird«. Das war eine Anspielung auf den Skandal bei der Enthüllung des Augustaner-Denkmals am 11. Oktober 1925. Bisher seien, so Weinberg weiter, »in ständiger Praxis diese Denkmalsenthüllungen zu hurrapatriotischen Akten missbraucht« worden. Das provozierte den Zwischenruf des deutschnationalen Abgeordneten Koch: »Was geht Sie das an. Das ist ein Privatunternehmen. Das geht Sie gar nichts an. Waren Sie vielleicht draußen? [Lärm]. Weinberg entgegnete Koch: »Wenn Sie mich fragen, Herr Kollege Koch, was mich das angeht, so gebe ich gerne zu, dass ich weniger zum Kriege gehetzt habe als Sie auf Ihrer Kanzel«. Koch antwortete mit einer persönlichen Bemerkung, er habe nirgends dazu Gelegenheit gehabt, »auch nicht an der Front, der ich näher gewesen bin als Herr Weinberg [Zuruf links: Wo denn? -Lärm].« Koch fährt fort, er sei an der Reimser Front gewesen im Gegensatz zu Weinberg, der sich im heimischen Soldin betätigt habe »mit dem Ausgeben von Essmarken an die Schip-

---

125 Sitzung der Genossenschaft der ordentlichen Mitglieder der Akademie der Künste, Sektion Bildende Kunst und Musik am 17.1.1927, Punkt II: Verbot von Kriegerdenkmälern SAdK Pr AdK Nr. 0808, Bl. 3.

per« und dort ein weit bequemeres Leben in seiner Privatwohnung und -praxis geführt habe als er, Koch, an der Front. Eine persönliche Antwort Weinbergs lehnte der Versammlungsleiter ab. Die Abstimmung wurde gegen das Denkmal entschieden.[126]

Als die Angehörigen der ehemaligen Kraftfahrtruppe einen Platz für ihr Denkmal suchten, mussten sie zunächst die Kunstdeputation des Bezirks Wilmersdorf gewinnen und danach an die Kunstdeputation von Großberlin herantreten, die als letzte Instanz ihr Gutachten und ihre Genehmigung abgeben musste. Die Veteranen der Kraftfahrtruppen waren sich der politischen Widerstände gegen ihr Projekt bewusst: »Bei der politischen Einstellung dieser 32-köpfigen Deputation ist eine Zustimmung zu der Aufstellung des Denkmals in Berlin durchaus nicht sicher. Ein großer Teil des Magistrats und der Stadtverordneten soll auf dem Standpunkt stehen, daß Einzeldenkmäler in Berlin nicht mehr aufgestellt werden sollen.«[127] Tatsächlich wurde für das Denkmal, das in der Nähe verkehrsreicher Plätze und Straßen aufgestellt werden sollte, zunächst der Fehrbelliner Platz, dann ein Standort an der Heerstraße und an der Avus in Aussicht genommen, ohne Erfolg.[128] Das Denkmal wurde nach Potsdam abgedrängt; am Rande der Stadt, an der Straße nach Michendorf, fand es 1931 einen Platz.

Der Bezirk Kreuzberg hatte es abgelehnt, für das Gefallenendenkmal der Garde-Pioniere einen öffentlichen Platz zur Verfügung zu stellen.[129] Daher wich der Verein auf das Areal der Evangelischen Garnisonkirche aus. Vergeblich bemühte sich der Bürgermeister von Kreuzberg im Juli 1928, die Aufstellung des Denkmals des Garde-Pionier-Bataillons auch an der Evangelischen Garnisonkirche zu verhindern. Das Denkmal von Hosaeus zeigte einen breitbeinig und in voller Kriegsausrüstung dastehenden Soldaten. »Ich halte gerade in der heutigen Zeit die Aufstellung eines derartigen Denkmals untragbar«, schrieb Bürgermeister Herz an den preußischen Innenminister;[130] es provoziere die Anwohner des Arbeiterbezirks und könne »politische Leidenschaften« wecken, mahnte Herz, an Reichswehrminister Groener gewandt.[131] Da

---

126 Stenographischer Bericht über die öffentliche Sitzung der Stadtverordnetenversammlung vom 7.1.1926. Punkt 23, Berlin 1927, S. 21.
127 Bericht über die Mitgliederversammlung, Punkt 7. Bericht der Denkmalskommission. *Nachrichtenblatt f. d. ehem. Angehörigen der Kraftfahrtruppen,* Berlin 1.6.1927, Nr. 87, S. 45. Einweihung des Denkmals am 7.6.1931, Baukosten: 38.000 Mark.
128 Brief des Architekten Fritz Ebhardt an den Bürgermeister von Wilmersdorf 11.11.1924 wegen eines Platzes bei der Avus bzw. am Reichskanzlerplatz, LA Berlin, A Rep. 37 08, Nr. 339, Bl. 28.
129 Dies wurde empört festgehalten im Bericht über die 7. Hauptversammlung der Vereinigung ehemaliger Offiziere des Garde-Pionier-Bataillons am 21.3.1926. Ursprünglich war als Künstler Prof. Wandschneider (Plau) in Aussicht genommen worden, in: LA Berlin Rep. 42 Vereine, Acc. 2437, Nr. 28797.
130 Der Bürgermeister von Kreuzberg, Herz, an den preuß. Innenminister, 4.7.1928, in: GStA PK I. HA, Rep. 77, Tit. 1215, Nr. 3d.
131 Der Bürgermeister von Kreuzberg, Herz, an den Reichswehrminister, 4.7.1928, in: GStA PK I. HA, Rep. 77, Tit. 1215, Nr. 3d.

das Denkmal auf Militärgelände lag, blieb der Protest erfolglos. Der Innenminister sprach von unerwünschten Folgen für Denkmäler im ganzen Land, die durch einen Präzedenzfall ausgelöst werden könnten.[132]

Wollten die Traditionsvereine Denkmäler an prominenter Stelle, mussten sie städtisches Gelände bebauen und mit den Verwaltungen verhandeln. Bürgerliche Stadtteile waren für deren Anliegen zugänglicher als rote Hochburgen. Doch auch in einem Bezirk wie Charlottenburg machte die Stadtverwaltung die Genehmigung eines Denkmals auf öffentlichem Grund von Bedingungen abhängig. Die Aufstellung des Denkmals für die Gefallenen des ehemaligen Königin-Elisabeth-Garde-Grenadier-Regiments Nr. 3 im Lietzenseepark habe in Absprache mit dem Bezirk zu erfolgen, der Unterhalt sei vom Königin-Elisabeth-Bund[133] zu besorgen, der Bund hafte für alle Schäden im Park bei der Aufstellung und Enthüllung, die Stadt übernehme keine Verpflichtung, das Denkmal zu bewachen.[134] Zunächst wollte der Königin-Elisabeth-Bund ein altes Fahnenträgerdenkmal aus der Kaserne Westend im Lietzenseepark aufstellen, doch dies wurde vom Bezirk abgelehnt. Stattdessen goss Prof. Wilhelm Gerstel eine neue Bronzefigur: ein nackter Krieger mit Schwert.[135] Gartendirektor Barth war zunächst gegen das Denkmal, das »durch seine kolossalen Steinmassen« den malerischen Charakter und Erholungswert des Parks schmälern würde. Der Umriss müsse schlicht und einfach sein, »ohne jede prunkhafte oder elegante Aufmachung.«[136]

Die baupolizeiliche Genehmigung erfolgte für die Kriegerdenkmäler stets problemlos. Anders lag der Fall eines Lenin-Denkmals, das die KPD vor ihrer Parteizentrale aufstellen wollte. Hier wurde auf Verlangen des Ministeriums für Volkswohlfahrt die Genehmigung versagt. Zunächst hatte die Baupolizei keine Einwände gegen die Aufstellung eines Denkmals in einer Nische der Häuserfront am Karl-Liebknecht Haus gehabt. Auch Bedenken der Politischen Polizei (Abteilung »Ia«) gab es nicht. Das Ministerium wies die Baupolizei schließlich darauf hin: »Die Aufstellung eines Denkmals kann von der baupolizeilichen Behörde auch dann versagt werden, wenn dieses geeignet ist, durch die Belebung und Stärkung revolutionärer Gesinnung die öffentliche Ordnung, Ruhe und Sicherheit unmittelbar zu gefährden«. Der Antrag sei

---

132 Reichswehrminister Groener an das Bezirksamt Kreuzberg, 16.7.1928. Der preuß. Innenminister, II A1619 an den Bürgermeister, 28.7.1928, in: GStA PK I. HA, Rep. 77, Tit. 1215, Nr. 3d.

133 Gegründet am 21.8.1921, reichsweit 40 Kameradschaften mit 2.200 Mitgliedern. Die Denkmalsenthüllung fand im Mai 1925 statt.

134 Bezirksamt Charlottenburg Tgb.-Nr. III. 1., 22.4.1925 an Major a.D. Jachmann, Königin-Elisabeth-Bund, in: LA Berlin Rep. 43-08 Nr. 30. Vgl. auch Beschluß der Bezirksversammlung Schöneberg vom 25.4.1928 zum Eisenbahnerdenkmal im Stadtpark. LA Berlin A Pr. Br. Rep. 57, Nr. 737.

135 Königin-Elisabeth-Bund an den Bezirksbürgermeister 8.5.1925 und 31.10.1925. LA Berlin A Rep. 37 08, Nr. 339.

136 Niederschrift der Besprechung zwischen Vertretern des Magistrats und des Regimentsvereins, 27.3.1924. LA Berlin A Rep. 37 08, Nr. 339.

daher noch einmal eingehend zu prüfen.[137] Erwartungsgemäß wurde nun das Denkmal aus »verkehrstechnischen Gründen« verboten, da die zu erwartenden Demonstrationen die Straße verstopfen würden.[138] Hier wurden baupolizeiliche Vorschriften politisch funktionalisiert, um ein unliebsames Denkmal zu verhindern.

Verbote, Ausschreitungen und Denkmalsbeschädigungen

Die Kriegervereine und die Reichswehr beantragten für ihre Gedenkfeiern, die meistens in geschlossenen Veranstaltungssälen, in Kirchen und auf Friedhöfen stattfanden, generell Polizeischutz. Zudem verfuhren die »vaterländischen« Vereine und Parteien nach erprobten Sicherheitsregeln. So sei bei eigenen Versammlungen stets »eine Gruppe von handfesten Männern unter einem energischen Führer« im Eingangsbereich zu postieren, man solle mit den eigenen Anhängern frühzeitig den Saal besetzen und immer auch die angrenzenden Räume per schriftlichem Vertrag anmieten, um das Hausrecht gegen Störer ausüben zu können.[139]

In der Tat: Am »Ulanentag« des Jahres 1925 versuchten Mitglieder des RB in den Garten der ›Neuen Welt‹ über den Zaun und durch das Tor einzudringen, woran sie durch Polizeiknüppel gehindert wurden.[140]

Vor der Denkmalsweihe für die Gefallenen des Garde du Corps am 24. Mai 1924 in Potsdam beschlagnahmte die Polizei bei Kommunisten Waffen, die angeblich für eine Störung der Feier gesammelt worden waren.

Auch die Weihe des Denkmals für die 3. Garde-Ulanen am 18. Mai 1924 in Fürstenwalde wurde gestört. Es kam zu Zusammenstößen mit Kommunisten, von denen 78 verhaftet wurden. Drei Polizisten und ein Offizier wurden verletzt.[141]

Fast hätte 1921 ein spektakulärer Denkmalssturz Berlin erschüttert: Das prominenteste Kriegerdenkmal Berlins, die Siegessäule, war von einer linken Gruppe am 13. März 1921 zur Sprengung vorbereitet worden, der Sprengsatz wurde jedoch rechtzeitig entdeckt. Der Sturz war als Fanal für die Revolution gedacht worden.[142]

---

137 Der Preuß. Minister für Volkswohlfahrt II 8 Nr. 1431 II an den Pol.-Präs., 26.9.1928. LA Berlin A Pr. Br. Rep. 57, Nr. 737.
138 Pol.-Präs. Abt. II Tgb.-Nr. 1514 II V 3/28, 27.11.1928. LA Berlin A Pr. Br. Rep. 57, Nr. 737.
139 »Feindliche« Versammlungen seien hingegen nur zu beobachten, wenn kein eigener Redner auftritt. Die Beobachter sollten »sofort an die Kreisleitung berichten«, Flugblätter seien an Besucher »feindlicher Versammlungen« stets am Ende der Veranstaltung und vor der Tür zu verteilen, so die »Praktischen Winke zum Wahlkampf 1925 der monarchistischen DNVP, in: Deutschnationale Schriftenvertriebsstelle (Hrsg.), *Deutschnationales Rüstzeug*, Berlin 1925, Flugschrift Nr. 211.
140 Polizei-Inspektion Neukölln, Abt. I. Tgb. Nr. 3129/25, 6.7.1925, in: LA Berlin A Pr. Br. Rep. 30, Tit. 90, Nr. 7491, Akten des Polizeipräsidiums zu Berlin.
141 *Militärwochenblatt* 18.6.1924, S. 708.
142 Reinhard Alings, Die Berliner Siegessäule. Vom Geschichtsbild zum Bild der Geschichte, Berlin 2000, S. 95-99.

Die folgenden Beispiele wirken dagegen vergleichsweise harmlos. Der Kriegerverein Tempelhof protestierte 1920 gegen die Entfernung des das Kriegerdenkmal von 1894 schützenden Gitters. Das Denkmal sei »zum Tummelplatz der Jugend geworden. [...] Eines unserer Vorstandsmitglieder, der [sic!] auf den Stufen des Denkmals tobende Jungen auf das Ungeziemende ihres Treibens aufmerksam machte und sie von dem Denkmal verwies, ist dieserhalb bereits mit Männern und Frauen, die für die Kinder Partei nahmen, in Konflickt [sic!] gekommen. Wir befürchten ferner, dass in Zeiten der Wahlagitation das jetzt ungeschützte Denkmal als geeigneter Platz zum Ankleben von Plakaten genutzt werden wird, denn wie hier und in ganz Großberlin alles beschmutzt, verunziert und verdorben worden ist, dürfte auch dem Gemeindevorstand nicht unbekannt sein. Ob die Gemeinde imstande sein wird, das einzige Denkmal des Ortes vor der Beschmutzung und Verunglimpfung zu bewahren, muss bezweifelt werden.«[143]

Einige Jahre später meldete die Lokalpresse die »Besudelung des Tempelhofer Kriegerdenkmals durch Bubenhände«, und forderte die Namensnennung der betreffenden Täter bei der Festnahme. Die Prügelstrafe sei »für solche Elemente angebracht.«[144] Das Ende des Denkmals, einer Nachbildung der Niederwald-Germania, kam im Zweiten Weltkrieg. Die Gemeinden wurden damals vom Oberbürgermeister aufgefordert, »entbehrliche« Plastiken für die Aktion »Denkmäler aus Bronze und Kupfer für die Metallspende des Deutschen Volkes« zu melden.[145] Im Sommer 1941 wurde die Germania abgebrochen, die im Fundament vergrabene Stiftungsurkunde geborgen.

Schon zwei Monate nach der Einweihung wurde die mangelhaft fixierte Plastik des Denkmals für die Gefallenen des ehemaligen Königin-Elisabeth-Garde-Grenadier-Regiments Nr. 3 im Lietzenseepark von »Kindern und halbwüchsigen Burschen«, die mehrmals von der Parkverwaltung verjagt werden mussten, zum Spielen benutzt, wodurch ernste Schäden des Denkmals zu befürchten seien.[146]

»Das Franzerdenkmal in Berlin wurde in der Nacht vom 1./2.8. mit roter Farbe besudelt. Die Täter sind anscheinend gestört worden, denn die Beschmutzung ist zum Glück nur geringfügig«, meldete das *Militärwochenblatt* über eine Aktion anlässlich des kommunistischen »Antikriegstages« 1924.[147]

Das *Bundesblatt des Deutschen-Offizier-Bundes* beklagte 1927: »Zum siebten Male wurde das Gefallenendenkmal in der Königgrätzer Straße in Berlin von Bubenhänden

---

143 Kriegerverein Tempelhof an die Gemeindeverwaltung 11.9.1920, in: LA Berlin A Rep. 43-05-03 Bezirksverwaltung Tempelhof Nr. 15.
144 *Mariendorfer Zeitung* 1.9.1926.
145 Das Hauptwirtschaftsamt HWI M, 3.5.1941 an den Bezirksbürgermeister Tempelhof, in: LA Berlin A Rep. 43-05-03 Bezirksverwaltung Tempelhof Nr. 15.
146 Aktennotiz Bezirksverwaltung Charlottenburg XVII G. A. I., 17.7.1925. LA Berlin A Rep. 37 08, Nr. 339.
147 *Militärwochenblatt*, 4.9.1924, S. 235.

besudelt.«[148] Die Anschläge auf das schlichte Gefallenmal der Christusgemeinde mit der Aufschrift »Ihren gefallenen Brüdern. Die Christusgemeinde« gaben Rätsel auf. Der *Vorwärts* vermutete die Täter im deutschnationalen Spektrum.[149]

1931 bemängelte die Weissenseer Lokalpresse: »Unser Gefallenendenkmal im Trianonpark, das erst vor ca. zwei Jahren mit roter Farbe besudelt worden ist, und dessen [sic] Spuren immer zu erkennen sind, ist schon wieder einmal beschmiert worden. Auf der vorderen Seite des Sockels ist mit schwarzer Farbe ›Krieg jedem Kriege‹ aufgemalt worden. Es ist geradezu unverständlich, wie man an solcher Beschmiererei seine Freude haben kann.«[150] Im Vorjahr hatte das Bezirksamt erfolglos versucht, die Parole »Rot Front« vom Denkmal zu entfernen: »Da die Aufschrift anscheinend mit einer ätzenden Flüssigkeit gemacht worden ist, bitten wir, das Denkmal durch steinmetzmäßige Überarbeitung instandsetzen zu lassen«, schrieb die Bauverwaltung.[151]

Zwei Jahre später glaubte der Berliner Oberbürgermeister, nun ein Wundermittel empfehlen zu können: »Der Chemiker Wilhelm Kuth, Charlottenburg, hat ein Verfahren angeboten, durch welches mit Ölfarbe besudelte Denkmäler und Bauwerke in kürzester Zeit wieder gereinigt werden können, ohne das Material zu beschädigen.«[152]

Denkmalsstürze, wie etwa in Tilsit, waren im Berliner Raum seit dem Anschlag auf die Siegessäule 1921 nur selten zu verzeichnen.[153] Das Kriegerdenkmal im Brandenburgischen Schönfließ wurde am 23. April 1928 zerstört: »Die Tat wurde von drei Männern ausgeführt, die dann auf unbeleuchteten Fahrrädern Richtung Fürstenberg davonfuhren. Die ruchlose Tat ist wahrscheinlich von Kommunisten, die am Sonntag

---

148 *Bundesblatt des Deutschen-Offiziers-Bundes*, Berlin 15.2.1927, S. 582.
149 Ein Zeuge beobachtete die vierte Schändung, bei der ein unbekannter Täter »den Stein nächtens mit einer gelben, ätzenden Flüssigkeit übergoß«, *Deutsche Zeitung* 27.12.1926.
150 *Berliner Nordost-Zeitung* 10.8.1931.
151 Bauverwaltung Bezirksamt Weissensee an das Volksbildungsamt Weissensee Z.: Gart 5, 6.3.1930, in: LA Berlin A Rep 48-08 Bezirksamt Weissensee Nr. 94/1.
152 Der OB an das Bezirksamt Weissensee Z.: Kunst I 2436, 20.5.1933, in; LA Berlin A Rep. 48-08 Bezirksamt Weissensee Nr. 94/1.
153 *Militärwochenblatt* 4.8.1924, S. 132. In Hadersleben wurde das Schleswig-Holstein-Denkmal vor seiner Wiederaufstellung entwendet und offenbar versenkt, *Militärwochenblatt* 9.9.1922, S. 217. Während der Unruhen in Mitteldeutschland 1921 zerstörten Kommunisten das Kaiser-Wilhelm-Denkmal in Rothenschirmbach, in: Sechs Jahre Stahlhelm in Mitteldeutschland, S. 186. In der Silvesternacht 1922/23 verübten Kommunisten einen Sprengstoffanschlag auf die Kaiser-Wilhelm-Denkmals-Anlage in Halle. Dabei wurde die Figur Moltkes vom Sockel gestürzt. Der Stahlhelm ließ die Figur wieder aufstellen und im Rahmen eines »Deutschen Tages« einweihen. Dabei verurteilte der Stahlhelm-Vorsitzende Duesterberg die »Herostratentat« jugendlicher Kommunisten, die wahren Schuldigen seien aber die, »die in den Herzen der Jugend jede Achtung vor dem Alter, vor Kirche, Schule und vor allem vor unserer großen vaterländischen Geschichte in jahrelanger Hetze untergraben haben.« Resultat dieses Werteverfalls seien auch die Schändungen der Gräber Gneisenaus und Moltkes, der Fürstengräber in Weimar und des Grabes Bismarcks in Friedrichsruh, klagte Duesterberg in seiner Festrede anlässlich der Enthüllung des Moltke-Denkmals in Halle am 11.5.1924, in: Sechs Jahre Stahlhelm in Mitteldeutschland, Anlage 16.

von Fürstenberg durch die anliegenden Ortschaften einen Umzug veranstalteten, verübt worden.«[154] Der Nachtwächter hatte die Täter beobachtet, die das Kreuz abgebrochen und den Sockel mit Eisenstangen beschädigt hatten.

Noch 1935 erinnerte die Evangelische Kirche in einer Anleitungsschrift zur Ausgestaltung »Deutscher Heldenfeiern zum Heldengedenktag« an die »Schmach, die eine seelenlose Zeit den Denkmälern in den Jahren nach dem Krieg mancherorts angetan hat. Solche Schmach ist Gift, zerfrisst ein Volk. Ehrenpflicht ist es, Denkmale aufzurichten.«[155]

In der Wahrnehmung der Ex-Militärs war es in der Republik möglich, straflos die alte Armee und die Reichswehr zu beleidigen. So erschienen in der *Roten Fahne* Karikaturen und Schmähgedichte über Hindenburg, »die einem die Schamesröte ins Gesicht treiben«, kommentierte ein ehemaliger Offizier. Demonstranten, die Uniformen und Abzeichen der alten Armee in der Absicht umhertrugen, sie lächerlich zu machen, würden von der Polizei geschützt.[156]

Doch häufig konnten die Ex-Militärs bei ihren Veranstaltungen auf das Wohlwollen der Schutzpolizei hoffen. So führte am 9. Mai 1929 eine Kranzniederlegung am Denkmal für die Gefallenen des Kaiser-Franz-Garde-Grenadier-Regiments, die trotz strikten Demonstrationsverbotes geduldet wurde, zu einer Kontroverse innerhalb der Polizei. Die Auflagen, nach denen nur eine Kranzdeputation mit drei Mitwirkenden und keine geschlossenen Gruppen am Denkmal gestattet seien, wurden von den Beamten vor Ort großzügig ausgelegt. Das Kommando der Schutzpolizei monierte die »offensichtliche Umgehung des Versammlungsrechtes und einen Mißbrauch des von der Polizei gezeigten Entgegenkommens.«[157]

Am 20. Oktober 1929 wurde ein Demonstrationsverbot erlassen, u.a. weil die *Rote Fahne* auf die verschiedenen Veranstaltungen der rechtsgerichteten Vereine mit der Aufforderung zu Störungen hingewiesen hatte. Die Umzüge und Einweihungen von Kriegerdenkmälern in Schöneberg, Kaulsdorf und Pankow wurden hingegen erlaubt.[158]

Am Volkstrauertag 1930 bestand auf Ersuchen des Volksbundes deutsche Kriegsgräberfürsorge ebenfalls ein Demonstrationsverbot, um die Gefallenenehrungen zu

---

154 Oberlandjäger Wick, Landjägerposten Ziltendorf, 201-Br. An den Landrat in Guben, 23.4.1928, in: GStA PK, I. HA, Rep. 77, Tit. 1215, Nr. 3d Errichtung von Denkmalen für die im Weltkrieg Gefallenen.
155 Evangelischer Pressverlag (Hrsg.), Deutsche Feier. Beiträge zu kirchlichen Feiern an deutschen Volksfesttagen, Berlin 1935, S. 34. Predigt Jeremia 31, 21 Richte Dir Zeichen auf.
156 *Bundesblatt des Deutschen Offizier-Bundes* 25.7.1926, Nr. 21, S. 924.
157 Kommando der Schupo, Abt. Ia, Tgb. Nr. 1706/29 Ang. I, 25.5.1929, in: LA Berlin, A Pr. Br. Rep. 30 Akten des Polizei-Präsidiums Berlin, Landesarchiv Berlin, A Pr. Br. Rep. 30, Tit. 90, Nr. 7492. Die »Franzer« hatten mehrere Kränze niedergelegt, u.a. durch den General v. Quast, und umstanden in Zweier- und Dreiergrüppchen von insgesamt 200 Personen das Denkmal, bis sie zu ihrem Treffpunkt in der »Neuen Welt« abzogen.
158 Kommando der Schupo Abt. Ia Nr. 3550/29, 19.10.1929. LA Berlin, A Pr. Br. Rep. 30: Akten des Polizei-Präsidiums Berlin: Schutzpolizei Tit. 90, Nr. 7505.

schützen. Trotz des Versammlungsverbotes gab es keine polizeilichen Bedenken gegen »Kranzniederlegungen durch Vertreter einzelner Regimentsvereine des ehem. XXII. Reservekorps (ca. 35–50 Herren) am Korpsdenkmal an der Kaiserallee«[159], wie auch an zahlreichen anderen Kriegerdenkmälern im gesamten Stadtgebiet, sofern sich die Feierlichkeiten innerhalb der Friedhöfe abspielten.

Brennpunkt Kriegervereinshaus

Das Kriegervereinshaus in der Chausseestraße 94 war von proletarischen Wohnvierteln umgeben. Zahlreiche »Heldengedenkfeiern« und Regimentstreffen fanden hier statt.[160] Dies sorgte zwangsläufig für Zündstoff. So provozierten anlässlich der 100-Jahrfeier des Garde-Füsilier-Regiments jugendliche Arbeiter Festteilnehmer vor dem Haus, es gab zwei Festnahmen.[161] Das Haus galt als frühe Hochburg und seit Januar 1930 als Vereinslokal der NSDAP Wedding.[162] Eine Rede Goebbels' im Kriegervereinshaus löste am 5. Mai 1927 ein NSDAP-Verbot in Berlin aus. Mit der Gründungsfeier des Gaues Berlin-Brandenburg feierte die Partei auch hier am 13. April 1928 ihre Wiederzulassung. Das Haus war ein wichtiger Stützpunkt in der Strategie, das »rote Berlin« territorial zu erobern.[163]

---

159 Pol.-Präs. Abt. Ia an den Ausschuß des ehem. Reservekorps, z.H. Vors. Paul Seelow, 5.3.1930. LA Berlin, A Pr. Br. Rep. 30: Akten des Polizei-Präsidiums Berlin: Schutzpolizei Tit. 90, Nr. 7506.
160 Einige Beispiele: Am 4.6.1924 fand die »einzige Schlageterfeier Berlins« hier statt, *Militärwochenblatt* 4.6.1924, S. 651, »Gedächtnisfeier für die Befreiung Rigas von den Bolschewisten« am 11.7.1924; Die Bismarckjugend der DNVP feierte am 12.11.1926 ihr Stiftungsfest. Heldengedächtnisfeier des Stahlhelms mit geschlossenem An- und Abmarsch am 13.3.1927. Ab 1930 als Vereinslokal der NSDAP geführt.
161 Aufnahmestelle 1, Meldebuch VI/ 171, 4.6.1926, in: LA Berlin A Pr. Br. Rep. 30, Tit. 90, Nr. 7496, Akten des Polizeipräsidiums zu Berlin, Schutzpolizei: Aufsichtsdienst aus besonderen Anlässen 1926.
162 Pol-Inspektion Linden, Abt. I Tgb. Nr. 110/30, 9.1.1930, Verzeichnis der Verkehrslokale der KPD und NSDAP, in: LA Berlin A Pr. Br. Rep. 30, Tit. 90, Nr. 7491, Akten des Polizeipräsidiums zu Berlin.
163 Auch Auftritte von Goebbels gegen den Locarno-Pakt am 27.11.1925 und von Hitler am 1. September 1930 fanden hier statt. Siehe zur Verklärung der NS-»Kampfzeit«: Wir wandern durch das nationalsozialistische Berlin, Im Auftrag der Obersten SA-Führung bearb. von J.R. Engelbrechten und Hans Volz, München 1937. Hier wurden folgende Marksteine im Prozess der territorialen Aneignung der Arbeiterviertel und der Innenstadt aufgezählt:
14.11.1926: SA-Propagandamarsch mit 320 Mann durch Neukölln (S. 33);
11.2.1927: Massenversammlung in den Weddinger Pharussälen, Rede Goebbels' »Der Zusammenbruch des bürgerlichen Klassenstaates«. Goebbels prägte das Wort vom »Unbekannten SA-Soldaten« […]. In schwerer Saalschlacht bleiben SA und SS Sieger« (S. 130);
17.5.1928: SA-Marsch mit 400 Mann durch den Wedding (S. 34);
24.3.1929: Erster SA-Marsch auf dem Bülowplatz (S. 34);

An- und Abmärsche mußten hier besonders provozieren. Im Anschluss an eine Versammlung der NSDAP zogen am späten Abend des 7. Januar 1926 400 NS-Anhänger Richtung Lehrter Straße: »Der angemeldete Demonstrationszug wurde links und rechts auf den Bürgersteigen von etwa 1000 Personen in loser Ordnung begleitet, welche sich aus Kommunisten und Reichsbannerleuten zusammensetzten […]. Die Schlägerei entwickelte sich ohne vorherige Anzeichen völlig überraschend, wobei die radaulustigen Elemente sich unter die unbeteiligten Zuschauer mischten. Bei weniger überlegtem Eingreifen hätte sich leicht eine richtige Schlacht entwickeln können«, resümierte der Polizeibericht, der nur zwei vorübergehende Festnahmen vermeldete.[164]

Die Demonstrationstechnik und -taktik war bei allen Parteien relativ ähnlich. Der genehmigte Demonstrationszug befand sich auf dem Fahrdamm, geordnet in Kolonnen und Zweier-, Dreier- und Viererreihen. Die Reihen hatten oft reichlich Abstand, um auch bei geringer Beteiligung die Fahrbahnbreite auszufüllen. Musikkapellen und Fahnenabordnungen befanden sich im Zug. Je nach Sicherheitslage wurde der Zug durch begleitende Polizisten oder geschlossenes Spalier von den Bürgersteigen abgeschirmt. Auf den Bürgersteigen befanden sich in bunter Mischung Passanten, Polizisten in Zivil, Gegendemonstranten und Unterstützer der Demonstration »in zivil«, von den Nationalsozialisten »Watte« genannt, die die Aufgabe hatten, Angriffe auf die Demonstration frühzeitig zu erkennen und zu verhindern. Diese als Passanten verkleideten Parteigänger konnten aber auch die Aufgabe haben, vom Bürgersteig aus Druck auf das Polizeispalier auszuüben, damit dieses von zwei Seiten bedrängt und ggf. abgedrängt werden konnte, so ein Polizeibericht über »Bemerkenswerte Parolen und Agitationsmethoden der KPD und ihrer Hilfs- und Nebenorganisationen« von 1931.[165]

6.9.1929 und 24.8.1930: SA-Propagandafahrten mit LKW durch die »Rote Insel« Schöneberg (Gebiet zwischen Wannsee-, Anhalter- und Ringbahn) (S. 223);
17.11.1929: SA-Propagandafahrt mit LKW und 400 Teilnehmern durch den »Roten Wedding« Kösliner Str. (S. 143);
März 1930: SA-Aufmarsch auf dem Bülowplatz anlässlich des Begräbnisses Wessel;
1930/31: Saalbau Friedrichshain, Am Friedrichshain 16-23, nach schweren Saalschlachten am 27.6.1930 und 22.1.1931 »endgültig erobert« (S. 106);
Juni 1932: Die KPD-Hochburg »Schmidts Festsäle« im Wedding, Prinzenallee 33 »endgültig erobert« (S. 142); 22.1.1933: Aufmarsch der gesamten Berliner SA auf dem Bülowplatz (S. 34);
März 1933: Antikriegsmuseum in der Parochialstr. 29 »von SA-Sturmbann II/6 besetzt«, Entfernung der SA-Mütze und -armbinde, die dort unter einer Käseglocke ausgestellt worden war (S. 80 f.). Schon mehrfach waren SA-Männer unter Horst Wessels Führung dort eingedrungen und hatten die Mütze entwendet, doch der Betreiber des Museums ersetzte sie stets, *Völkischer Beobachter* 22./23.1.1933.

164 Polizei-Inspektion Linden, Abt. 2, 8.1.1926, in: LA Berlin A Pr. Br. Rep. 30, Tit. 90, Nr. 7489, Akten des Polizeipräsidiums zu Berlin.
165 Denkschrift (68 S.), übersendet von Abt. Ia, Reg.-Ass. Dr. Schnitzler vom 19.6.1931, in: LA Berlin A Pr. Br. Rep. 30, Tit. 90, Nr. 7562, Akten des Polizeipräsidiums zu Berlin.

Die Polizei mußte in regelmäßigen Abständen die Züge »abkämmen«, um die Situation übersichtlich zu halten und Menschenansammlungen zu zerstreuen; dabei wurde von den Beamten in Zivil größte Geschicklichkeit verlangt, nicht selbst »abgekämmt« zu werden. Die engen Straßen der Innenstadt waren in dieser Hinsicht ein besonders schwieriges Terrain. Aus Polizeisicht waren sowohl ein »intensives Hineinleben in die Verhältnisse aller politischen Parteien und ihrer Kampfverbände« notwendig wie auch ein differenzierter Umgang mit Massenansammlungen: »Bleibt doch die einer solchen Masse innewohnende Massenseele meist unerforschlich und unberechenbar. Unerkannt in der namenlose Menge verschwindend, lässt sich der Einzelne schnell zu Ausschreitungen hinreißen, für die er allein nicht den erforderlichen Mut aufbringt. Jede verstandesmäßige Einsicht ist geschwunden, der eine fühlt sich dem anderen eng verbunden, dieses Gefühl der Solidarität peitscht schließlich die Masse zur gemeinsamen Tat. Ein noch so unbedeutend scheinender Mißgriff seitens des polizeilichen Führers, und schon steigt die Wut dieser Masse zu einer schwer zu zähmenden Raserei.«[166]

Im Zusammenhang mit der Meldung eines Überfalls auf ein NSDAP-Mitglied nach einer Veranstaltung im Kriegervereinshaus am Lehrter Bahnhof stellte die Schupo eine »Straßenunsicherheit durch das immer dreister werdende Treiben linksradikaler Organisationen« fest: »In den Tagen vom 22. Januar bis 4. Februar 1926 sind gemeldet: 26 Fälle von Ausschreitungen gegen Angehörige von Rechtsverbänden [...]. Angehörige von politisch rechts stehenden Verbänden können es z.Zt. in fast allen Stadtteilen kaum noch wagen, sich einzeln zu zeigen. Dabei sind sämtliche Saalveranstaltungen dieser Verbände, Veranstaltungen unter freiem Himmel – soweit sie überhaupt stattfinden – und die Umgebung der Versammlungslokale in großem Umkreis durch besondere Kräfte fast täglich gesichert.«[167]

Als polizeilicher Erfolg konnte die Trennung der gegnerischen Gruppen nach einer NS-Veranstaltung im Kriegervereinshaus am 26. Februar 1926 gewertet werden: »Nach Schluß der Versammlung zogen je ein Trupp Kommunisten und Nationalsozialisten von je ungefähr 150 Personen auf der Chausseestraße in südlicher Richtung. Die Züge wurden bis auf 15 Personen am Oranienburger Tor gesprengt«, meldete das Revier Unter den Linden.[168] (s. Abb. 5, S. 48)

---

166 Pol.-Oberstlt. Hartenstein, Polizeitaktische Schriften. Folge 1, Berlin 1932/33, S. 13.
167 Weitere 28 Fälle bis zum 14.3.1926. Kommando der Schupo Abt. Ia Nr. 534/26 an den Polizeipräsidenten, 6.2.1926 und 14.3.1926, in: LA Berlin A Pr. Br. Rep. 30, Tit. 90, Nr. 7489, Akten des Polizeipräsidiums zu Berlin.
168 Aufnahmestelle I, Inspektion Unter den Linden, Meldebuch 2/697, 26.2.1926, in: LA Berlin A Pr. Br. Rep. 30, Tit. 90, Nr. 7548.

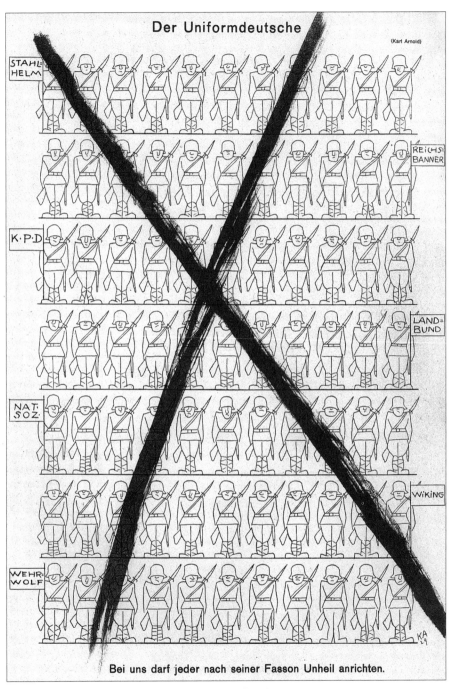

Abb. 5: Karikatur zu den Wehrverbänden im Simplizissimus, 1930

Die Märsche des Stahlhelms

Wie die NSDAP, suchte auch der eher ländlich-regional verankerte Stahlhelm, Berlin durch reichsweite Sternfahrten und Propagandamärsche zu erobern. Hinter der propagandistischen Wirkung stand aber auch die Machtdemonstration der Option eines Putsches, wie der Fund von geheimen Gebäudeplänen und Marschrouten für den Stahlhelmtag im Februar 1929 zeigte.[169] Die Märsche wurden mit wechselhaftem Erfolg durchgeführt. In den Arbeitervierteln trafen sie häufig auf Widerstand. Im Anschluss an eine Beerdigung eines Stahlhelmmitglieds kam es am 25. Mai 1926 in Neukölln zu Unruhen. Schon am Friedhofseingang hatte sich eine Menschenmenge versammelt, die die abmarschierenden Stahlhelmer provozierend begleitete. Im »Deutschen Wirtshaus« wurden die Rechten von zeitweilig mehreren Tausend Kommunisten belagert. Immer wieder zerschlug die Polizei die Ansammlungen, immer wieder bildeten sich neue Gruppen: »Auch wissen die radaulustigen Elemente genau, dass alle Neugierigen, die sich in dieser dichtbevölkerten Gegend schnell zu Tausenden sammeln können, auf ihrer Seite stehen. […] Die Hauseingänge, die größtenteils zu zahlreichen Höfen, Neben- und Quergebäuden führen, sind fast durchweg während der ganzen Nacht geöffnet. Noch zwischen 1 und 2 Uhr nachts stehen zahlreiche Trupps vor ihren Häusern. Es hätte nur eines Anstoßes bedurft, um sofort wieder größere Massen zu sammeln«, beklagte die Polizei die Lage.[170] Schließlich erschien der KPD-Führer Ernst Thälmann, um die Situation zu beruhigen.

Ein Marsch des Stahlhelms zur Fahnenweihe nach Weissensee wurde im März 1926 von 500 RFB-Kämpfern provozierend begleitet.[171] Ein knappes Jahr später kündigte der Stahlhelm im Anschluss an seine Generalversammlung im Kriegervereinshaus einen »Ummarsch« über die Chaussee-, Müller- und Fennstraße zum Zoo an. Für ein Verbot gab es keine rechtliche Grundlage. »Mit Rücksicht auf die in Aussicht genommene Stadtgegend« wird eine »umfangreiche Schutzgestellung notwendig sein«, vermutete die Schupo.[172] Es kam zu den erwarteten Ausschreitungen und Festnahmen kommunistischer Gegendemonstranten.

Uneinigkeit herrschte bei den Wehrorganisationen der Arbeiterbewegung, wie auf die monarchistische Bedrohung zu reagieren sei. Ein symptomatisches Beispiel war

---

169 Der Fund von Karten und detaillierten Gebäudeplänen von Reichstag, Ministerien und wichtigen Anlagen technischer und infrastruktureller Art deutete auf eine Bereitschaft zum Putsch oder Übung dazu hin, nach: Stahlhelmplan zur Einkreisung Berlins, in: *Sozialdemokratische Parteikorrespondenz* 6/1929, S. 307.
170 Pol.-Gruppe Südost, Abt. I Nr. 1156/26, 27.5.1926 und Pol.-Insp. Neukölln, Abt I Tgb. Nr. 1951726, 26. Mai 1926, in: LA Berlin A Pr. Br. Rep. 30, Tit. 90, Nr. 7496, Akten des Polizeipräsidiums zu Berlin.
171 Kommando der Schupo Abt. Ia Nr. 534/26 an den Polizeipräsidenten, 6.2.1926 und 14.3.1926, in: LA Berlin A Pr. Br. Rep. 30, Tit. 90, Nr. 7489, Akten des Polizeipräsidiums zu Berlin.
172 Tgeb. Nr. 131, IA 7.27, Abt. IA, 24.1.1927, in: LA Berlin A Pr. Br. Rep. 30, Tit. 90, Nr. 7548.

der »Stahlhelm-Tag« am 4. Februar 1928 in Berlin, der sowohl die nachlassende Integrationskraft des monarchistisch-deutschnationalen Milieus als auch die Uneinigkeit der Arbeiterparteien offenlegte. Nur wenige Tausend waren dem Stahlhelm-Aufruf zum »Marsch der Hunderttausend zur Eroberung Berlins« gefolgt. Etwa 2.300 Teilnehmer zogen vom Kriegervereinshaus in der Chausseestraße durch die Arbeiterviertel Prenzlauer Berg und Friedrichshain zum Lustgarten, bewacht von 3.500 Polizisten die »von fünf zu fünf Minuten Sturmangriffe mit dem Gummiknüppel auf den Fußwegen machte«, um die Gegendemonstranten zu vertreiben: »Bleich und entschlossen marschierten die überwiegend jungen Leute, beschützt von einem großen Polizeiaufgebot vor der kommunistischen Konkurrenz, deren ›Internationale‹ oft das Spiel der Kapellen und Tambourkorps übertönte«, schrieb die *Vossische Zeitung*.[173] Schon im Jahr zuvor war der Marsch des Stahlhelm vom Neuen Garnisonfriedhof durch Neukölln zum Lustgarten zu einem »Spießrutenlauf« und »Heulkonzert« in den Arbeitervierteln gemacht worden.[174] Kritisch vermerkte die SPD zu den Störungen: »Der Marsch [am 4. Februar 1928, Anm. d. V.] wäre restlos verpufft und der Lächerlichkeit anheim gefallen, wenn nicht die Kommunisten durch ihr Geschrei von dessen Gefährlichkeit und ihren hysterischen Störungsversuchen diesen Marsch etwas mehr in die öffentliche Beachtung gerückt hätten.«[175]

Im Vorjahr war der Stahlhelm zahlenmäßig erfolgreicher aufgetreten, zudem waren alle kommunistischen Gegenveranstaltungen verboten worden. Gegendemonstrationen sollten sofort zerstreut werden, aber auch die Stahlhelmzüge sollten laut Polizei kontrolliert werden: »Wie bekannt geworden ist, werden sich auch Stahlhelmmitglieder oder Anhänger anderer rechtsradikaler Vereine in Zivil neben den Zügen bewegen. Diese Personen sollen im Besitz von Waffenscheinen und Waffen sein […]. Das »Abkämmen« der Züge durch periodische Sperren auf dem Bürgersteig »erfordert große Gewandtheit der Kriminalbeamten, dass sie nicht mit abgekämmt werden.« Zudem wies die Schupo darauf hin, dass »verabschiedete Offiziere, welche zum Tragen der Armeeuniform berechtigt sind, auch den Säbel tragen dürfen.«[176]

Trotz aller Widrigkeiten feierte das *Bundesblatt des Deutschen-Offiziersbundes* den Stahlhelmtag 1927: »130.000 Männer in friedlicher Absicht, aber in stahlharter Entschlossenheit besetzten die Stadt, um dem roten Berlin das unauslöschliche Merkmal einer gewaltigen vaterländischen Demonstration einzubrennen […]. Möge der Samen, den der Stahlhelm in die zerwühlten Furchen des roten Berliner Menschenackers gestreut hat, aufgehen.«[177]

---

173 *Vossische Zeitung* 5.2.1928.
174 *Inprekorr*, I/1927, 10. Mai 1927, S. 1023 f.
175 *Sozialdemokratische Parteikorrespondenz*, 1930, S. 223.
176 Abteilung Ia Außendienst, 4.,5., 6.5.1927 in: LA Berlin A Pr. Br. Rep. 30, Tit. 90, Nr. 7534, Akten des Polizeipräsidiums zu Berlin.
177 *Bundesblatt des Deutschen-Offiziersbundes* 15.5.1927, S. 582.

Nach dem Putsch gegen die Preußische Regierung im Juli 1932 bekam der Stahlhelm auch in der Hauptstadt Rückenwind: 150.000 Teilnehmer beim Stahlhelmtag am 3./4. September 1932 stünden für die »bisher unerhörte Größe und Wucht des Aufmarsches [...]. Zum ersten Mal sind die Reichswehr, das Reich und Preußen durch ihre Spitzen vertreten.«[178]

Hindenburgs 80. Geburtstag

Als Paul von Hindenburg[179] im Frühjahr 1925 Nachfolger Eberts im Reichspräsidentenamt wurde, schienen die Monarchisten Auftrieb zu erhalten, zumal das RB bei seinem Einzug in die Hauptstadt keine Präsenz zeigte und den Rechten das Feld überließ.[180] Bei Hindenburgs Einzug in Berlin kommentierte die *Rote Front*: »Die alten Weiber beiderlei Geschlechts hatten am 11. Mai ihren großen Tag. [...] Offiziere und Studenten, Oberlehrer und muffige Tanten, Hakenkreuzjugend, Innungskrauter und Käsekrämer.«[181] Stattdessen bewirkte der ehemalige kaiserliche Generalfeldmarschall eine größere Akzeptanz für Schwarz-Rot Gold, ein Teil des Hindenburgkultes färbte auf die Republik ab. »Alle Philister freuen sich über Hindenburg, er ist der Gott all derer, die sich ins Philistertum zurücksehnen und die schöne Zeit, wo man nur zu verdienen und zu verdauen brauchte mit einem nach oben gerichteten Augenaufschlag [...]. Endlich wird man wieder als dicker Hammel oder gemästete Gans bequem leben können, bis der Schlächter kommt und den Blutlohn fordert.«[182] Höhepunkte dieses »Gartenlauben-Militarismus« wie ihn Harry Graf Kessler beschrieb, waren die Hindenburg-Geburtstagsfeiern, bei denen sowohl das Ancien Régime wie die Republik geehrt werden konnten.

Von Hindenburg wurden in der unüberschaubaren Adorationsliteratur[183], aber auch von kritischen Stimmen häufig physiognomische und bildhafte Beschreibungen geliefert. Er galt als wandelnde Skulptur, als »lebendes Denkmal« seiner selbst.[184] Die

---

178 *Militärwochenblatt* 11.9.1932, S. 339.
179 Paul von Hindenburg ist bis heute Ehrenbürger Berlins. Ein Antrag der Grünen und der PDS, Hindenburg aus der Ehrenbürgerliste zu streichen, weil er zu den Wegbereitern des Faschismus gehöre, wurde Anfang 2003 von der Mehrheit des Kulturausschusses des Berliner Abgeordnetenhauses abgelehnt. Parlamentspräsident Momper argumentierte, die Liste sei ein historisches Dokument, keine aktuelle Würdigung der aufgeführten Personen. *FAZ* 11.3.03.
180 Das Reichsbanner wurde von den Veranstaltungen ausgeschlossen. Der sozialdemokratische Polizeipräsident trat sein Amt erst verspätet an, so dass die Chance verpasst wurde. Nach Bernd Buchner, Um nationale und republikanische Identität, Bonn 2001, S. 190 ff.
181 *Die Rote Front* Nr. 5, 20.5.1925, S. 1 f.
182 Harry Graf Kessler, Tagebucheintrag »Berlin 12. Mai 1925. Dienstag«, in: Tagebücher 1996, S. 463 ff.
183 Deutsche Bücherei (Hrsg.), Hindenburg-Bibliographie, Leipzig 1938.
184 Harald Zaun, Paul von Hindenburg und die deutsche Außenpolitik, Köln 1999, S. 62 f.

Körpergröße, seine aufrechte Haltung, das unbewegte, holzschnittartige, mitunter »golemhafte« Gesicht, wie Carl von Ossietzky es formulierte[185], waren geeignet, wie ein Kultgegenstand Verehrung auf sich zu ziehen und auszustrahlen. Hindenburg konnte durch sein Erscheinen jeder Veranstaltung »magischen« Glanz verleihen. Unzählige Straßen, Bauten, Handelsprodukte bis hin zu Restaurantgerichten wurden nach ihm benannt, fast 4.000 deutsche Gemeinden verliehen ihm die Ehrenbürgerschaft. Noch im Krieg entstand in Posen ein Hindenburg-Museum, das mit 250.000 Reichsmark ausgestattet und rasch ausgebaut wurde. Doch konnte es die vorgesehene Funktion eines nationalen Kriegsmuseums nicht ausfüllen, da die Provinz 1919 an Polen fiel und das Museum zum »Großpolnischen Militärmuseum« deklariert wurde, in dessen Fundus u.a. »Hindenburgs Feldmütze« als Trophäe verwahrt wurde. Bisweilen nahmen die Ehrungen Hindenburgs groteske Züge an, so der ihm zu Ehren von der Schuhmacher-Innung im sächsischen Döbeln produzierte fünf Meter hohe »Hindenburgstiefel«, der die *Weltbühne* zum beißenden Spott herausforderte: »Man soll nicht sagen, die Volksseele schaffe sich nicht instinktiv ihren wahren Ausdruck! Dieser Stiefel der Innungsmeister ist ein herrliches Symbol. Patriotische Gemüter jammern immer noch, daß man den Eisernen Hindenburg damals zerhackt hat. Stellt diesen Stiefel, 5m hoch, 2m lang vor der Siegessäule auf und macht ein Nationalheiligtum daraus, da habt ihr die deutsche Schande, den deutschen Gedanken, das deutsche Wesen.«[186]

Tatsächlich passte das Schicksal der riesigen Hindenburg-Holzskulptur, die 1916 vor der Siegessäule aufgestellt worden war, nicht zum immer stärker werdenden Hindenburgkult der Nachkriegszeit. In die 36m hohe Skulptur des Bildhauers Marschall konnten im Rahmen einer Kriegsspendenaktion eiserne, silberne und goldene Nägel eingeschlagen werden. Die alliierte Propaganda nahm diese Vorgänge dankbar auf und bezichtigte die Deutschen der primitiven Götzenanbetung. Die Figur wurde schon im Krieg von vielen Künstlern und Kunstsachverständigen als maßlos und peinlich empfunden. Nach dem Krieg fehlten die Mittel, um das Denkmal abzubauen, zudem wurde der Platz wieder reklamiert. Museen lehnten die Übernahme ab. Die Größe des Denkmals wurde ihm zum Verhängnis, niemand wollte die haushohe Figur in Empfang nehmen. Ein Architekt ersteigerte die Figur für eine Goldmark und ließ die wichtigsten Teile, Kopf und Schwert, für eine spätere museale Präsentation demontieren und lagern. Doch nach jahrelanger Lagerung und zunehmenden Schäden sah sich der Besitzer auch zum Verkauf der letzten Teile gezwungen. »Ob seinerzeit die vaterländischen Verbände rechtzeitig von dem bevorstehenden Verlust der Teile be-

---

185 Ein Jahr Hindenburg, in: *Die Weltbühne* 27.4.1926, Nr. 17, S. 639.
186 Kurt Kersten, Der Stiefel als neues Wappen der schwarz-weiß-roten Kanaille, in: *Die Weltbühne* 1.9.1925, Nr. 35, S. 347. Die Sohle des beim Jubelfest der Schuhmacherinnung hergestellten Stiefels maß 73cm bei einer Länge von 1,90m, der Absatz war 27cm hoch. 10 Rindshäute und 184 Pfund Bodenleder waren in 750 Arbeitsstunden verarbeitet worden.

nachrichtigt worden waren, ist eine ungelöste Frage«, sinnierte die *Deutsche Tageszeitung* beim Amtsantritt Hindenburgs im Mai 1925.[187]

Bei den Aufmärschen zu Hindenburgs 80. Geburtstag waren den Kommunisten Störungen mangels Masse allerdings kaum möglich, der Aufruf an die ehemaligen Frontsoldaten, unter der Roten Fahne zu kämpfen, fand kaum Widerhall.[188] Aus dem ganzen Reich beteiligten sich Vereine aller Art an einem Ehrenspalier für Hindenburg entlang seiner Fahrstrecke von der Wilhelmstraße zum Stadion im Grunewald. Allein der *Kyffhäuserbund* stellte 50.000 Teilnehmer. Kommunistische Agitprop-Vorschläge empfahlen den eigenen Anhängern, mit Klebezetteln und Transparenten aufzutreten und sich, mit Orden besonderer Art: Konservenbüchsendeckeln, Zigarettenschachteln und Pappkreuzen geschmückt, ins Ehrenspalier einzureihen.[189] Bissig schrieb man von einem »nationalistischen Karneval [...], von den Kriegervereinen mit Heldenbrust und Klempnerladen bis hin zu den bescheiden blühenden Schwarz-Rot-Gold-Kokarden einzelner Reichsbannerleute. [...] Die kommunistischen Gegendemonstrationen konnten an Wucht und Umfang den offiziellen Geburtstagsrummel nicht erreichen.«[190] Einen größeren Zwischenfall gab es in Charlottenburg: Als die Kriegervereine des *Waffenrings der schweren Artillerie* über die Marchbrücke Richtung Spalierstrecke abrückten, »gingen die inzwischen auf 200–300 Personen angewachsenen Kommunisten plötzlich unter dem Gesang der ›Internationale‹ und mit lautem Gebrüll, wüsten Schimpfworten und unter Anspucken mit Fäusten, Steinen, Stöcken, Gummiknüppeln, Schlagringen, ja selbst einem Fahrrad zum Angriff über«, hieß es im Polizei-Bericht.[191] »Im Spalier traten später eine Reihe notverbundener, weißhaariger Herren mit schweren Kopfverletzungen an«, beklagte ein Leserbriefschreiber im *Berliner Lokal Anzeiger* den zögerlichen Einsatz der Polizei.[192] Die Kommunisten beklagten hingegen 27 Verletzte und 300 Verhaftete bei dem »nationalistischen Karneval. Es war eine Schau der vermotteten Zylinderhüte und Schwalbenschwänze bis zum kleinsten Pfadfinder. [...] Auf dem Weg zu den [kommunistischen, Anm. d. V.] Versammlungen waren unsere Kameraden das Ziel angriffslustiger Offiziere mit Geburtstagsklempnerladen, deren Heldenbrüste bedenklich in Wallung gerieten, wenn RFB-Kameraden sichtbar wurden.«[193]

---

187 Das Schicksal des »Eisernen Hindenburgs«, *Deutsche Tageszeitung* 16.5.1925.
188 *Die Rote Front*, Nr. 19, Oktober 1927, 1. Ausg.
189 LA Berlin A Pr. Br. Rep. 30, Tit. 90, Nr. 7537, Akten des Polizeipräsidiums zu Berlin.
190 Fritz Rück, Der Hindenburg-Tag, in: *Inprekorr*, II/1927, 4.10.1927, S. 2083.
191 Es gab sechs Festnahmen. Der Pol.-Präs. Abt. Ia, Tgb. Nr. 2627, Ia 3. 27. Landesarchiv Berlin, A Pr. Br. Rep. 30: Akten des Polizei-Präsidiums Berlin: Schutzpolizei Tit. 90, Nr. 7500.
192 *Berliner Lokal Anzeiger*, 9.10.1927.
193 *Die Rote Front* Nr. 20, Oktober 1927, 2. Ausg.

II. Der Denkmalsbau

Nach der französischen Revolution entstanden, beeinflusst durch Schriften der Aufklärung, erste Denkmäler für einfache Bürger, die bei den revolutionären Kämpfen gefallen waren, so für die Opfer des Sturmes auf die Tuilerien ein hölzerner Obelisk oder für die Revolutionssoldaten eine Pyramide, die Napoleon bald beseitigen ließ. Einfache Bürger wurden somit erstmals denkmalswürdig, der Formenschatz blieb jedoch den antiken Vorbildern verbunden. Das erste Beispiel dieser Würdigung lässt sich für Deutschland in Frankfurt feststellen, wo der preußische König 1792 den Verteidigern der Stadt gegen die Franzosen ein Denkmal setzen ließ, das erstmals Offiziere und einfache Soldaten gleichermaßen ehrte. In den Befreiungskriegen verbreitete sich die Idee des Volkskrieges und Volksheeres auch in Preußen. Der Orden des Eisernen Kreuzes wurde auch an einfache Soldaten verliehen. Gusseiserne Kriegerdenkmäler, wie sie noch heute auf dem Invalidenfriedhof zu sehen sind, wurden nun errichtet.

Bis zum Zweiten Weltkrieg blieb das Formenarsenal und die Ikonographie der politischen Totenmale Europas stabil. Es herrschten antike und klassizistische Elemente vor: Architektonische Signale wie Obelisken, Pyramiden, Triumphbögen, Kolonnaden, Sarkophage und Kenotaphe, Kapellen und Altäre entstanden in zahllosen Varianten, beschriftet mit Pathosformeln, Zitaten aus der Bibel oder von klassischen Autoren. Siegende oder sterbende Krieger bildeten oft den Mittelpunkt der Anlagen, begleitet von Engeln, Göttern, allegorischen und heraldischen Tiergestalten, trauernden Frauen und angesammelten Trophäen. Die Siegessäule, orientiert an römischen Ehrensäulen und der napoleonischen Vendômesäule, büßte nach 1918 oftmals ihre Figurenbekrönung ein. Sie wurde nun häufig zur Stele vereinfacht, trug eine Kugel oder einen Adler. Zudem verbreitete sich der Kubus, der an den klassizistisch-antiken Grabaltar erinnert, jedoch ohne Aufsatz blieb. Damit wurde der einstige Sockel absolut gesetzt und monumentalisiert. Der Kubus war sowohl kostengünstig als auch von moderner Schlichtheit, daher als abstrakter Denkmalstyp weit verbreitet.

Folgende Leitfragen sollen helfen, den Denkmalsbau in der Zwischenkriegszeit näher zu charakterisieren: Welche Bildhauer erhielten nach 1918 die Aufträge? Welche ästhetischen Tendenzen gab es nach 1914/1918? Welche Denkmalstypen verbreiteten sich, welche Materialien wurden bevorzugt? Schließlich soll erörtert werden, ob es Präferenzen der Parteien oder der politischen Lager für bestimmte künstlerische Formen und Materialien gab. Fand in den 1920er-Jahren ein Wandel der politischen Symbolik und der semantischen Bedeutung der künstlerischen Materialien statt?

1. Die Künstler und die häufigsten Denkmalstypen

Viele Bildhauer und Architekten, die nach 1918 infolge der Wirtschafts- und Staatskrise mit leeren Händen da standen, erhielten durch die Krieger- und Regimentsdenkmäler Aufträge. Dem konventionellen Geschmack und heroischen Ausdrucksverlangen der Auftraggeber aus dem monarchistischen Spektrum und konservativen Bürgertum geschuldet, kamen überwiegend figürliche Steinplastik und Bronzeplastik in Frage, gelegentlich auch rein architektonische, ganz selten abstrahierte Formen.

Die führenden modernen Bildhauer der Weimarer Republik befassten sich dagegen relativ selten mit Kriegerdenkmälern. Sie wurden zu den meist beschränkten, nichtöffentlichen Wettbewerben der Kriegervereine nicht eingeladen. Trotzdem schufen moderne Bildhauer eindrucksvolle Totenmale, z.B. die berühmten »Trauernden Eltern« von Käthe Kollwitz auf dem Friedhof Eessen bei Dixmuiden von 1924/1932, Ernst Barlachs Figurengruppe im Magdeburger Dom aus dem Jahr 1929 und sein Ehrenmal in Güstrow.[1] Käthe Kollwitz' Totenmal für ihren gefallenen Sohn wurde 1932 auf einem Soldatenfriedhof in Belgien aufgestellt. Zuvor war es einige Wochen in der Vorhalle der Nationalgalerie zu sehen, wobei die Fachpresse bedauerte, dieses Kunstwerk an das Ausland zu verlieren.[2]

---

1 Die Dom-Gruppe wurde 1934 in der Nationalgalerie magaziniert. Das Güstrower Ehrenmal 1937 demontiert und eingeschmolzen.
An der Lübecker Katharinenkirche sollten acht Barlach-Figuren zum Gedenken an den Krieg in Fassadennischen platziert werden. 1930 bis 1933 fertiggestellt wurden die etwa zwei Meter hohen »Bettler, Sänger, Frau im Wind«, gebrannt aus schwarz-brauner Klinkermasse, in der Ziegeleiabteilung der Ilse-Bergbau AG. Der Entscheidung für Barlach waren jahrelange Diskussionen und ein Wettbewerb unter Beteiligung von u.a. Ludwig Gies und Georg Kolbe zur Umwidmung der leeren Kirche in ein Gefallenehrenmal vorausgegangen. Die expressionistische Kruzifixfigur von Ludwig Gies war dort 1921 enthauptet worden, der Kopf wurde im nahen Mühlenteich wiedergefunden. Carl Georg Heise berichtete über den Widerstand gegen die Barlachfiguren, auch unter Pastoren und Verehrern gotischer Kunst, in: *Museum der Gegenwart*, Heft II, 1930, S. 117.
Weit weniger bekannt sind Barlachs früheren, aggressiven Entwürfe schwerttragender Rächer: »Berserker« von 1910 (mit eigentümlicher Ähnlichkeit mit Fritz Cremers Spanienkämpfer-Denkmal in Ostberlin von 1970), »Schwertzieher« von 1911 und »Stürmender Berserker bzw. »Rächer« von 1914. Letzteres war ein Sieges- und Rachedenkmal, inspiriert vom »Augusterlebnis«, wie aus Barlachs kriegsverherrlichenden Briefen jener Zeit hervorgeht. Vgl. auch seine Lithographie Hindenburgs von 1915 »Der Drescher von Masuren«. Nach Siegmar Holstein, Allegorische Darstellungen des Krieges. Ikonographische und ideologiekritische Studien, München 1976, S. 48.
2 Paul Fechter schrieb, Kollwitz habe »geformtes Gefühl« erzeugt, »ein unmittelbares Erlebnis der Trauer« hervorgerufen, »durch Haltung, konzentrierender Zusammenfassung und Dämpfung der Mittel des Ausdrucks«. Es sei der Künstlerin gelungen, nicht nur ihrem eigenen, sondern zugleich dem Volksempfinden einen starken und alle in gleicher Weise umfassenden Ausdruck zu geben.« *Museum der Gegenwart* Heft 2, 1932, S. 54 f. Walter Geese schrieb im gleichen Heft auf S. 112: »Völlig herausgehoben aus dem Stil und Problemkämpfen unserer Zeit sind diese beiden überlebensgroßen Gestalten, einfach und monumental gebaut, [...] vom Leid erfasst, doch ge-

Abb. 6: Bernhard Hoetgers Pietà für die 1918 getöteten Bremer Arbeiter in einer Anzeige des Steinbruchbetriebes von 1922

Selbst Goebbels lobte das Werk.³ Ebenso sind Lehmbrucks »Trauernder« auf dem Heldenfriedhof Stadtwald in Duisburg und Bernhard Hoetgers »Niedersachsenstein« zu erwähnen.⁴ Auch Lehmbrucks »Gestürzter« ist im Zusammenhang mit einem

---

halten und fast trotzig sich ihm entgegenstellend.« Hier war tatsächlich ein Werk entstanden, das das Format eines Reichsehrenmales gehabt hätte. Nicht ohne Grund wurde eine Kollwitz-Pietà bei der Gestaltung der Neuen Wache 1993 verwendet.

3   Unter dem Pseudonym Eska im *Angriff* 8.5.1931.
4   Dietrich Schubert, Die Wandlung eines expressionistischen Kriegerdenkmals: Bernhard Hoetgers »Niedersachsenstein« 1915–1922, in: *Jahrbuch der Hamburger Kunstsammlungen*, Hamburg 1976, S. 285–304. Hoetgers berühmte Pietà, geschaffen 1922 aus Porphyr, hatte Hoetger

Kriegerdenkmal entstanden.⁵ Diese Werke zeugen von einem individuellen Umgang mit dem Kriegserlebnis, sie wirken nicht idealisierend, nicht repräsentativ.

Kriegerdenkmäler zur Befestigung der nationalen Identität waren eine Domäne älterer wilhelminischer oder jüngerer, unbekannter Bildhauer, unter ihnen auch Arno Breker und Josef Thorak, die bald zu den führenden Bildhauern NS-Deutschlands aufsteigen sollten.⁶ Schon während des Krieges war eine Berliner Bildhauervereinigung gegründet worden, um den Bedarf an »Kriegsgedächtniswerken« zu decken.

Eine Übersicht der gängigsten Denkmalstypen gewährt der Bildband »Deutscher Ehrenhain für die Helden von 1914–1918« aus dem Jahr 1931, der Hunderte von Kriegerdenkmälern aus ganz Deutschland abbildet.⁷ Die häufigsten Formen waren einfache Gedenksteine, altarähnliche oder sarkophagartige Quader, stumpfe Pyramiden und tempelähnliche Anlagen. Viele Elemente traditioneller Denkmalskunst des 19. Jahrhunderts wurden wiederverwendet: Findlinge, Obelisken, Stelen, Adler, Viktorienfiguren und Waffenembleme. Der traditionelle Denkmalstyp mit Steinsockel und Bronze- oder Steinfigur präsentierte in vielen Fällen einen antikisch-nackten Krieger mit modernem Weltkriegs-Helm. Zahlreiche Denkmäler zeigten Soldatenfiguren in zeitgemäßer Uniform in einem volkstümlich-heroischen Stil. Die naturalistische Detailtreue und pathetische Haltung erinnert an die Denkmäler der Kaiserzeit. In der zweiten Hälfte der 1920er vergrößerte sich die Zahl der Kriegerdenkmäler, der einfache, trauernde, schlafende oder gefallene Soldat stand im Mittelpunkt, das christliche Pietàmotiv ergänzte die Darstellung, besonders in katholischen Gemeinden und in Denkmälern in Kirchen. Eine nennenswerte Anzahl von Denkmälern zeigte jedoch auch den kampfbereiten und kämpfenden Soldaten; vor allem im akademischen Milieu war dieser Rächer-Typus sehr beliebt. Um 1930 läßt sich eine Abkehr von der idea-

---

den Gefallenen der Novemberrevolution gewidmet. Sie stand von 1922 bis 1933 auf dem Friedhof Bremen-Walle, 1933 zerstört.

5 Lehmbruck nannte den *Gestürzten* mit Rücksicht auf das Publikum »Sterbenden Krieger« und gedachte ihn 1916 als Wettbewerbsbeitrag für ein Kriegerdenkmal in Duisburg zu präsentieren, s. dazu Dietrich Schubert, Wilhelm Lehmbruck. Catalog raisonné der Skulpturen, Worms 2001, S. 34 ff.

6 Thorak, wegen seiner Muskelmänner bereits in der zeitgenössischen Presse als »thoraxwütig« bespöttelt, erhielt Anfang der 1930er-Jahre große Denkmals-Aufträge des türkischen Staates. Josephin Gabler, »Auftrag und Erfüllung«. Zwei Staatskünstler im Dritten Reich, in: Ursel Berger (Hrsg.), Ausdrucksplastik, Berlin 2002, S. 80.

7 Wilhelm Ilgen, Deutscher Ehrenhain für die Helden von 1914–1918, Leipzig 1931. Auch der Reichskunstwart plante eine ähnliche, repräsentative Publikation des Reiches. Der Reichsstädtebund startete daher Mitte der 1920er-Jahre eine Umfrage unter seinen Mitgliedsstädten, die dem Reichskunstwart Informationen und Abbildungen ihrer Kriegerdenkmäler lieferten. Ein Treffen mit Vertretern der Frontkämpferverbände DOB, RjF, Kyffhäuser, RB, Stahlhelm und dem Volksbund Dt. Kriegsgräberfürsorge fand diesbezüglich am 1.7.1927 statt. Finanzielle Probleme verzögerten den Vorgang und brachten das Projekt schließlich zum Scheitern. Im Mai 1931 fand eine Ausstellung der Ergebnisse der Städteumfrage im Architekturmuseum der TH Berlin statt. Barch R 32 347, 352, 372, Bl. 201 und 222.

Abb. 7: Modell des »Verwundeten« von Emil Cauer, 1916

listischen und naturalistischen Darstellungsweise zugunsten einer archaisierenden Stilisierung, die mit einer Formvereinfachung einherging, beobachten.[8]

Diese Tendenz missfiel den Kriegervereinen und aufkommenden Nationalsozialisten[9], löste aber auch bei Republikanern mit konservativem Geschmack Befremden aus.

Andererseits hatten aggressive und monumentale figürliche Denkmäler weiterhin Konjunktur. Ab Mitte der 1920er-Jahre wurde der Typus des gefallenen oder innehaltenden Soldaten abgelöst durch naturalistischere, »packendere« Darstellungen kämpfender oder wachender Soldaten. Die Zukunft gehörte aber architektonischen Anlagen, in denen der Raum selbst zum Bedeutungsträger wurde. Einige wenige Denkmäler wiesen schon vor 1930 auf diese Tendenz hin.

Die wilhelminisch geprägten Kriegerdenkmalsspezialisten hatten in der Weimarer Republik unterschiedliche Erfolge. Einige wurden zur reichsweit aktiven Spezialisten, andere hatten gelegentlich Aufträge, wurden aber von der Kunstkritik und Fachpresse kaum erwähnt oder ernst genommen. Zum größten Kriegerdenkmalsproduzenten wurde Hans Dammann, der in den preußischen Provinzen flächendeckend aktiv war

---

8   Expressionistische und kubistische Formen weisen die Klinkerbauwerke in Teterow i.M. und Bad Doberan auf: In Teterow schuf der Architekt Korff einen mehrfach auskragenden Turm mit Spitzbogeneingang und mit einem applizierten großen Schwert, dessen Klinge nach oben zeigte. Eine starke Ähnlichkeit mit den Tannenbergtürmen ist gegeben. Deutscher Ehrenhain, S. 83. In Bad Doberan schuf H. Carlson eine Halle mit nach oben schmaler werdenden, schlitzartigen Eingängen. Deutscher Ehrenhain, S. 215. In Leipzig errichteten der Bildhauer Brenner und der Architekt Krämer ein flammenartiges, sich nach oben verjüngendes Ehrenmal aus Kunststein. Deutscher Ehrenhain, S. 235. Vgl. a. die Kriegerdenkmäler in Bad Freienwalde (Bildhauer W. Stein), Warnemünde (vier oben auskragende Stelen = Vier Opferjahre, Arch. Butzeck) und Rybnitz i. M. (Arch. Boy) sowie das Marineehrenmal Laboe (Arch. Hansen).

9   Siehe die Widerstände gegen Jupp Rübsams Denkmal des Westf. Füsilierregiments Nr. 39 in Düsseldorf von 1928 bei Meinhold Lurz, Kriegerdenkmäler in Deutschland, 6 Bde., Heidelberg 1985, Band IV Weimarer Republik, S. 152 und 215 ff. Die *Illustrierte Reichsbannerzeitung*, Magdeburg 22.9.1928, Nr. 38, S. 608 kommentierte hämisch: »sonderbares Denkmal der Ludendorff-Füsiliere«.
    Über den Sprengstoffanschlag auf das Denkmal: Der Pol.-Präs. In Düsseldorf I A 241/30 an den Preuß. Innenminister, 13.5.1930, in: GStA PK 1. HA, Rep. 77, Tit. 1215, Nr. 3d.

und sowohl architektonische wie standardisierte figürliche Arbeiten lieferte.[10] Ebenso erfolgreich war Hermann Hosaeus[11], der auch eine breite Produktpalette, zudem aber schildartige, auf Sockeln oder an Wänden platzierte Reliefs aus Kunststein anbot.[12] Der Bildhauer war Professor an der Fakultät für Bauwesen der Technischen Hochschule Berlin-Charlottenburg und schuf als künstlerischer Berater des Kyffhäuserbundes zahlreiche Kriegerdenkmäler. Etwa 40 Monumente stammten von ihm. Zudem publizierte er Richtlinien für die Anlage von Kriegerdenkmälern. Im Ersten Weltkrieg war er künstlerischer Beirat für Kriegerfriedhöfe im besetzten Generalgouvernement Warschau. Er galt in Berlin und im Reich als konservativer Experte für Gefallenendenkmäler. Marktgängig waren seine reliefartigen oder plastischen Soldatenfiguren, die sich an Fassaden und Wänden anbringen ließen. Hier modellierte Hosaeus stets einen heroischen, kampfbereiten Soldaten in voller Ausrüstung, wie etwa für das umstrittene Pionier-Denkmal an der Neuen Garnisonkirche in Berlin.[13] Hosaeus engagierte sich auch kulturpolitisch im rechtsextremen »Kampfbund für deutsche Kultur«, einer bürgerlich drapierten Vorfeld-Organisation der NSDAP. In dessen Organ *Kulturwacht* veröffentlichte er einen flammenden Aufruf unter dem Titel »Nationalsozialismus, Kunst und Künstler«, in dem er die Künstler dazu aufforderte, »schweigend und namenlos ihre Pflicht als Handlanger am Bau der deutschen Kunst« zu erfüllen. Um die »fremden orientalischen und rein materiellen Gesinnungswerte« im Kunstbetrieb zu verdrängen, brauche es »fanatische Inbrunst« und »märtyrerhaftes Tun.«[14]

---

10 Denkmäler in Spandau, Tangermünde, Perleberg, Steinpleis b. Werdau, Arnswalde, Amt Enger, Rössel, Berlinchen, Neustrelitz, Cammin i.P., Eberswalde, Bublitz, Steinau a.O., Schalksmühle, Schneidemühl, Kandrzin, Sensburg, Freystadt N.-S., Glatz, Ratibor, Breslau, Glogau, Döberitz, Torgau, Langensalza, Tempelburg, Neudamm, Langendreer, Gotha, Eschwege, Schmalkalden, Schleswig, Brake, Erfelden a. Rhein Holthausen b. Hagen, Hagen, Halver, in: Deutscher Ehrenhain.
11 Hermann Hosaeus (1875–1958) Schüler von Herter und Begas, Studium in Dresden, Nürnberg und München. Zudem publizierte er Richtlinien für die Anlage von Kriegerdenkmälern: Gedenktafeln und Kriegerehrenmale. Grundsätze und Ratschläge, aufgestellt im Auftrage der Staatlichen Beratungsstelle für Kriegerehrungen durch die Vaterländische Bauhütte, Berlin o.a.J.
12 Figürliche Denkmäler in Berlin, Halberstadt, Buxtehude, Lebbin i.P., Pankow, Neuhaldensleben, Grünberg, Soest, Eisenach, Salzungen, Oranienbaum, Ohrdruf. Schildartige Objekte aus Kunststein in Liegnitz, Rheinsberg, Oranienburg, Sommerfelde, Langeoog, in: Deutscher Ehrenhain.
13 Ähnliche Denkmäler in Osnabrück, Sorau, Norden, Ilmenau, Eisenach, in: Deutscher Ehrenhain.
14 Hosaeus war Obmann der Fachgruppe Bildende Kunst und Leiter der Abteilung Museums- und Denkmalpflege. In seinem antisemitischen Rundumschlag gegen zeitgenössische Kunst, Kunstkritik, Kunsthandel und moderne Architektur entwickelte Hosaeus Gedanken zu einer »wahren« nationalsozialistischen Kunst: Dies könne nur »eine deutsch-bewußte und deutsch empfindende, nicht von Parteitendenzen verschlachtete Kunst« sein. »Gott schütze die Bewegung vor solchen Attentaten konjunkturwitternder kleiner Mal-, Knet- und Baubürger«. *Deutsche Kulturwacht. Reichsorgan des KfdK*, Berlin, Sonderausgabe 1932, S. 4 f.

Weit weniger Kriegerdenkmäler stammten von Hugo Lederer[15], Josef Limburg[16], Emil Cauer[17] und Victor Seifert, dem Schöpfer des Berliner Luftschiffer-Denkmals. Seine Bronzefiguren, die teils in zeitgenössischer Uniform, teils in Ritterrüstung gestaltet waren, verwiesen auf die Kunst des 19. Jahrhunderts.[18] Ähnlich rückwärtsgewandt wirkte Franz Dorrenbachs Denkmal des 1. Garde-Regiments zu Fuß in Potsdam. Ein Obelisk trägt das Relief von Friedrich II. und die Inschrift »Semper talis.« Davor stehen zwei lebensgroße Bronzefiguren, die sich die Hände reichen: Ein Weltkriegsoldat und ein historischer Gardist des preußischen Königs.[19]

Ende der 1920er-Jahre verschärfte sich die Krise in allen Bereichen der Wirtschaft. Auch die Bildhauer waren betroffen, wie eine Umfrage der »Künstlervereinigung Berliner Bildhauer« zur wirtschaftlichen Situation 1931 zeigte. So klagte Franz Dorrenbach: »Unterzeichneter, 61 Jahre alt, bemüht sich seit Jahren vergeblich um eine Existenzmöglichkeit. Trotz eifrigen Bemühens war es nicht möglich, auch nur die Miete des seit 31 Jahren geführten Bildhauerateliers (ca. 2.000 Mark im Jahr mit Heizung) aufzubringen. Bildwerke in Marmor und Bronze sind nicht zum Selbstkostenpreis zu verkaufen. Mein durch vierjährige Kriegsdienste und die Inflation beinahe geschwundenes Privatvermögen ist inzwischen aufgebraucht. Ich habe seitdem meinen Unterhalt bestritten durch Aufnahme von Darlehen und sehe der Zukunft mit größten Sorgen entgegen.«[20]

2. Das Bildhauermaterial

Hierarchische Materialreihen hat es schon in der Bibel gegeben. Doch diese Bewertung der Materialien war in vielen Fällen kein ewiges Gesetz, sondern wandelte sich. Eine Semantik der Materialien erweist sich als unscharfes Feld. Im Gegensatz zur Ikonographie, die konstanten Symbolen und allegorischen Figuren Bedeutung zuweist, wechselt bei den Materialien die Bedeutung oder diese ergibt sich erst aus dem Gegensatz zu anderen Materialien. Zudem ist es notwendig, die Wertung der Materialien in der literarischen Produktion und alltäglichen Metaphorik breit zu untersuchen. Daher spricht man hier besser von einer Materialikonologie.[21]

---

15 Figürliche Denkmäler in Berlin, Frankfurt a.O., Altdamm, Eisenach. Deutscher Ehrenhain.
16 Figürliche Denkmäler in Kyritz und Breslau. Deutscher Ehrenhain.
17 Denkmal in Schwerin (Warthe). Deutscher Ehrenhain.
18 Figürliche Denkmäler in Magdeburg, Heilsberg, Lübben und Bad Reinerz. Deutscher Ehrenhain.
19 Deutscher Ehrenhain, S. 94.
20 Dorrenbach an die Preußische Akademie der Künste/ Vereinigung Berliner Bildhauer 10.3.1931. SAdK PrAdK Nr. I 260, Bl. 9.
21 Thomas Raff in *Zeitschrift für Kunstgeschichte*, Heft 2, Aachen 2003, S. 295.

Jahrhunderte lang hatten künstlerische Materialien möglichst dauerhaft zu sein.[22] Dabei sollten sie aber keinen eigenen Gestaltungswert haben, allein der dargestellte Inhalt – die religiöse, später weltlich-persönliche Botschaft – zählte. Der Materialwert sollte, den heiligen Inhalten entsprechend, hoch sein: Gold, Purpur und Marmor waren würdige Materialien. Doch ihre Eigenschaften, ihre Bearbeitung und stoffliche Reaktion waren keine kunstwürdigen Themen. Materialeigenschaft als gestalterisches Mittel einzusetzen, war ein Kennzeichen der Moderne, ob im Bronzeguß, in der Steinplastik oder in der Malerei. Immer wieder wechselte die Wertigkeit des Materials: Marmor stieg im Zeichen von Klassizismus und Historismus im 19. Jahrhundert als »edler« Werkstoff auf und verlor nach 1918 seinen Glanz. Bronze galt immer als »edler« Werkstoff, doch Anfang des 19. Jahrhunderts wurde sie in Preußen von Eisen verdrängt.[23] Eine wechselhafte Hierarchie der Werkstoffe spiegelte sich auch in den Friedhofsordnungen der Nachkriegszeit wieder. In den 1920er-Jahren erstellte der Reichsausschuß Friedhof und Denkmal eine Musterfriedhofsordnung, in der folgende Materialen als unwürdig und unzulässig geächtet wurden: Gips, Zementmasse, Lava, Grottenstein, Blechformen, Porzellanfiguren, Lichtbilder, Perlkränze und Glasplatten. Als ebenfalls der Würde des Ortes nicht entsprechend wurden Ölfarbenanstriche auf Steindenkmälern bezeichnet.[24] In einem Erlass der Reichswirtschaftsministeriums vom 1. September 1934 betreffend der Notlage der Grabdenkmalindustrie wandte sich dagegen der Minister des nationalsozialistisch geführten Kabinetts gegen die Verbote vieler Friedhofsverwaltungen, Kunststein, Schwarzglas und Granit zu verwenden. Es sei »grundsätzlich jeder wetterbeständige Werkstoff zur Herstellung von Grabmalen geeignet.«[25]

Marmor

Bei Marmor handelt es sich um einen durch Druck und Temperatur umgewandelten Kalkstein (Dolomit), der nunmehr in kristalliner statt körniger Form erscheint. Marmor verbindet die leichte Bearbeitung des Kalksteins mit einer größeren Härte und ist dabei das ideal formbare Gestein, das auch eine detaillierte, naturalistische Gestaltung zulässt. Einige Arten sind vollkommen homogen und weiß wie der Carraramarmor, dessen Verwendung noch im 19. Jahrhundert in der akademischen Bildhauerei kanonisch vorgeschrieben war. Marmor besteht fast ganz aus Calcit, dessen Kristalle von

---

22 Monika Wagner (Hrsg.), Lexikon des künstlerischen Materials, München 2002.
23 Thomas Raff, Die Sprache der Materialien. Anleitung zu einer Ikonologie der Werkstoffe, München 1994.
24 Barch R 32, B. 15, § 24.
25 Erlaß der Reichswirtschaftsministeriums vom 1.9.1934 betreffend der »Notlage der Grabdenkmalindustrie«, in: *Der Friedhof. Monatsschrift des Verbandes der Friedhofsverwalter Deutschlands e.V.*, Berlin, Nr. 10, 1934, S. 116.

durchschnittlich 0,5 bis 5 mm Größe eng gefügt sind. Das Gestein ist gut polierbar und enthält aderartige Färbungen von Graphit und Hämatit. Während die deutschen Marmorarten relativ frostbeständig sind, ist der verbreitete Carraramarmor frostanfälliger und neigt wegen seines Pyritanteils zum Vergilben. Die Politur wird relativ rasch stumpf.

Marmor wurde in der klassischen Antike für Säulen, Fußböden und Wandverkleidungen ebenso wie Sarkophage und Skulpturen verwendet. In der Renaissance entstanden zahlreiche freistehende Skulpturen aus Carraramarmor, das Barock platzierte weiße Marmorskulpturen in einer farbigen Umgebung, um damit die Idealität und Entrücktheit des Dargestellten zu betonen. Mit Johann Joachim Winckelmann wurde der weiße Marmor für die klassizistische Skulptur verbindlich. Daran hielten auch kommende Generationen von Bildhauern und Kunsthistorikern fest, obwohl bekannt geworden war, dass die antiken Skulpturen überwiegend bemalt worden waren. Marmor ersetzte den in Deutschland verbreiteten Sandstein, der noch in Goethes Lob des Straßburger Münsters als patriotisches Material gegenüber dem »welschen« Marmor gelobt worden war.

Marmor galt in den 1920er-Jahren als überkommener, akademischer Werkstoff, der zudem anfällig für Verschmutzungen und Witterungsunbilden war. Linken Kunstkritikern wie Adolf Behne konnte der Verfall des verhaßten »monarchischen Kitsches« nicht schnell genug gehen. Im Sinne einer republikanischen Zeichenpolitik forderte er nach dem Krieg, die Spuren kaiserlichen Kunstgeschmacks zu tilgen: »Schnurgerade stehen nach wie vor die Marmorstatuen in der Siegesallee, abwechselnd das linke und rechte Bein vorstreckend [...]. Es soll kein Vandalismus, keine Infamierung verlangt werden, wohl aber das Recht, die Handlungen des Souveräns zu korrigieren. Den Platz vor dem Brandenburger Tor, die Siegesallee, den Kemperplatz, den Rosengarten von dem Marmorzeug zu befreien, das ist wirklich eine dringende Aufgabe für die Stadt. Kein künstlerischer Wert geht verloren.«[26] Zwar wurde der »geschmacklose Marmorladen Wilhelms« nicht beseitigt, doch mehrten sich Mitte der 1920er-Jahre Frostschäden und Beschmutzungen, die der deutschnationale Presse Anlass zu Klagen gaben.[27] Marmordenkmäler müssen regelmäßig gereinigt werden, sonst verlieren sie schnell Glanz und Politur. Die Berliner Stadtverwaltung bemühte sich, die Steindenkmäler mit einem Überzug aus Xylol mit gelöstem Bienenwachs zu überziehen, damit diese leicht abzuwaschen seien. Auch Bronzen müssen regelmäßig gereinigt werden, damit sie eine regelmäßige Patina ausbilden.[28]

---

26 Adolf Behne, Die Hauptstadt der Republik, in: *Die Weltbühne,* 1925 Bd. II, Nr. 33, S. 410.
27 GStA PK I. HA, Rep. 77 Ministerium des Inneren Tit. 151 Bd. 19.
28 Dienstblatt Teil 8 B für Kunst und Bildungswesen der Stadt Berlin: »1. Marmor und Sandsteinwerke sollen einen schützenden Überzug aus Xylol mit darin gelöstem Bienenwachs erhalten, danach jährlich abgewaschen werden. 2. Bronzebildwerke sollen jährlich mit säurefreier Fettseife unter Benutzung von weichen Borstenbürsten abgewaschen werden.«, in: LA Berlin A Rep. 48-08 Bezirksverwaltung Weissensee, Nr. 94/1, Bl. 10.

Kalkstein

Im Zuge der Friedhofsreform wurden die dunklen Hartgesteine häufig durch Muschelkalkstein und Travertin mit seiner hellen Farbe und bisweilen schwammig wirkenden Struktur ersetzt. Kalkstein ist ein feinkörniges Sedimentgestein mit einer Dichte von 2,7 g/cm³, das sich aus abgelagerten, erodierten Gesteinspartikeln und organischen Resten schichtweise aufgebaut hat. Unter Druck und durch chemische Vorgänge sind die Trümmersedimente verkittet worden. Kalkstein besteht überwiegend aus Calciumcarbonat und ist durch Säure angreifbar. Bei der Bearbeitung sind die poröse Struktur, die Schichtung und mögliche Kieseleinschlüsse zu berücksichtigen. Kalksteine organischen Ursprungs enthalten Fossilien von Meerestieren und Pflanzen, der häufig verwendete Travertin ist chemischen Ursprungs.

Dieses Gestein war billiger, weil leichter zu bearbeiten, aber auch witterungsanfälliger.[29] Obwohl Kalkstein in puncto Widerstandsfähigkeit mit den teuren Graniten nicht konkurrieren konnte, wurde er dennoch zum Modewerkstoff jener Zeit. Traditionelle Akademiker wie der Architekt Franz Seek hielten Muschelkalk wegen seiner unberechenbaren Patinierung und Struktur für ein figürliches Denkmal ungeeignet.[30] Andere Bildhauer schätzten gerade diese Eigenschaft des Werkstoffes. Gesteine wie der »Cannstatter Travertin« oder der »Gauinger Kalkstein« haben eine charakteristisch starkfarbige und kontrastfarbige Musterung, eine unruhige, wellige Struktur und weisen zahlreiche, mit Calcit gefüllte Hohlräume auf. Die Verwitterungs- und Frostbeständigkeit dieser Gesteine ist gut, doch an der Oberfläche kommt es zu charakteristischen Anlösungserscheinungen, einer »Mikroverkarstung.« Die Politur verblasst rasch, die Poren werden ausgewaschen oder füllen sich mit Moos, fossile Kerne treten hervor. Gerade dieser dezente Verwitterungseffekt wurde nun als Auszeichnung gesehen, als Beweis für eine »materialgerechte« Kunst, für ein handwerklich erstelltes Werk.

---

29 Kalkstein der Trias (unterer und mittlerer Muschelkalk) enthält keine Fossilien, dafür oft sandige, mergelige und salzige Schichten, der obere Muschelkalk enthält Fossilien, aber auch Hohlräume, die mit Calcit und Ton gefüllt sind. Für Bildhauerarbeiten eignet sich allein der verfestigte »Kernstein«. Insgesamt ist Kalkstein in eng beieinander liegenden qualitätsmäßig sehr unterschiedlichen Schichten anzutreffen (Abbaugebiete im Maindreieck und Taubertal, sowie in Rüdersdorf, der einzigen Lagerstätte kompakten Gesteins in der Mark Brandenburg). Travertin ist ein viel jüngeres Gestein aus dem Pleistozän, ein gleichwohl gefestigter Gesteinsverband mit tongefüllten Poren. Vorkommen in Bad Cannstatt, bernsteinfarbene Süßwasserkalke mit lebhafter Textur aus Gauingen und Riedlingen. Kalk- und Sandstein waren die häufigsten Werksteine vergangener Jahrhunderte, da sie leicht abbaubar waren, in ihrer Schichtung aber auch qualitativ sehr differierten. Sie waren wegen ihres relativ geringen Raumgewichts transportgeeignet, besitzen allerdings nur geringe Widerstandsfähigkeit gegen physische und chemische Einwirkungen.
Angaben zu den erwähnten Gesteinen in: Berufsbildungswerk des Steinmetz- und Bildhauergewerbes (Hrsg.), Naturwerkstein in der Denkmalpflege. Handbuch für den Steinmetzen, Architekten und Denkmalpfleger, Wiesbaden 1988, S. 358 ff.
30 Brief an das Volksbildungsamt des Bezirks Weissensee 29.8.1927, in: LA Berlin A Rep. 48-08 Bezirksverwaltung Weissensee, Nr. 94/1, Bl. 31.

Granit

Der teure, schwer zu bearbeitende Granit wurde seltener verwendet. Er hatte sich überhaupt erst als »bürgerlicher« Werkstoff verbreitet, nachdem geeignete Maschinen zu Abbau und Bearbeitung entwickelt worden waren. Anfang des 19. Jahrhunderts wurde Granit als »vaterländischer« Werkstoff entdeckt, konnte jedoch den Sandstein nur in wenigen Fällen ersetzen.[31] Granit ist vulkanischen Ursprungs, in großer Tiefe langsam erstarrte Magmamasse.[32] Das Gestein ist vollständig kristallin, nicht geschichtet und setzt sich zusammen aus Quarz, Feldspat und Feldspatoiden. Der Quarzgehalt bestimmt die Härte. Granit wird wegen seiner chemischen und mechanischen Widerstandsfähigkeit für Plastiken im Außenbereich geschätzt, ikonographisch ist er als edles Material mit »Ewigkeitswert« besetzt.

Die Bearbeitung erfordert speziell gehärtete Werkzeuge (Speziallegierungen aus Wolframcarbid) und ist schwierig, da einige Granite unter dem Flachmeißel zerspringen oder unlösbar verkittete und große Körner enthalten, die sich nicht spalten lassen. Granitwerkzeuge müssen stumpf geschmiedet werden mit gehärteten Spitzen, während Marmor- und Kalkmeißel schärfer und spitzer und weniger gehärtet sein sollen. Ebenfalls gering gehärtet, aber keilig lang ausgeschmiedet sind Sandsteinmeißel, die mit einem Holzschlegel lang und weich geschlagen werden. Granit verlangt einen Stahlschlegel, Stockhammer und Stockeisen zum Einebnen der Flächen sowie Schleifmaterialien aus Korund und Bimsstein. Die Beschaffenheit des Granits erfordert es, tiefe Einschnitte und Auskragungen zu vermeiden und stattdessen große Massen mit runden Formen anzustreben. Granitbearbeitung erfordert massivere Flachmeißel mit breiterer Schneide, schwerere Hämmer und in der Feinbearbeitung den Zackenmeißel anstatt der Gradiereisen, um die Oberfläche zu pulverisieren. Die Spitzmeißel müssen stumpfere Spitzen aufweisen. Granite und andere vulkanische Steine sind gut polierbar. Die maschinelle Politur der Granite war für Grabmäler lange Zeit umstritten, da die Friedhofsverwaltungen den Spiegelglanz als störend für die Harmonie auf den Friedhöfen ansahen.[33] Die Qualität eines Blocks kann durch Beklopfen – jeder

---

31 Der Vorbau von Schinkels Mausoleum für Königin Louise in Potsdam wurde 1826 durch Granit ersetzt. Die Granitschale im Lustgarten zeigt die Neuheit und Besonderheit des Materials, das damit zur Schau gestellt wurde, nach Raff, Sprache der Materialien, S. 53.
32 Er setzt sich aus ungleichmäßigen Korngrößen zusammen (0,25 bis 1 cm Durchmesser). Die Granitarten sind hart und kompakt, ihre Dichte liegt bei 2,55 bis 2,75 g pro cm³. Die Druckfestigkeit heute verwendeter Sorten liegt zwischen 150 und 250 N/mm². Bei den früher verwendeten, leichter abbaubaren oberen Gesteinsschichten, die bereits chemisch verändert waren, ist auch eine Druckfestigkeit von 50 bis 100 N/mm² anzutreffen, wobei keine Frostsicherheit mehr gewährleistet ist.
33 »Hinzu kommt eine von der Poliermaschine erzeugte Zwangsvorstellung, daß der Granit sowohl als auch der Diabas nur im geschliffenen Zustand seinen höheren Materialwert und seine allen anderen Gesteinen überlegene Schönheit beweisen könne«, hieß es dazu in *Gartenkunst*, München 1933, Heft 5, S. 74. Vgl. auch Heft 4, S. 63.

Stein erzeugt einen bestimmten Klang, ein dumpferer Klang deutet auf härtere Einschlüsse oder Risse – oder durch Besprengen mit Wasser, das aus etwaigen Spalten wieder austritt, ermittelt werden.

Weitere bedeutsame Werkstoffe waren die dunklen Tiefengesteine Tonalit, Diorit, Gabbro und Lamprophyr, die oft unter dem Begriff »Syenit« subsummiert wurden. Hier ist die Gefährdung durch Frost ganz auszuschließen, doch eine oberflächliche Anfälligkeit der basischen Silikate für Luft und Wasser besteht. Lamprophyr ist gangartig erstarrte Restschmelze, im Fichtelgebirge, am Ochsenkopf befindet sich ein 8 km langer und 200 m breiter Gang, der Grabmal- und Skulpturenmaterial für Arbeiten in ganz Deutschland und Europa lieferte. Dieses kleinkörnige, grünschwarze Ganggestein verliert seine Politur erst nach langer Expositionszeit.[34] Unter dem Handelsnamen »Grünporphyr« lieferte er das Material für das Berliner Augustaner-Denkmal, nach 1933 wurde er ein Favorit für Gebäude und Monumentalplastiken des »Dritten Reiches.«[35]

Die deutsche Steinindustrie bemühte sich, heimische Granite gegenüber den bislang als höherwertig angesehenen schwedischen Importen zu fördern. Dies sei sowohl aus künstlerischen wie aus patriotischen Gründen plausibel. So pries der Bildhauerei-Professor Josef Popp die »uralte, ehrwürdige Vergangenheit des Materials«, seine hervorragende Eignung für Denkmäler: »Die Festigkeit und Gedrängtheit dieses Stoffes zwingt zu einfacher, ernsthafter Form […]. Er entgeht aller profanen Realistik des gefügigen Marmors, der Gefahr der Weichlichkeit, die den Muschelkalk bedroht. Der Granit drängt selbst zum Stil und könnte gerade mit Hilfe unseres vielfältigen einheimischen Materials der Ausdruck einer nordischen Kultur werden.«[36] Zunächst nur als Sockelgestein verwendet, beförderte Granit als Bildhauermaterial durch seine Härte und spezifischen Bearbeitungsbedingungen Abstraktionstendenzen.

Besondere politische Bedeutung bekamen Findlingsblöcke. Seit Goethe Granit als »vaterländisches Urgestein« bezeichnet hatte und seit die Altertumsforschung den jungsteinzeitlichen Totenkult in Form der »Hünengräber« entdeckt hatte, begann die »Politisierung« des Granits. Zunächst nahm Caspar David Friedrich die Hünengräber als Symbole für die unerreichte nationale Einheit in seiner Bilderwelt auf. Nach der Reichsgründung figurierten nun die Findlinge als Kriegerdenkmäler, als Symbole

---

34 Der Ochsenkopfprotaboras ist gegen chemische Einflüsse stabil, sein Aussehen wird durch helle Feldspatnadeln geprägt, die Grünfärbung resultiert aus der starken Chloritisierung.
35 Eine Anzeige der lokalen Firma »Grasyma« in der Zeitschrift *Kunst und Volk. Amtliches Organ der NS-Kulturgemeinde* München, Heft 6/1936, S. 228 gibt Lieferungen an für das »Haus der Deutschen Kunst, das Führerhaus und Verwaltungsgebäude der NSDAP« in München. Roter Porphyr galt seit der römischen Kaiserzeit als Zeichen weltlicher und geistlicher Majestät. Der kostbare, sehr harte Stein konnte im Mittelalter nur in Form römischer Spolien bezogen werden. Er wurde in Byzanz zur Markierung kaiserlicher Positionen im Boden benutzt, von den Päpsten als Zeichen kaiserlicher Würde, in Kirchen mit der Assoziation mit dem Blut Christi.
36 In: *Friedhof und Denkmal*, Dresden, Heft 4, April 1923, S. 55 ff.

neuer deutscher Identität. Um 1900 bekam der Granit exklusiven völkischen Charakter. Julius Langbehns populäres Buch *Rembrandt als Erzieher* führte aus: »Die Griechen hatten eine Kultur von Marmor, die Deutschen sollten eine solche von Granit haben. Der Granit ist ein nordischer und germanischer Stein [...], seine Widerstandskraft übertrifft die der meisten anderen.«[37] Findlinge und Hünengräber wurden von der völkischen Bewegung und im Milieu des Wandervogels nun mit Natur, Ursprünglichkeit und Volkstümlichkeit identifiziert. Zahllose Findlingsdenkmäler entstanden, der Erste Weltkrieg sorgte für deren Verbreitung; allerdings wurden auch Stimmen laut, die Findlinge für großstädtische Standorte ablehnten, wie die Diskussion um das Gefallenendenkmal der Berliner Universität zeigte. Im Nationalsozialismus fand die semantische Belegung des Granits mit völkischer Ideologie ihren Gipfelpunkt. Sowohl Ehrenmale für Parteiangehörige wie für Gefallene wurden mit Findlingen oder aus deutschem Granit errichtet.[38]

Zement

Zementguss ist weit billiger als Naturstein und technisch weniger aufwendig als das Wachsausschmelzverfahren beim Bronzeguss; er ermöglicht serielle Produktion und lässt sich nach dem Aushärten plastisch bearbeiten. Seit in der zweiten Hälfte des 19. Jahrhunderts das Verfahren der Zementproduktion aus gebranntem Kalk (Portlandzement) industriell betrieben wurde, konnten auch Figuren auf diese Weise hergestellt werden. Wurde anfangs noch die Naturähnlichkeit der Betonfiguren und -grabsteine gepriesen, verstärkte sich ab der Jahrhundertwende die Diffamierung des Materials als »seelenloser«, eben industrieller Surrogatstoff. Gelegentlich kam im Kriegerdenkmalsbau nach 1918 Kunststein, eine gießbare Zement-Steinmehlmischung, zum Einsatz, obwohl Zement immer noch der Makel eines »unwürdigen«, industriellen Werkstoffes anhaftete. Zement konnte mit Natursteinpartikeln veredelt werden: Marmor und Kalksteinstückchen wurden in ein Gießbett gelegt, mit Mörtel übergossen und nach der Aushärtung geschliffen. Steinmehl und kleinere Natursteinpartikel konnten der Zementmischung beigegeben werden. Hosaeus fertigte zahlreiche Kriegerdenkmale aus Kunststein an. Seine schildartigen Embleme auf Sockeln oder seine halbplastischen Soldatenfiguren für Wände waren überregional verbreitet. Mehrere Berliner Firmen hatten sich auf die Vervielfältigung von Figuren und Büsten in gießbarem Material spezialisiert. Die Firma Micheli führte seit 1900 Büsten von Generälen, Kaisern und Bismarck. Wilhelm II. war in 14 verschiedenen Größen lieferbar, es kam die Marmorgußmasse »Carrarit« zum Einsatz (s. Abb. 8, S. 67).

---

37 Julius Langbehn, Rembrandt als Erzieher, Leipzig 1890, hier: 67. Auflage 1926, S. 277.
38 Fuhrmeister, Materialikonographie, S. 241-251.

Abb. 8: Carrarit-Büste von Wilhelm II. im Schaufenster einer Berliner Buchhandlung Unter den Linden, hergestellt um 1910

Eisen und Bronze

Eisen hatte schon in der Antike eine doppelte Bedeutung: Einerseits als Rohstoff nützlicher Werkzeuge, andererseits als Material todbringender Waffen. Anfang des 19. Jahrhunderts entstand in Preußen eine regelrechte Eisenmode. So verkündete E.M. Arndt in seiner Dichtung das »Lob des Eisens«. Das Eiserne Kreuz, der erste, im Kampf gegen Frankreich egalitär verliehene Orden, sollte in seiner Einfachheit und (materiellen) Wertlosigkeit an eine schwere Zeit erinnern. Fortschritte in der Gusstechnik, die Möglichkeit, durch das Hohlgussverfahren Figuren und Büsten zu vervielfältigen[39], führten zum Aufschwung des Eisenkunstgusses, mit dessen Hilfe nun sogar Damenschmuck hergestellt wurde.[40] Beispiele großer Denkmäler sind Schinkels Kreuzberg-Denkmal, ein 20 m hoher, gusseiserner Obelisk in Braunschweig, der an die im Befreiungskrieg gefallenen Herzöge erinnerte, und die Berliner Invalidensäule. Dieses Monument wurde 1852/54 zu Ehren von regierungstreuen Soldaten errichtet, die bei den Kämpfen am 18. und 19. März 1848 in Berlin gefallen waren. Die 33 m hohe Eisensäule war zweischalig aufgebaut. Im Inneren befand sich ein dreiteiliger schmiedeeiserner Zylinder, der die gusseiserne Treppenspindel aufnahm. Auf der Aussichtsplattform der Säule befand sich ein Adler mit ausgebreiteten Schwingen.[41] Mitte des 19. Jahrhunderts begann das Bürgertum, Produkte des Eisenkunstgusses als »typische Massenware« des Industriezeitalters abzuwerten. Eisen galt als unkünstlerischer Werkstoff, und Bronze, Gold und Granit gewannen wieder an Bedeutung.

Bronze, genannt Erz, galt in der Kunsttheorie als klassisches, edles Material, als Synonym für Dauer und Ehrwürdigkeit. Schon in der Antike wurden erbeutete Waffen eingeschmolzen und in Siegerstatuen gegossen, die im Krisenfall wieder zu Waffen gemacht werden konnten. Bronze wurde auch deshalb zum Symbol imperialer Macht, weil römische Gesetzestextes in diesem Material erstellt wurden. Einen besonderen Wert erhielt Bronze auch dadurch, dass es kein Naturstoff, sondern ein Kunststoff war. Es wurde zum Material, um Ideale und abstrakte Vorstellungen zu verkörpern, zum Sinnbild von Macht und Ordnung, die der Einzelne zu respektieren habe. Aufgewertet in der Renaissance als idealer Werkstoff, um künstlerische Ideen zu verwirklichen, galt Bronze am Ende der 19. Jahrhunderts als konventionelles, technisch perfekt zu handhabendes und innerlich »totes« Material, als Dekorationsstoff des erstarrten Historismus.

---

39 Erst wird die feuerfeste Negativform vom Modell in Originalgröße abgenommen, dann eine Kernmasse mit inneliegendem Eisengerüst eingefüllt. Die obere Schicht der Kernmasse wird in gewünschter Wandstärke der Figur abgetragen, das Metall in die entstandenen Hohlräume gegossen.

40 Hüttenwerk Lauchhammer 1794, Hohlgussverfahren Wilhelm Stilarsky 1813, nach Raff, Sprache der Materialien, S. 56.

41 Einweihung am 18.10.1854. Für den Bau musste ein 35 m hohes Gerüst aufgebaut werden, das bei einem Sturm am 8.11.1852 einstürzte. Reinald Eckert, Gutachten zur Entwicklungsgeschichte der Grünanlagen im Bereich Invalidenstraße, Berlin 1991 (Im Auftrag der Senatsverwaltung für Stadtentwicklung u. Umweltschutz).

Bronze besteht im Wesentlichen aus einer Legierung von Kupfer und Zinn, der kleinere Mengen von Blei, Zink, Eisen, Phosphor, Aluminium, Nickel, Mangan und Silizium beigefügt sein können. Die jeweilige Mischung führt zu spezifischen Eigenschaften: Zinn erhöht die Härte und Korrosionsbeständigkeit; Blei senkt die Schmelztemperatur, erhöht die Viskosität und erleichtert die Retusche bei der Fertigbearbeitung; Zink erleichtert den Abzug von Gasen aus dem Inneren der Schmelzmasse, macht das Metall kompakter; Phosphor erhöht durch Sauerstoffentzug die Härte. Nach dem Guss muß die Form zerstört werden, Lüftungs- und Gießkanäle werden nun abgeschnitten, die Oberfläche mit Meißeln feinbearbeitet und poliert.

Figuren, Adler und Embleme konnten ab 1900 industriell durch das Verfahren der Galvanisierung gefertigt werden.[42] Mehrere traditionsreiche Berliner Firmen hatten sich auf die Vervielfältigung von Figuren und Büsten in Gips, Zink und Bronze spezialisiert. Die Gießereien Gladenbeck und Noack perfektionierten am Ende des 19. Jahrhunderts das Wachsausschmelzverfahren und stellten sowohl spektakuläre Großbronzen wie das Kaiser-Wilhelm-Denkmal am Schloss als auch Kleinfiguren in großer Auflage, sogenannte Ladenbronzen, her. Besonders Noack war neuen künstlerischen Bestrebungen aufgeschlossen und arbeitete auch mit modernen Künstlern zusammen.[43] Die Zinkgießerei Moritz Geiß fertigte Repliken von Denkmalsstatuen in Zinkguß. Das Wachsausschmelzverfahren für Bronzeguß ermöglichte um 1900 die Produktion von kleinteiligem, detailreichem figürlichem Schmuck für Grabdenkmäler: Adler, Embleme, Christuskörper, Eccehomo-Köpfe, Girlanden, Palmwedel etc.

Das häufigste Verfahren zur Denkmalsherstellung war das Hohlgalvanoverfahren. Schon 1838 war es gelungen, Kupfer in wässriger Lösung auf kaltem Wege zum Schmelzen zu bringen. Auf der einen Seite der Kupfervitriollösung befand sich die Kupferplatte, auf der anderen der zu beschichtende Gegenstand. Bei Gleichstrom in niedriger Spannung, aber großer Stromstärke löst sich die Kupferplatte auf und das Metall schlägt sich an der Hohlform des Modells nieder. Ebenso war es möglich und billiger, das Modell im Kerngalvanoverfahren direkt zu beschichten, doch kam letztere Methode nur bei kleineren Objekten wie Grabschmuck zur Anwendung. Der Aufschwung dieser Technik kam erst um 1900, als Strom in größerer Menge verfügbar wurde.[44]

---

42 Dieses Verfahren war 1838 von M.H. Jacobi entwickelt worden. Zunächst wurden Flachreliefs aus Kupfer hergestellt, indem die Gipsformen mit Graphit bestrichen wurden und somit leitende Eigenschaften bekamen. Das Verfahren basiert auf der Elektrolyse, durch die gelöste Metallsalze unter permanentem elektrischen Strom in ihre Bestandteile aufgespalten werden. Die positiven Ionen wandern zur negativen Kathode, die negativen Anionen wandern zur positiven Anode. Die Form, die mit einer Metallschicht zu überziehen ist, wird an die Kathode angeschlossen. Damit entsteht an der Innenseite der Form eine abgelagerte Metallschicht.
43 100 Jahre Bildgießerei Noack, Katalog Kolbe-Museum, Berlin 1997.
44 Württembergische Metallwarenfabrik Geislingen (Hrsg.), Die Galvanoplastik in der Kunst, Leipzig 1913.

3. Figürliche und gegenständliche Bildhauerei

Das Soldatenstandbild

Das Soldatenstandbild mit Steinsockel war weit verbreitet – auch in Frankreich dominierte der Typus des siegreichen Poilu.[45] Die Figur ist manchmal in Bronze ausgeführt, häufig bilden Sockel und Figur jedoch eine Einheit, indem für beide Teile das gleiche Material gewählt wurde, so dass der Soldat förmlich aus dem Boden herauswächst bzw. bei seinem Tode wieder mit dem Boden verschmilzt. Ein Zusammenhang mit den Erdritualen nationalistischer Manifestationen ist hier unübersehbar. Granit bot sich wegen seiner Härte und der materialikonographischen Besetzung an, häufiger noch wurden Muschelkalk und Travertin verwendet. Neben dem heroischen, kampfbereiten Soldaten figuriert der trauernde, erschöpfte, sich aber wieder sammelnde Kämpfer und der sterbende bzw. aufgebahrte Soldat. Die heroische antike Nacktheit spielt auf das überzeitliche Heldentum an, wird jedoch oft durch den zeitgenössischen Helm ergänzt. Ein beigefügtes Schwert symbolisiert den Wunsch und die Bereitschaft zur Rache.[46]

Die Zuordnungsverhältnisse zwischen Stiftergruppen und Denkmalstypen sind nicht eindeutig. Bei Kriegervereinen und Militärs dominierten germanisierende, klassizistische und naturalistische Darstellungen, bei Kirchengemeinden standen christliche Trauermotive im Vordergrund wie die Pietà-, Beweinungs- und Grablegungsdarstellungen, die sich an Altarelementen orientierten. Ältere Denkmalstypen aus dem 19. Jahrhundert und industriell vorgefertigte Schmuckelement wurden weiterhin verwendet, doch auch moderne Plastik fand Eingang. Eine stilistische Unübersichtlich-

---

45 Der Figurentyp des siegreichen Poilu kontrastierte oft mit den langen Gefallenenlisten am Denkmal. Daher gab es Kombinationen von siegenden und sterbenden Figuren. Wie in Deutschland konnte man bei den Steinmetzbetrieben und Bildhauern per Katalog bestellen: Figuren, Elemente wie Palmzweige, Orden, Hähne oder Poilu-Medaillons. Die frz. Gemeinden errichteten ca. 35.000 Denkmäler. Nach Annette Becker, Der Kult der Erinnerung nach dem Großen Krieg, in: Koselleck, Totenkult, S. 315-324. Über ein bemerkenswertes pazifistisches Denkmal in einem Pariser Vorort berichtete die *Illustrierte Reichsbanner Zeitung* Nr. 18, 30.4.1927, Titelblatt: Eine Pyramide aus menschlichen Körpern von etwa sechs Meter Höhe, gebildet aus einer trauernden Frau an der Spitze und fünf trauernden, erschöpften frz. Soldaten ohne Waffen. Am Sockel zerbricht eine Arbeiterfigur Gewehre. Die Inschrift lautete: »Unseren Toten«. Französische Nationalisten hätten vergeblich versucht, die Aufstellung des Denkmals zu verhindern. In der Nr. 21 vom 21.5.1927 zeigt S. 331 den Entwurf eines »Denkmals der Versöhnung« eines frz. Künstlers. Im Schoße einer monumentalen Friedensgöttin umarmen sich ein dt. und ein frz. Soldat – jeweils mit charakteristischem Helm – und geben sich den Bruderkuss. Am Sockel liegen Tote. Die Inschrift lautete: »reconciliation.«

46 Rächende, antikisch-nackte Schwertträger standen im Charlottenburger Lietzenseepark (Gerster), in Coburg (Küöhl), an der Bonner Universität. Der modernere Rächer warf Handgranaten und war in zeitgenössischer Uniform, so in der TH Berlin (Hosaeus), im Tiergarten (Dietzsch-Sachsenhausen), in Potsdam (Garde-Jäger-Denkmal).

keit ist auszumachen, wobei die Höhe der gestifteten Summe oft der ausschlaggebende Grund für die Gestaltung war.[47] Zeitgenössische Stimmen werteten die stilistische Vielfalt nicht als Nachteil: »Wenn in einigen Jahren die Mehrzahl der Kriegerehrungen in öffentlichen Gebäuden vollendet sein werden, so lohnt es sich, eine Übersicht der eigenartigsten unter ihnen herauszugeben. Eine solche Übersicht würde zeigen, wie reich der Quell an Erfindung auch in unserem Volke noch fließt, und wie viel tiefes Gefühl und Empfinden ihm noch innewohnt.«[48]

Vor der katholischen Garnisonkirche in Neukölln errichtete Victor Seifert[49] 1931 eine überlebensgroße Bronzefigur eines gelandeten Fallschirmspringers, dessen Fallschirm sich noch vom Luftzug aufbläht, ein Denkmal für die 773 Gefallenen der Zeppelinbesatzungen (s. Abb. 9, S. 72). Er wählte eine naturalistische Darstellung. Die Inschrift »Den Deutschen Luftschiffern/1914–1918« befindet sich auf dem unbehauenen Natursteinsockel. Das Denkmal misst etwa drei Meter. Eingeweiht wurde es am 10. Mai 1931.[50] Vertreter von Reichswehr und Reichsverkehrsministerium sowie 60 Kriegervereinen beteiligten sich. Das »würdige Denkmal«, so der *Berliner Lokal Anzeiger*, »stellt einen mit dem Fallschirm abgesprungenen Ballonbeobachter dar«, im Gedenken »an die Taten der Zeppelinbesatzungen auf den noch unvollkommenen, feuergefährlichen Luftschiffen.« *Der Angriff* lobte: »Eines der eindrucksvollsten Denkmäler Berlins.«[51] Der Festredner Oberst Gundel schilderte »den aufopferungsvollen Dienst der Feldluftschiffer im windgepeitschten, von Artillerie beschossenen, von Fliegern angegriffenen Fesselballon. Das enthüllte Denkmal übergab er dem Schutze der Kommandantur Berlin.«[52]

Kurt Kluge führte 1927 das Denkmal des Kaiser-Alexander-Garde-Grenadier-Regiments-Nr. 1[53] aus (s. Abb. 10, S. 73). Das ehemalige Wachregiment war in der Nähe

---

47 Siehe dazu allgemein Meinhold Lurz, Kriegerdenkmäler in Deutschland, 6 Bde., Heidelberg 1985 im Besonderen Band IV Weimarer Republik.
48 *Die Plastische Kunst. Zeitschrift des Allg. dt. Bildhauerverbandes*, Berlin, Juli 1926, S. 104.
49 Victor Seifert (1870–1953), Bildhauer, zahlreiche Bismarck-, Jahn- und Kriegerdenkmäler seit 1897.
50 Versammlung der Teilnehmer im Orpheum, Hasenheide 32/38, anschließend Festzug zum Denkmal, Feldgottesdienst mit dem evang. Divisionspfarrer Irmer und dem katholischen Standortpfarrer Stinner. Nach der Festrede durch den letzten Inspekteur der Luftschiffer, Oberst a.D. Gundel, Festessen und »vaterländisches Festspiel im Orpheum.« *Berliner Lokal Anzeiger* 10.5.1931.
51 *Der Angriff* 11.5.1931.
52 *Berliner Lokal Anzeiger* 11.5.1931.
53 In Berlin existierten vier Traditionsvereine: Verein ehem. Kameraden des Kaiser-Alexander-Garde-Regiments Nr. 1, Vors. Richard Wentzel; Verein ehem. Unteroffiziere des Kaiser-Alexander-Garde-Regiments Nr. 1 und seiner Traditionskompanie, Vors. Oberpostsekretär Richard Fiedler; Verein ehem. Unteroffiziere des Kaiser-Alexander-Garde-Regiments Nr. 1, Vors. Ernst Petschukat; Verein der Offiziere des Kaiser-Alexander-Garde-Regiments Nr. 1, Vors. Oberstlt. von Johnston. 1924 hatte zum 110-jährigen des Regiments in Berlin eine Feier mit mehreren Tausend Teilnehmern stattgefunden, *Militärwochenblatt* 4.11.1924, S. 474.

Abb. 9: Luftschiffer-Denkmal von Victor Seifert, 1931

des Schlosses stationiert und hatte nach dem Krieg Anteil an der Niederschlagung der Münchner Räterepublik und den Kämpfen gegen die Arbeiterbewegung im Frühjahr 1919 in Berlin. Es handelte sich also um eine im öffentlichen Gedächtnis umstrittene Einheit.⁵⁴

Eine lebensgroße Bronzefigur, Modell war der am 8. September 1914 in der Marneschlacht gefallene, mit Kluge befreundete Eberhard Freiherr v.d. Recke v.d. Horst, stellte einen knienden, bereits tödlich verwundeten Soldaten dar, der die Fahne noch umklammert und zu ihr aufblickt. Der etwa 1,30 m hohe Kalksteinsockel ist nach 1945 mit Klinkergesims und gestrichenem Rauhputz verkleidet worden. Damit sollte auch dem Alliierten Zerstörungs-Befehl Folge geleistet werden, dem sicher die Inschrift »Unbesiegt« widersprochen hätte. Die

Abb. 10: Alexander-Denkmal von Kurt Kluge, 1927

Inschrift auf der Vorderseite lautete: »Das Kaiser Alexander/Garde-Grenadier-Reg. No. 1/seinen im Weltkrieg/1914–1918/tapfer und unbesiegt/mit Gott/für König und Vaterland/gefallenen Kameraden«.⁵⁵ Noch 1925 wurde von Schwierigkeiten bei der Finanzierung des Denkmals berichtet.⁵⁶ Das Denkmal wurde am 16. Oktober 1927 im Rahmen einer Wiedersehensfeier der ehemaligen Regimentsangehörigen im Tiergarten eingeweiht und nach 1945 auf den Neuen Garnisonfriedhof versetzt.⁵⁷

---

54 In der Regimentsgeschichte wird energisch abgestritten, Teile der Einheit seien 1918 als erste Berliner Garnison zur Revolution übergelaufen, Thilo von Bose, Das Kaiser-Alexander-Garde-Grenadier-Regiment Nr. 1 im Weltkrieg, Zeulenroda 1932, S. 574-590.
55 Erwähnt bei Wilhelm Borchert, der Garnisonfriedhof in der Hasenheide in Wort und Bild, Berlin 1930, S. 52 und auf dem Titelblatt von *Die weite Welt* (Scherl Verlag), Nr. 8, 25.2.1934.
56 Bislang waren nur 203,20 RM eingegangen, die Mitglieder des *Bundes deutscher Offiziere* sollten systematisch um Spenden angegangen werden, hieß es in einer Vereinszeitung ehemaliger Regimentskameraden. Ein Postkartenvertrieb sollte zusätzlich Gelder einbringen. Zu je einer Mark wurden folgende Motive angeboten: »Kanone in der alten und neuen Kaserne, die 1. Kompagnie vor dem Zeughaus am 27. Januar (Kaisergeburtstag, Anm. d. V.), die Fahnen des Regiments, Grenadiere im Paradeanzug«. *Alexanderblatt. Nachrichtenblatt der Angehörigen des ehemaligen Kaiser-Alexander-Garde-Regiments Nr. 1* (Hrsg.: Verein der Offiziere), Berlin 3.11.1925, S. 86 f.
57 *Nachrichtenblatt des Reichs-Offizier-Bundes*, Berlin Nr. 7/ 1927, S. 9. Erst 1957 gelangte es auf seinen heutigen Standort.

Abb. 11: Denkmal des 2. Garde-Reserve-Regiments von B. Blawitzka, 1929

Auch auf dem Neuen Garnisonfriedhof steht das Denkmal des 2. Garde-Reserve-Regiments, 1929 nach dem Entwurf des Architekten B. Blawitzka gestaltet vom Neuköllner Bildhauer K. Kluckow (s. nebenstehend Abb. 11). Aus dem Sockel heraus wächst die lebensgroße Kalksteinfigur eines tödlich getroffenen, auf die Knie sinkenden Soldaten, der noch mit der rechten Hand zum Handgranatenwurf ausholt, während die linke Hand ans Herz fasst. Die Handgranate ist nicht mehr vorhanden, Figur und Sockel sind aus dem gleichen Material, das inzwischen Verwitterungsspuren trägt. Auffällig ist, dass dieses Denkmal den Betrachter nicht überragt, sondern ebenerdig angelegt ist.[58] Die Einweihung fand am 21. April 1929 statt; obwohl zu diesem Zeitpunkt allgemeines Demonstrationsverbot innerhalb der Stadt herrschte, erlaubte die Polizei die Feier und den Vorbeimarsch am Denkmal innerhalb der Friedhofsmauern.[59]

Antikisierende Standbilder

Gegenüber dem ehemaligen Landwehrkasino am Bahnhof Zoo ließen Hans Dammann[60] und Heinrich Rochlitz 1927 eine überlebensgroße Bronzefigur auf mehrstufigem Kalksteinsockel aufstellen (s. Abb. 12, S. 75). Der knapp zwei Meter hohe Sockel trug die Inschrift »Triaris/bello occisis/1914–1918/Reserve- und Landwehr-/Offizierskorps Berlin.«[61] Die idealisierte Feldherrn- bzw. Rolandsgestalt in mittelalterlicher Rüstung war nicht speziell für diesen Zweck hergestellt worden. Es handelte sich um eine

---

58 Erwähnt bei Borchert, S. 53.
59 Pol.-Präs. Tgb. Nr. 542 Ia 7/1929 an die Kameradschaftliche Vereinigung ehem. Angehöriger des 2. Garde-Grenadier-Regiments, z.H. 1. Vors. Max Röhl, 11.4.1929. LA Berlin A Pr. Br. Rep. 30, Tit. 90, Nr. 7504, Akten des Polizeipräsidiums zu Berlin.
60 Hans Dammann (1867–1942), Architekt und Bildhauer, seit 1895 in Berlin. Schüler der Berliner Professoren Janensch und Breuer.
61 Spendenaufruf für ein Denkmal der 800 Gefallenen der Landwehroffiziere von der »Kameradschaftlichen Vereinigung von 1872«, Landwehrcasino im *Militärwochenblatt* vom 4.8.1924, S. 132.

standardisierte Figur, die schon 1904 auf der Großen Berliner Kunstausstellung präsentiert worden war und die der erfolgreiche Bildhauer, der sich seit 1895 auf Bildnisbüsten und Grabschmuck spezialisiert hatte, in Marmor und Bronze mehrfach reproduzierte.[62] Die Galvanoplastische Kunstanstalt der Württembergischen Metallwarenfabrik stellte die Figur als Friedhofsplastik in Serie her.

In der Kreuzberger Baerwaldstraße schuf Eberhard Encke[63] 1924 eine sitzende monumentale Figur auf hohem Sockel (s. Abb. 13, S. 76). Der in heroischer Nacktheit posierende Krieger hält gesenkten Blickes inne und sammelt neue Kräfte. Wie beim Universitätsdenkmal, war auch hier die Parole »Invictis victi victuri« am Sockel angebracht.[64] Figur und Sockel sind aus Muschelkalk angefertigt, die Höhe beträgt ca. vier Meter.

Abb. 12: Landwehr-Offiziers-Denkmal von Hans Dammann und Heinrich Rochlitz, 1927

Dieses Denkmal des Kaiser-Franz-Garde-Grenadier-Regiments steht heute isoliert auf dem Mittelstreifen der Baerwaldstraße, war aber ursprünglich auf die 1974 abgerissenen Kaiser-Franz-Garde-Grenadier-Kasernen ausgerichtet. Über die Einweihung am 22. Juni 1924 schrieb das *Militärwochenblatt*: »Zu einer gewaltigen Kundgebung gestaltete sich die Denkmalsweihe [...]. Das von Eberhard Encke geschaffene Denkmal zeigt einen auf die Knie gezwungenen kraftvollen Jüngling, der die linke Hand auf das Herz drückt und die rechte Faust hart auf den rechten Schenkel presst [...]. Der letzte Feldzugskommandant Oberstleutnant a.D. Otto fand temperamentvolle Worte über den Niederbruch. Vor dem Denkmal war ein Feldaltar aufgebaut. Als die Hülle des Denkmals fiel, klang das Scheidelied ›Ich hatt' einen Kameraden‹.«[65]

---

62 Varianten der Rolandsfigur verwendete Dammann bei Kriegerdenkmälern in Perleberg, Göttingen und Breslau.
   Ein weiteres Beispiel für eine standardisierte Figur war Emil Cauers *Verwundeter*, ausgeführt 1922 in Bielefeld in Kalkstein, später noch mehrmals als Bronze repliziert.
63 Eberhard Encke (1881–1936), Bildhauer, Sohn des Kaiserlichen Hofbildhauers Erdmann Encke. 1923–36 im Verein Berliner Künstler. Gestaltete weitere Kriegerdenkmäler in Berlin, heute Bundesallee 1 und 217, und in Preußen, Minden, Bunzlau, Zeuten sowie 1936 anlässlich der Olympiade eine Athletengruppe auf dem Pariser Platz.
64 Von Rieben, Kaiser-Franz-Garde-Grenadier-Regiment Nr. 2, Oldenburg/Berlin 1929, Vorwort und Tafel 25.
65 *Militärwochenblatt* 4.7.1924, S. 20. Spendenaufruf am 5.4.1924, S. 509.

Abb. 13: Das Franzer-Denkmal von Eberhard Encke, 1924

Löwen- und Adlerplastiken

Neben vollplastischen Soldatenfiguren wurden häufig Stein- und Bronzeadler modelliert, gelegentlich ist das Motiv der Schwurhand zu sehen. Relativ häufig tauchte nach 1918 noch der Löwe auf, nun jedoch oft in ruhender oder schlafender Position.[66] Hans Dammann bot die Variante eines brüllenden Löwen an.[67]

Nach 1918 war der Adler allein als Reichssymbol übrig geblieben. An die Stelle des flatternden, agilen Bronzeadlers auf Findlingen trat nun der beruhigte, wenn auch wachsame Vogel auf klassizistischen Pfeilern. Die nüchternen Stelen traten an die Stelle der Siegessäulen, die nach 1871 dominiert hatten. Aus Stele und Altarblock entwickelte sich der Kubus. Trophäen dienten auch nach 1918 in reduzierter Form als plastischer Schmuck, vor allem der Stahlhelm, Gewehre, Koppel, Patronentaschen sowie Lorbeer- und Eichenkränze.

Das Denkmal der I. Garde-Dragoner auf dem Neuen Garnisonfriedhof schufen der Baurat Erich Richter und Hermann Hosaeus im Jahre 1925: Ein sich verjüngender Granitpfeiler mit Reliefarbeiten von Hochkreuzen, Lanzen, einem springenden Pferd und dem Gardestern trägt obenauf einen Adler mit angelegten Flügeln, der mit den Krallen eine Kugel umschließt. Inschrift und Eisernes Kreuz stehen auf dem Pfeiler: »Die Ersten Gardedragoner ihren gefallenen Kameraden.« Den Adler modellierte Hosaeus. Das Denkmal besteht aus Granit und grünem Syenit[68] und ragt etwa fünf Meter auf, bei einer Breite von 60 cm.[69] Eine zeitgenössische Quelle beschrieb das Denkmal in vaterländischem Pathos: »Lichtumflutet blickt auf hoher Säule ein ruhender Adler wachsam in die Ferne, als warte er des rechten Augenblicks zu neuem Aufflug.«[70]

Auch bei den wenigen erhaltenen Gräbern des Invalidenfriedhofs begegnen uns Adlerskulpturen, so bei den nach 1916 angelegten Privatgräbern der Kampfflieger Albert und Bruno Kalff. Auf einem mannshohen Granitfindling befindet sich ein Bronzeadler auf zerbrochenem Schwert und Eichenlaub. Die vom Jenaer Bildhauer Natter gestalteten Privatgräber Hans Joachim und Albert Buddeckes markiert eine zwei Meter hohe Kalksteinstele mit trauerndem oder sterbendem Adler obenauf. Der Vogel hat den Kopf seitlich gewendet und unter einem Flügel versteckt. Mit der Stele bildet er ein Werkstück.[71]

---

66 Denkmäler in Küstrin, Weimar, Universität Leipzig, Kösen, Erfurt, Wuppertal, Taucha, Sinzig, Neisse, Braunschweig, Carlsfeld i. Erzgeb., Kamen, Lahr i. Bad., Dülmen. Nach Dt. Ehrenhain.
67 Denkmäler in Döberitz, Torgau und Holthausen bei Hagen. Nach Dt. Ehrenhain.
68 Syenit ist ein grobkörniges vulkanisches Gestein mit einer Dichte von 2,7 bis 2,9 g/cm³. Syenit ist dunkler als Granit, enthält kein Quarz und besteht hauptsächlich aus Kaliumfeldspat. Er ist verhältnismäßig leicht zu bearbeiten.
69 *Deutsche Bauzeitung*, 59. Jg., 20.6.1925, S. 381 f.
70 Borchert, S. 51.
71 K. Treuwerth, Der Invalidenfriedhof in Berlin, Berlin 1925, S. 66 f. Biographische Angaben zu den Buddeckes und Kalffs bei Laurenz Demps, Zwischen Mars und Minerva. Wegweiser über den Invalidenfriedhof, Berlin 1998, Buddecke S. 91 f., Kalff S. 152.

Einfache Stelen, Quader, Platten und andere Formen

Verbreitete, preisgünstigere Denkmalsformen waren Reliefarbeiten auf Natursteinoder Kunststeinblöcken, einfache Säulen mit Kugelbekrönungen und Inschriften; am häufigsten waren schließlich die unbearbeiteten Findlinge, die mit Bronzetafeln ergänzt wurden in Stadt und Land anzutreffen.

In der ehemaligen Kaiserallee in Wilmersdorf schuf Eberhard Encke 1924 das Denkmal für die Gefallenen des 22. Reservekorps (s. Abb. 14, S. 79): Eine ca. drei Meter hohe Kalksteinstele trägt eine dornenbekränzte Kugel obenauf. Ein Zaun umfriedete das Ehrenmal. Die die Kugel bekrönende Schwurhand ist nach 1945 entfernt worden. Die Inschrift lautet »Den treuen Toten des XXII. Reservekorps/1914–1918.«[72] Eingeweiht am 14. September 1924, trug die Stele auch die revanchistisch interpretierbare Inschrift »Saat von Gott gesäet/ dem Tage der Garben zu reifen«. Der Spruch bietet ein Beispiel für »deutsche Agrarmetaphorik«, die häufig anzutreffende Parallelisierung des kämpfenden Soldaten mit dem düngenden, pflügenden, säenden und erntenden Bauern. Die Begrabenen wurden als Dünger und Saat aufgefasst, aus denen sich Kämpfer für den nächsten Krieg entwickeln.[73] Zur Finanzierung des Denkmals war bereits am 4. Juni 1921 ein »Denkmalsausschuß des XXII. Reservekorps« gebildet worden. Allerdings wartete Encke im März 1925 noch immer auf 700 RM seines Honorars.[74] In diesem Korps hatten viele Studenten gedient, daher spielten Universitätsangehörige bei den Feierlichkeiten am Denkmal eine große Rolle: »Der ehemalige Kommandeur E. v. Falkenhayn übergab das Denkmal der Stadt Wilmersdorf […]. Der anwesende Rektor der Friedrich-Wilhelms-Universität Geh.-Rat Roethe, fand zu Herzen gehende Worte«, hiess es im *Militärwochenblatt*.[75]

An der Invalidenstraße errichtete Josef Limburg[76] 1923 einen roten Sandsteinquader mit dem Reliefbild eines Reiters (s. Abb. 15, S. 79). Ein Quader ersetzte in vielen Fällen das Reiterdenkmal, das aus finanziellen Gründen nicht realisierbar war. Das Reiterdenkmal hatte sich seit der französischen Revolution sozial ausgeweitet: Galten erst nur Monarchen auf diese Weise als darstellbar, folgten bald bürgerliche Militärs, nach dem Ersten Weltkrieg auch einfache Soldaten der Kavallerie. Vollplastische Bronze- oder Steinarbeiten blieben aus Kostengründen selten.[77] Reliefarbeiten wie Limburgs

---

72 Borchert, S. 60.
73 Hans-Ernst Mittig, Nationale Erdrituale, in: *Kritische Berichte* Heft 1/1997, S. 4-21, hier S. 8.
74 Bericht Hauptversammlung des Denkmalsausschusses des XXII. Reservekorps am 17.3.1925, in: LA Berlin B Rep. 42 Vereine Acc.2147, Nr. 26513, Bl. 3 und 27.
75 *Militärwochenblatt* 4.10.1924, S. 346. Spendenaufrufe am 4.8.1924, S. 132.
76 Josef Limburg (1874–1955), Akadem. Bildhauer und Meisterschüler von Prof. Janensch. Zahlreiche Büsten und Portraits, u.a. von der Kaiserin Auguste-Viktoria, Papst Pius XI., Papst Gregor XIII., Denkmal des Garde-Train-Battaillons in Lankwitz.
77 Bronzeplastiken von Dietzsch-Sachsenhausen (Ulanen in zeitgenöss. Uniformen, mit Lanzen) in Gleiwitz und Potsdam, Husarendenkmal von Isenbeck in Schleswig, antikisch-nackter Ulan aus Kalkstein in Langensalza von Schwindsache. In mittelalterlicher Rüstung in Deutz von Wy-

Abb. 14: Denkmal des 22. Res.-Korps von Eberhard Encke, 1924

Abb. 15: Ulanen-Denkmal von Josef Limburg, 1923

Quader überwogen.[78] Das mit Sockel ca. 2,50 m hohe Denkmal hatte ursprünglich im Vorgarten der dort um 1860 von Friedrich August Stüler errichteten Kasernen des 2. Garde-Ulanen-Regiments gestanden. Nach dem Abriss der Kasernen in den 1970er-Jahren ist es heute das letzte Relikt militärischer Präsenz an diesem Ort. Die Einweihung fand im Februar 1923 »unter starker Beteiligung in einem Feldgottesdienst« statt.[79] Die Inschrift lautete: »Den im Weltkrieg gefallenen Helden des/2. Garde-Ulanen-Regiments zum ehrenden Gedächtnis/Dem stolzen tapferen Regiment zum Andenken.« Auf der Rückseite erschien unter dem Schriftzug »Starben den Heldentod« eine Auflistung der gefallenen Offiziere, Unteroffiziere und Ulanen. 1929 mußte das Denkmal für 125 RM instand gesetzt werden.[80] 1932 fand die Gefallenen-Gedenkfeier

---

nand. Modern-abstrakt hingegen das Reiterdenkmal von Enseling für die Gefallenen des Krupp-Kasinos in Essen. Nach Dt. Ehrenhain.
78 Denkmäler in Tapiau, Ellingen, Neustadt a.d. Haardt, Sögel, Ochsenfurt, Herlazhoven i. Württ. Nach Dt. Ehrenhain.
79 *Militärwochenblatt* 1.3.1923, S. 577. Lobend erwähnt auch beim Artikel zum 60. Geburtstag Limburgs in der *Germania* vom 10.7.34: Es »trabt, ganz aus rotem Sandstein gemeißelt, ein 2. Garde-Ulan mit hocherhobener Standarte der Sonne entgegen.«
80 Der Betrag wurde aus der Vereinskasse bezahlt. Protokoll Vereinsitzung der Offiziere der ehemaligen 2. Garde-Ulanen am 1.2.1929, in: LA Berlin, B Rep. 42 Vereine, Acc. 2147, Nr. 26423, Bl. 32.

der ehemaligen Ulanen statt; »und das voll angetretene Berittenenkommando, das in unserer alten Kaserne liegt«, nahm teil, vermerkte befriedigt der Verein der Offiziere der ehemaligen 2. Garde-Ulanen.[81]

In der Königin-Louise-Straße in Dahlem schuf Hermann Hosaeus 1926 für das Fußartillerie-Regiment Nr. 11 ein rautenförmiges, drei Meter hohes Ehrenmal aus Kunststein auf künstlichem Hügel mit Treppenzugang (s. Abb. 16, S. 81). Ursprünglich war ein großer Findling vorgesehen.[82] Das Relief zeigte drei efeuumrankte Kreuze mit einem Helm, eine Schwurhand und die Inschrift »Gestiftet vom Kriegerverein Dahlem«. Verständlich wird die christliche Bildsprache des Golgathamotivs mit den drei Grabkreuzen und mit dem lanzenförmigen Umriss des Denkmals im Blick auf die benachbarte Dorfkirche.

Auf dem Städtischen Friedhof Plötzensee befindet sich eine grabmalsähnliche Anlage aus Kunststein von Emil Cauer (s. Abb. 17, S. 82).[83] Während militärische Auftraggeber klassizistische, germanisierende und naturalistische Darstellungsweisen bevorzugten, traten bei religiösen Auftraggebern christliche Motive bei der Denkmalsgestaltung in den Vordergrund.[84] In Pietà-Haltung beugt sich eine zeitlos gekleidete, marienähnliche Frauengestalt über den gefallenen Soldaten in zeitgenössischer Uniform. Die Inschrift besagt »Den Helden des Weltkriegs/Die Gemeinde Kaiser-Friedrich-Gedächtnis und Heiland.« Cauer produzierte mehrere Exemplare dieser Gruppe, eine weitere wurde auf dem Friedhof der Neuköllner Luisengemeinde aufgestellt.[85]

---

81 LA Berlin, B Rep. 42 Vereine, Acc. 2147, Nr. 26423, Bl. 45.
82 *Militärwochenblatt* 18.9.1925, S. 399.
83 Emil Cauer (1867–1946), Neffe und Schüler des Bildhauers Emil Cauer d.Ä., ab 1917 Prof. in Berlin, schuf Hunderte von Arbeiten, Brunnen, Außenplastiken, darunter insgesamt 17 Kriegerdenkmäler, davon einige in mehrfacher Ausführung. So etwa 1915/1920 den »Verwundeten.« Weitere Kriegerdenkmäler in Berlin in Oberschöneweide, das Reiterstandbild in Potsdam für das Garde du Corps und vor dem ehemaligen Hamburger Bahnhof das Eisenbahner-Kriegerdenkmal von 1928.
84 Volker G. Probst, Bilder vom Tode. Eine Studie zum deutschen Kriegerdenkmal in der Weimarer Republik am Beispiel des Pietàmotivs und seiner profanierten Varianten, Hamburg 1986. Auch bei den seltenen Beispielen privater Kriegerdenkmäler in Berlin findet sich eine Pietà-Darstellung. So ließ der Papierfabrikant Keilpflug von dem Bildhauer Fritz Röll (1878–1952) seinem gefallenen Sohn auf dem Charlottenburger Luisenfriedhof II ein Grabmal aus Muschelkalk errichten. In einer kastenförmigen, der Wand vorgeblendeten Nische trägt eine Pietà in Frontalansicht den nackten, nur mit zeitgenössischem Stahlhelm bekleideten Toten. Die Inschrift lautet »S'ist ja kein Kampf um Güter der Erde/Das Heiligste schützen wir mit dem Schwerte.«
85 Weitere Standorte: Buttstedt und Schlüchtern. Repliken des Mittelteils wurden in Dolstheida und beim Grabmal des Leutnants Werner John auf dem Invalidenfriedhof verwendet. Nach Lurz, Bd. IV, S. 351 ff. Eine sehr ähnliche Beweinungsszene führte Cauer auch beim Privatgrab Alerich in Stahnsdorf in Marmor aus. ZA SMPK, Künstlerdokumentationen Emil Cauer.

Abb. 16: Denkmal des Kriegervereins Dahlem von Hermann Hosaeus, 1926

Abb. 17: Denkmal auf dem Städt. Friedhof Plötzensee von Emil Cauer

4. Expressionistische und archaisierende Formen

Im Steglitzer Gardeschützenweg steht Alwin Voelkels[86] Denkmal der Feuerwerker von 1925. Ursprünglich vor der Oberfeuerwerkerschule an der Invalidenstraße aufgestellt[87], wurde es 1945 in den Garten der ehemaligen, nun von amerikanischen Truppen genutzten Gardeschützenkaserne umgesetzt.[88] Als Standort war anfangs auch das Kastanienwäldchen neben dem Zeughaus Unter den Linden im Gespräch.[89] Für den Bildhauer Voelkel war das Denkmal eine »in der Not der Zeit des Zusammenbruchs lang ersehnte monumentale Aufgabe«.[90] Der Bund des ehemaligen Feuerwerks- und Zeugpersonals der Armee und Marine stiftete das Ehrenmal, es wurde am 4. Oktober 1925 im Rahmen eines zweitägigen »Generalappells« des Traditionsverbandes eingeweiht.[91] Für die kubistische Darstellung der Erdfahne eines Geschosseinschlages mit

---

86 Alwin Voelkel (1880–vor 1940), Berliner Bildhauer.
87 Erwähnt in: Handbuch für das Feuerwerks- und Zeugpersonal, Berlin 1936, S. 125-128.
88 Nach Paul O. Rave und Irmgard Wirth, Die Bauwerke und Kunstdenkmäler von Berlin. Bezirk Tiergarten, Berlin 1955, S. 222.
89 *Militärwochenblatt* 25.11.1924, S. 570.
90 Festschrift zur Enthüllung des Denkmals, Berlin Oktober 1925, S. 38.
91 *Militärwochenblatt* 4.7.1925, S. 29. Spendenaufrufe im *Militärwochenblatt* 25.11.1924, S. 570, 18.2.1925, S. 946, 18.9.1925, S. 394. Es wirkte der Traditionsverein »Unterstützungsgemeinschaft für die Zeug- und Feuerwerksoffiziere.«

Kanten und Zacken wurde getriebenes Kupfer verwendet.[92] Die von künstlicher Patina überzogene Form ist unten leicht gerippt, oben vergoldet. Der Granitsockel trägt vier jeweils dreiteilige Bronzereliefs mit Szenen der Tätigkeit und des Heldentums der Feuerwerker. Den mit kleinen Figuren gestalteten mittleren Querfeldern, die Szenen aus der Tätigkeit der Feuerwerker zeigen, wie die Herstellung und Verladung der Munition oder das Beziehen der Artilleriestellung, sind hochformatige Seitenbilder zugesellt, die Szenen des Abschieds und der Verbundenheit mit den Angehörigen zeigen. Formal wird so die Aufwärtsbewegung der scharfkantigen Erdfahne auf dem Sockel wiederholt.[93] Die Inschrift lautet »Unseren 1914–18 gebliebenen Kameraden/ das Feuerwerk- und Zeugpersonals/ der Armee und Marine.« Die rückseitige Aufschrift lautet »Bei strenger Pflicht/ Getreu und schlicht.« Die Höhe der Metallplastik beträgt etwa 1,70 m, sie steht auf einem von Sockel von 1,10 m Höhe bei 1,30 m Breite. Die Arbeit ist in ihrer expressionistisch-kubistischen Formbehandlung ungewöhnlich. Statt einer figürlichen Darstellung ist die von der Sprengkraft bewegte Erdmasse thematischer Gegenstand, dessen Stilisierung schon die Grenze zur abstrakten Form überschreitet.

Mit dem Beginn des Ersten Weltkriegs war die Explosion für viele Künstler zur ästhetischen Sensation geworden. In Arbeiten u.a. von Pechstein, Grosz, Meidner, Dix und Valotton tauchte sie als Bildelement auf.[94]

Das Element der zackbrüchigen Linienführung und kristallinen Form tritt bei den Berliner Kriegerdenkmälern selten auf[95], einzig der eklektische Hosaeus verwendete bei seinen Hochreliefs Blitze als Beiwerk, dies war eine seiner künstlerischen Spezialitäten.[96] Bei seinem Denkmal des Garde-Pionier-Bataillons an der Evangelischen Garnisonkirche wird die Soldatengestalt von einer Vielzahl von aufstrebenden, im Kir-

---

92 Durch Hämmern können gewalzte Metallplatten aus Gold, Kupfer, Bronze oder Silber in eine gewünschte Form gebracht werden. Durch das Hämmern wird das Metall härter und spröder, man spricht von Kalthärten. Diese alte Technik wird heute oft in Verbindung mit Schweißen und Löten benutzt, besonders bei der Herstellung vollplastischer Formen.
93 Fotos des Modells in: ZA SMPK, Künstlerdokumentationen Voelkel.
94 Graphiken »Somme 1916«, Max Pechstein 1917; »Luftangriff«, George Grosz 1915; »Die Bombe«, Ludwig Meidner 1914, »Der Schützengraben«, Felix Valotton 1915/16; Gemälde »Der Krieg«, Otto Dix 1914. Nach Annegret Jürgens-Kirchhoff, Schreckensbilder. Krieg und Kunst im 20. Jahrhundert, Berlin 1993, S. 72 ff.
95 Auch im Reich gab es nur wenige Beispiele, meist in Beton und Klinker ausgeführt: So das Gefallenendenkmal Hamburg-Lokstedt, Bernhard Hoetgers Niedersachsenstein in Worpswede, ein Ehrenmal in Chemnitz, das Gefallenendenkmal der Gemeinde Namslau i. Schlesien von Hans Thoma.
96 So beim Denkmal des Westpreuß. Fußartillerie-Regimentes Nr. 11, beim Pionierdenkmal in Kreuzberg, beim Denkmal des Kriegervereins Dahlem und in Langeoog. Besonders ausgeprägt beim Denkmal in Liegnitz: Kubistisch wirkende Strahlen und Zacken rahmen das Relief ein und werden am oberen Rand zusammengeführt. Darüber befinden sich vollplastisch ausgeführte Rauchwolken. Auf dem Kreuz des Denkmals an der Berliner Kaiser-Wilhelm-Gedächtnis-Kirche stürmt ein nackter Krieger einem Bündel feindlicher Strahlen und Zacken entgegen.

chenzusammenhang an gotisches Maßwerk erinnernden Blitzen eingerahmt, die über dieser spitzbogenartig zusammentreffen.[97] Bei Voelkels Denkmal trifft ein politisch progressiv besetzter Stilbegriff auf eine konservative inhaltliche Aussage. Dieser Zusammenhang fiel schon zeitgenössischen Beobachtern auf: »Idee und Gestaltung des Denkmals sind durchaus neu. Der Bildhauer Alwin Voelkel verlässt in seiner Schöpfung den traditionellen Weg der Kriegerdenkmalplastik.«[98] Der expressionistische Stil dient hier als adäquates Mittel, eine Explosion darzustellen.[99] Doch wird auch ein anderer Zusammenhang sichtbar. Die Bronzereliefs »lassen mit Recht und Absicht auch die Mitarbeit des einfachen Arbeiters und der Arbeiterin erkennen, die oft mit vorbildlichem Eifer, voller Verantwortung und im Bewußtsein des Wertes ihrer Arbeit für die kämpfenden Brüder an der Front ihre schwere, zum Teil gefährliche Arbeit ausübten«, hieß es in der Festschrift zur Einweihung des Denkmals. Damit war es nicht nur ein Krieger-, sondern auch ein Arbeiterdenkmal. Diese Kombination kann als Ausnahme in einer Zeit gelten, in der sich durch die Dolchstoßlegende eine immer größere Kluft zwischen den Kriegserinnerungen der Frontsoldaten und denjenigen der Heimatfront bildete. Sozialistische Agitation, Streiks und Sabotage wurden von der militärischen Führung und der politischen Rechten für den Zusammenbruch des Heeres verantwortlich gemacht. Das Feuerwerker-Denkmal versöhnte in diesem Sinne die Frontsoldaten und die Arbeiter der Heimatfront. Vielleicht war die Wahl einer modernen Form ein Beitrag dazu.

Auf dem Jüdischer Friedhof Weißensee stellte Alexander Beer[100] im Auftrag der Jüdischen Gemeinde Berlin 1924 das Ehrenfeld für die gefallenen Gemeindemitglieder fertig (s. Abb. 18, S. 85). Umschlossen von einer Mauer liegt ein terrassiertes Ehrenfeld mit einfachen Soldaten-Reihengräbern am Ende der zentralen Wegeachse des Friedhofs.[101] Das Feld ist 49 m breit und 90 m lang, es beherbergt 372 Soldatengräber mit gleichförmigen, niedrigen Namenssteinen und wird von einer zwei Meter hohen Mauer aus Rüdersdorfer Kalksteinen umschlossen. Nur die Gemeindemitglieder, die in Berliner Lazaretten gestorben waren oder aus dem Ausland überführt werden konnten, sind hier begraben. Insgesamt zählte die Berliner Gemeinde ca. 3.500 Gefallene.[102] Ursprünglich war eine Gedenkhalle für alle 12.000 deutschen Gefallenen jü-

---

97 Erwähnt bei Borchert, S. 54.
98 *Münchner Neueste Nachrichten* 9.9.1925.
99 Das Motiv explodierender Granaten findet sich auch bei anderen Denkmälern wie dem des Reserve-Feldartillerie-Regiments Nr. 44 in Jüterbog und des Westf. Feldart.-Regiments Nr. 7 in Düsseldorf. Erwähnt bei Lurz, Bd. IV, S. 214 und S. 211.
100 Alexander Beer (1873–1944), Regierungsbaurat in Mainz, Leiter des Bauamtes der jüdischen Gemeinde Berlin. Wichtigste Arbeit: die moderne Synagoge in der Prinzregentenstr. von 1928–30. Vor seiner Deportation ins KZ Theresienstadt wurde er gezwungen, den Abriss der Synagoge zu leiten.
101 *Deutsche Bauzeitung*, 58. Jg., 9.8.1924, S. 397-401.
102 Michael Brocke, Ekkehard Ruthenberg, Kai Uwe Schulenberg, Stein und Name. Die jüdischen Friedhöfe in Ostdeutschland, Berlin 1994, S. 160 f.

Abb. 18: Altar des Ehrenfeldes auf dem Friedhof Weissensee von Alexander Beer, 1927

dischen Glaubens geplant. In der Mitte der Anlage wurde 1927 ein Natursteinaltar von 3 m Höhe und 1,90 m Breite und Tiefe mit der stilisierten Darstellung eines ruhenden Löwen eingefügt.[103] Vor der Fertigstellung des Steins mit dem Löwen fanden die Gedenkfeiern vor der Sockelplatte statt, auf die Kränze gelegt wurden, wie ein Bild von der Gedenkfeier des Reichsbundes jüdischer Frontsoldaten (RjF) im September 1926 zeigte.[104] Der Löwe verkörpert gemäß Jakobs biblischer Weissagung das Volk Juda.[105] Die Inschrift »Ihren im Weltkrieg gefallenen Söhnen/die jüdische Gemeinde zu Berlin« steht, versehen mit einem Davidstern, auf der Vorderseite. Auf der Rückseite ist zu lesen: »Diesen Schild widmet der Reichsbund jüdischer Frontsoldaten – Ortsgruppe Berlin – seinen gefallenen Kameraden.« Auf der Schmalseite steht in hebräischen Buchstaben: »Mächtig wie der Tod ist die Liebe«. Die Einweihung des Steins fand am 27. Juni 1927 statt.[106] An der Feier nahmen teil: Vertreter des Reichwehrministeriums, der Marine- und Heeresleitung, des Wehrkreiskommandos, des Ministeriums für Wissenschaft, Kunst und Volksbildung, des Reichstags- und Landtagspräsidiums, des Polizeipräsidiums, Stadträte und Vertreter von Kyffhäuserbund, Landeskriegerbund und Reichsbanner, jüdische Studentenverbindungen, Sportvereine und der RjF in einer Stärke von 800 Mann. Der RjF brachte sein Wappen, den Schild, an der Rückseite des Denkmals an. Gemeinderabbiner Leo Baeck und RjF-Vorsitzender London hielten die Ansprachen und stellten die bittere Frage: »Wir haben mit unseren nichtjüdischen Kameraden im Felde zusammengestanden, warum können wir nicht mit ihnen zusammenleben in Frieden und Eintracht? Warum sollen wir Treulosigkeit gegen uns erdulden?«[107]

Der Bau von Ehrenmälern und die Gedenkfeierlichkeiten folgten meistens dem Wunsch nach Gleichheit und Gleichberechtigung der jüdischen Opfer des Krieges, die doch geholfen hatten, »Deutschland am Leben zu erhalten« und »die deutsche Seele zu retten.«[108] Die Denkmäler des RjF, die Max Osborn 1925 vorstellte, seien in Form und Inhalt von bescheidener und würdiger Schlichtheit, »von Pathos und Ruhmrederei frei, gerade in der künstlerischen Einfachheit« ihre ernste Wirkung suchend.[109] Es wurde sogar darüber diskutiert, ob auf den jüdischen Gefallenenfeiern Offiziersuniformen angebracht seien, die doch nur das Trennende und Hierarchische betonten: »Ich weiß was man mir entgegen wird: Wir Juden müssen den anderen be-

---

103 *Deutsche Bauzeitung*, 61. Jg., 17.8.1927.
104 Photo in der *Illustrierten Reichsbanner-Zeitung* Nr. 38, 18.9.1926, S. 597.
105 1. Mose 49, 9 und 10.
106 Der Vorstand der Jüdischen Gemeinde im Einladungsschreiben an den Preuß. Innenminister, 10.6.1927. Der Polizeivizepräsident Weiß vertrat den Minister bei der Feier, in: GStA PK I. HA, Rep. 77, Tit. 1215, Nr. 3d. Vgl *Illustrierte Reichsbanner Zeitung* Nr. 28, 9.7.1927, S. 445.
107 *Der Schild. Zeitschrift des RjF*, Berlin, Nr. 26, 4.7.1927, S. 197 f.
108 *Der Schild*, Nr. 26, 4.7.1927, S. 198.
109 Max Osborn, Ehrendenkmäler jüdischer Frontkämpfer in Wanne-Eickel, Rheydt, Trier, Dortmund, Würzburg, Königsberg, in: *Der Schild*, Nr. 6, 15.3.1925, S. 118 f.

weisen, dass wir auch Offiziere waren. Wem, bitte, will man das beweisen? Etwa den wenigen Abordnungen von Vereinen oder Vertretern der Behörden, die zu einer jüdischen Feier erscheinen?«[110]

Der Bau des Denkmals und die Aktivitäten des Reichsbundes waren angesichts des wachsenden Antisemitismus der Kriegs- und Nachkriegszeit sehr wichtig. Immer wieder hatten Antisemiten behauptet, die deutschen Juden hätten sich vor dem Armeedienst und dem Fronteinsatz gedrückt. Um diese Vorurteile zu bestätigen und innenpolitisch zu instrumentalisieren, hatte das Kriegsministerium schon während des Krieges, am 11. Oktober 1916, per Erlass eine »Judenzählung« in der Armee durchgeführt.[111] All diejenigen Soldaten, die geglaubt hatten, sich durch Patriotismus und Kriegsdienst vollends emanzipieren zu können, wurden so brüskiert.[112] Als das gewünschte Resultat ausblieb, kamen die Ergebnisse unter Verschluss: Es hatte sich gezeigt, dass die deutschen Juden einen überdurchschnittlich hohen Kriegseinsatz leisteten. In der Nachkriegszeit trat der RjF entsprechenden Verleumdungen entgegen[113] und griff auch bei Verfolgungen mit Selbstschutzgruppen helfend ein, so etwa beim Kapp-Putsch im März 1920 und beim Berliner Scheunenviertel-Pogrom im November 1923.[114]

Die republikanische Presse kommentierte das Denkmal wohlwollend als »monumental« und »geschmackvoll ausgeführt.« Allerdings wurde die Absage des Chefs der Heeresleitung bemerkt[115] und festgestellt: »Daß die schwarz-weiß-roten Farben nur allzu zahlreich vertreten waren, ist wohl auf die Zusammensetzung der Geladenen zurückzuführen. Weniger wäre in dieser Hinsicht mehr gewesen«, spielte der *Vorwärts* auf die Präsenz zahlreicher Kriegervereine an.[116]

---

110 *Der Schild*, Nr. 6, 15.3.1925, S. 120.
111 Avraham Barkai, »Wehr Dich«. Der Centralverein deutscher Staatsbürger jüdischen Glaubens (C.V.) 1893–1938, München 2002, S. 55: Der C.V. hatte die deutschen Juden am 1. August 1914 aufgerufen, »über das Maß der Pflicht hinaus Eure Kräfte dem Vaterlande zu widmen. Eilet freiwillig zu den Fahnen.« Für die berüchtigte Judenzählung nahm das Kriegsministerium eine Forderung des Zentrumspolitikers M. Erzberger auf, der im Oktober 1916 eine »Aufschlüsselung der in den Kriegsgesellschaften tätigen Personen u.a. nach Religion« gefordert hatte. Nach Barkai, S. 59.
112 Im ersten Aufruf zur Gründung des RjF im Januar 1919 wurde diese Verleumdung zum Anlass für den »Kampf um unsere Ehre und unser Recht als Deutsche und Juden« genommen, abgedruckt bei Ulrich Dunker, Der Reichsbund jüdischer Frontsoldaten 1919–38. Geschichte eines jüdischen Abwehrvereins, Düsseldorf 1977, S. 186.
113 *Abwehrblätter des Vereins zur Abwehr des Antisemitismus*, Berlin, Auflage 1931: 25.000; Zeitschrift *Der nationale Jude*, Berlin, Auflage 1931: 6.000; *Der Schild*, Berlin, Auflage 1931: 9.000; RjF (Hrsg.), Die jüdischen Gefallenen des deutschen Heeres, der deutschen Marine und der deutschen Schutztruppen 1914–1918, Berlin 1932; RjF (Hrsg.), Kriegsbriefe gefallener deutscher Juden, Berlin 1935.
114 Ulrich Dunker, Der Reichsbund jüdischer Frontsoldaten, 1977, S. 52 ff.
115 *Berliner Tageblatt* 27.6.1927 (abends).
116 *Vorwärts* 28.6.1927 (morgens).

5. Tendenzen: Heroisierung und Monumentalisierung

»Man wünscht eben ganz allgemein bei der Erinnerungsfeier und angesichts eines Gefallenendenkmals Befreiung durch idealisierte Vorstellung«, hieß es 1930 im *Kunstblatt* in einer Besprechung von Kriegerdenkmälern.[117] Um der Größe des Opfers gerecht zu werden und um seinem Werk Erhabenheit und Glaubwürdigkeit zu verleihen, müsse der Künstler einen existenziellen Kampf nachvollziehen: »Das Heldische muß aus dem Reichtum des Gestaltens, oft unter ungeheurem Ringen herausgeboren werden. Aber nichts wird geboren aus unfruchtbaren Leibern. Das ist der Fluch eines übergroßen Teils unserer modernen Kunstwerke.«[118]

Die figürliche Plastik im Kriegerdenkmalsbau hatte stets einen unversehrten Soldatenkörper zu zeigen, selbst bei den Pietàgruppen und Darstellungen aufgebahrter und sterbender Soldaten waren die Körper immer vollständig und ansehnlich. Invaliden und Versehrte waren nie auf einem Denkmalssockel zu sehen. Eine Ausnahme stellten Denkmäler für Kriegsblinde dar, wie etwa das Denkmal in den Parkanlagen am Fichtenberg in Steglitz. Wie stark diese Fixierung der Auftraggeber der Denkmäler auf eine heroische Körperdarstellung war, zeigt die Debatte um Josef Limburgs Entwurf für ein »Ehrenmal für das deutsche Kriegspferd.«[119] Ein Kritiker des Entwurfes schrieb: »Nun hat der Künstler auf das Postament ein Pferd im Zustand völliger Erschöpfung und Entkräftung gestellt. Ein unglückliches, bis zum Skelett abgemagertes Tier [...]. Das ist kein denkwürdiges Symbol unseres treuen Freundes im Kriege. Dort oben auf den Sockel gehört ein Pferd in voller Kraft und stolzer Schönheit.«[120] Das Denkmal fand in Berlin keinen Platz; die Presse sprach von einem bevorstehenden »künstlerischen Attentat«: »Der Entwurf ist in allen Proportionen so verfehlt, ist als Brunnen so unmöglich, dass sich eine Diskussion der bildhauerischen Einzelheiten erledigt«; dem »traurigen Tafelaufsatz, für den jetzt eine eifrige Werbetätigkeit entfaltet wird«, wurde damit eine Absage erteilt.[121] Das Denkmal wurde schließlich in Hannover aufgestellt. Die *Weltbühne* kommentierte: »Wenn man schon die gefallenen Kriegspferde durch ein Denkmal ehrt, ist es doch nur eine Frage der Zeit, dass man

---

117 Georg Kutzke, Das Denkmal des Füsilier-Reg.Nr. 39. Aus dem Preisausschreiben über die beste Kunstkritik, Rubrik Laienkritik, in: *Das Kunstblatt* Heft 6, 1930, S. 178 ff.
118 August Jaspert, Benno Elkan. Den Opfern. Aus dem Preisausschreiben über die beste Kunstkritik, Rubrik Laienkritik, in: *Das Kunstblatt* Heft 6, 1930, S. 178 ff.
119 »Auf Anregung des Nationalverbandes Deutscher Offiziere soll das Denkmal [...] auf einem öffentlichen Gartenplatz in Berlin in Form eines Brunnens aufgestellt werden. Spenden erbeten an [...]«. Abgedruckt in: *Militärwochenblatt* 4.6.1925, S. 1425.
120 Gen. der Kavall. von Poseck, in: *Militärwochenblatt* 18.3.1931, S. 1368. Die Pferdeplastik sollte auf einem Brunnen stehen, dessen Reliefs »die Taten des Pferdes im Kriege« zeigen. Die Inschrift lautete »Des deutschen Volkes und seiner Frontkämpfer Dank für die Arbeitsleistung seiner Pferde im Weltkrieg«.
121 Undatierter Pressebericht Ende der 1920er-Jahre, ZA SMPK, Künstlerdokumentation Limburg.

konsequent weiter geht und auch ein Denkmal für die nicht gefallenen Kriegsesel errichtet. Wo? Wir schlagen München als geeigneten Ort vor.«[122]

Hingegen befand sich im Berliner Zoo ein Blindenhund-Denkmal, auch genannt »Denkmal des Kriegshundes.« Die Bronzeplastik eines Schäferhundes stand seit 1931 auf einem Natursteinsockel vor der Fasanerie. Der Sockel trug die Aufschrift »Ihrem getreuen Führer. Die dankbaren Blinden Berlins.«[123] Die Verehrung des Kriegshundes scheint ein internationales Phänomen gewesen zu sein. Die *Illustrierte Reichsbanner Zeitung* berichtete 1927: »Die Leiche eines amerikanischen Kriegshundes, der im Rang eines Majors stand und viele Orden besaß, wird mit dem Flugzeug an den Begräbnisplatz gebracht.« Das Photo zeigt Sargträger, die den blumengeschmückten Katafalk durch ein Ehrenspalier tragen.[124]

Die Brieftaubenvereine Berlins planten 1932 ein »Denkmal für die Kriegsbrieftaube«, das sie der Stadt Berlin zur Aufstellung an einem öffentlichen Platz schenken wollten. Vor dem mit Tauben bekrönten Granitblock sollten zwei Figuren stehen: »Ein Werkmann, um die Brieftaubenzucht als Sport des kleinen Mannes zu charakterisieren. Auf der Gegenseite lässt ein im zerschossenen Schützengraben stehender Feldgrauer eine Brieftaube auffliegen, in höchster Not.«[125]

Als besonderes heroisches Objekt soll noch das Kraftfahrerdenkmal in Potsdam erwähnt werden. Hier stand nicht ein Mensch oder ein Tier auf dem Sockel: »Auf einem monumentalen Sockel, der die Wucht des gesamten Kraftfahrwesens darstellen will, steht ein sich aufbäumender Kampfwagen als Verkörperung der Höchstleistungen der Kraftfahrtruppe.« Auf dem vier Meter hohen Steinsockel befanden sich weitere Darstellungen von Fahrzeugen.[126] Neu war diese Idee für das 1931 erbaute Denkmal jedoch nicht: So schuf Michel de Tarnowsky 1920 das Bronzemodell eines Panzerdenkmals »Triumph der Humanität«. Der Entwurf für ein Siegerdenkmal in London zeigte einen Panzer, der, begleitet von einer geflügelten Viktoria, Waffen, Pferde und Soldaten unter sich zermalmt.[127] Nach 1945 verbreiten sich die Panzerdenkmäler. Die Rote Armee errichtete eines im Tiergarten, ein anderes an der Autobahn nach Potsdam.

---

122 Lothar Deimling reagierte auf den Aufruf des *Nationalverbandes Deutscher Offiziere* in der *Neuen Preuß. Kreuzzeitung* vom 21.3.1925, in: *Die Weltbühne,* 1925 Bd. I, Nr. 14, S. 527.
123 Einweihung am 20.5.1931, *Berliner Lokal Anzeiger* 20.5.1931.
124 *Illustrierte Reichsbanner Zeitung* Nr. 6, 5.2.1927, S. 85.
125 Entwurf vom Ing. Max Rühl, in: *Militärwochenblatt* 4.8.1932, S. 171.
126 Architekt war Fritz Ebhardt. Die Einweihung fand am 7.6.1931 in Form einer PKW/Krad-Sternfahrt statt. *Nachrichtenblatt für die ehemaligen Angehörigen der Kraftfahrtruppen,* Berlin Nr. 135 1.6.1931, S. 141. Vgl. auch das Denkmal des Feldartillerie-Regiments Nr. 82 in Lötzen: Hier stand eine Kanone auf dem Steinsockel.
127 Objekt in der Ausstellung »Idee Europa«, Deutsches Historisches Museum, Berlin 2003.

Der Weg vom figürlichen zum architektonischen Denkmal

Mit dem Übergang vom wilhelminischen Neubarock eines Reinhold Begas zum Neoklassizismus Louis Tuaillons hatte im Berliner Denkmalsbau schon vor 1914 eine Entwicklung hin zu ruhigeren, klareren Formen in der Plastik begonnen. Expressionistische und kubistische Tendenzen der Nachkriegszeit brachten weitere Vereinfachungen, bis sich Mitte der 1920er-Jahre wieder eine klassische, »sachliche« Tendenz neben archaischen Arbeiten etablierte. Der Prozess einer fortschreitenden Abstraktion zielte jedoch auf die Überwindung der figürlichen Darstellung. Im Laufe der 1920er-Jahre verloren Figuren ihre übergeordnete Rolle im Denkmalsbau, die sie im 19. Jahrhundert gespielt hatten. Dies hing auch damit zusammen, dass im 20. Jahrhundert Personendenkmäler von Denkmälern für abstrakte Begriffe und Ideen verdrängt wurden. Statt Monarchen, Künstlern und verdienten Bürgern wurde nun die Nation verehrt, die Gefallenen in summa, die Revolution oder die Opferbereitschaft an sich.

Ein Beispiel für eine »veraltete« Denkmalsgestaltung lieferte 1930 Otto Schulz im Innenhof des ehemaligen Heereswaffenamtes in der Jebenstraße am Bahnhof Zoo. Dort errichtete er eine vergoldete Zinkgußfigur der hl. Barbara.[128] Die klassizistische Viktoriendarstellung mit Granate in der linken und (entferntem) Lorbeerzweig in der rechten Hand passt eher ins 19. Jahrhundert und erinnert an die Siegessäulen jener Zeit. Vielleicht wurde auch ein älterer Entwurf bzw. eine Replik verwendet.

Allegorien und idealisierte figurative Denkmalstypen waren seit dem Krieg häufig der Kritik ausgesetzt. Der Bildhauer William Wauer forderte 1927 für eine neue Friedhofs- und Denkmalskunst einfachste Symbolik: »Aus schlecht angewandter Kenntnis der Mythologie geriet man teilweise in eine Allegorienwirtschaft hinein, die ebenso anmaßend wie nichtssagend ist, eine Schauspielerei in Stein und Metall. Auch der Aufbau der Denkmäler ist oftmals in eine gewisse Tafelaufsatzplastik mehr und mehr hineingeglitten. Manche glaubten schon mit der Vergrößerung allein monumentale Wirkung erreichen zu können.« Ein Denkmal müsse den Zufälligkeiten der Außenwelt gegenüber seine Würde bewahren, um nicht der Gefahr einer komischen Wirkung ausgesetzt zu sein. Das moderne Denkmal sollte daher den Charakter eines architektonischen Gebildes haben, »durch dessen Form kein Material kompromittiert werden kann.«[129]

Bereits im Krieg verblasste die Denkmalsgestaltung des 19. Jahrhunderts. Sie wurde als unmodern und unernst empfunden. Dem Massensterben der Soldaten durch

---

128 Die 1,25 m hohe Darstellung der Schutzpatronin der Artillerie steht auf einem 1,30 m hohen Steinsockel und wird von einer niedrigen Werksteinbank umfriedet. Der Rundpfeiler trägt ein Eisernes Kreuz und die Inschrift: »Zum Gedächtnis/der im Weltkriege/1914–1918/Gefallenen der/Artillerie-/Prüfungskommission.
Vgl. die Barbara-Darstellung auf Hosaeus' schildförmigem »Denkmal des Westpreußischen Fußartillerie-Regiments Nr. 11«. Die Reliefarbeit zeigt eine blitzeschleudernde, wolkenzerteilende Frauengestalt auf einer fliegenden Kugel.
129 *Das Kunstblatt* Nr. 8/1927, S. 170 ff.

die moderne Technik sollte eine schlichte Form der Totenehrung folgen; Normen für Denkmäler und Friedhöfe sollten ein einheitliches und würdevolles Erscheinungsbild der Gräber sichern.[130] Franz Schwechten, Präsident der Königlichen Akademie der Künste, warnte 1915 vor den »Geschmacksverwüstungen« fabrikmäßig hergestellter Kriegerdenkmäler und forderte angesichts der Produktion zahlreicher Nagelstandbilder durch »betriebsame, künstlerisch untergeordnete Kräfte« gesetzliche Bestimmungen zur Jurierung öffentlicher Denkmäler.[131] Die Magistrate des Kreises wurden 1915 vor künstlerisch minderwertigen Kriegerdenkmälern, die seitens geschäftlich interessierter Persönlichkeiten angeboten würden, gewarnt: »Es handelt sich um rein fabrikmäßig hergestellte Waren, die lediglich unter Ausnutzung der Unerfahrenheit oder der Opferwilligkeit an den Markt gebracht werden.« Um die Gefährdung künstlerischer und wirtschaftlicher Interessen zu vermeiden, seien in Denkmalangelegenheiten anerkannte Künstler und Vertreter der Denkmal- und Heimatpflege einzuschalten.[132]

Repräsentative und künstlerisch anspruchsvolle Kriegerdenkmäler entstanden in den 1920er und 1930er-Jahren immer häufiger als abstrakte Architektursymbole, als sorgsam konstruierte räumliche Gebilde mit vereinfachten Formen. Die Denkmäler für Schlageter, zur Erinnerung an Tannenberg sowie die Langemarck-Halle und die Neue Wache stehen dafür. Plastische Werke galten nun nicht mehr in gleichem Maße als »überpersönliche Symbole« wie Raum und abstrakte architektonische Formen.[133] Zwar waren in diesen Anlagen durchaus noch Plastiken integriert, doch fungierten sie nicht mehr als zentrale Kultobjekte. An die Stelle der »götzenhaften« Figur trat die Raumsituation, deren Anlage sich auf die erwartete Rezeption ausrichtete.

Das Tannenberg-Monument erscheint in doppelter Hinsicht als Raumdenkmal, bildete es doch in Form einer mittelalterlichen Burg die psychogeographische Situati-

---

130 Theodor Fischer geißelte bei der Denkmalsplastik »unkünstlerische Spielereien durch die Kupplung Denkmal-Brunnen« und den »Unsinn von Begleitfiguren« allegorischer und pathetischer Natur, die die Hauptfigur »salzsäulenhaft« erstarren lassen, in: Bund deutscher Gelehrter unter Mitwirkung der amtlichen deutschen Beratungsstelle für Kriegerehrungen (Hrsg.), *Kriegerehrungen*, Nr. 8, 1918, S. 84 f. Ab 1.10.1917 war in der Berliner Kunstgewerbeschule eine Dauerausstellung »Kriegerehrungen« mit Freiplastiken, Grabsteinen und Bildmaterial zu sehen.
131 Der Präsident der Königlichen Akademie der Künste an den Preuß. Minister für Unterrichtsangelegenheiten, 9.11.1915. Schwechten warnte vor weiteren, »minderwertigen« Produktionen des Schöpfers des »Eisernen Hindenburgs«, Marschall. Die Übertragung eines alten Handwerksbrauches bei der Nagelung von Bildwerken zu wohltätigen Zwecken sei besonders bedenklich, wenn Figuren in einfacher Form benagelt würden. »Den Gipfel dieser Geschmacklosigkeit zu erreichen, war Berlin beschieden, wo Feldmarschall Hindenburg als reine Portraitfigur, noch dazu in einer künstlerisch unter aller Kritik stehenden Ausführung mit Nägeln gespickt wird.« In: GStA PK I. HA, Rep. 77, Tit. 1215, Nr. 3d, Bd. 1.
132 Der Minister der geistlichen und Unterrichtsangelegenheiten an die Magistrate und Gemeindevorsteher des Kreises Z.: B Nr. 2240 1. U.IV., 21.12.1915, in: LA Berlin A Rep. 43-05-03 Bezirksverwaltung Tempelhof Nr. 15.
133 Sabine Behrenbeck, der Kult um die toten Helden. Nationalsozialistische Mythen, Riten und Symbole 1923–45, Vierow b. Greifswald 1996, S. 424 ff.

on der Deutschen im Osten ab. Die Burg verkörperte die Belagerungsmentalität »in unserer rings vom Slaventum umbrandeten Ostmark«.[134]

Die schlicht, leer und »unmenschlich« proportionierten Räume, hier wäre vor allem an Mies van der Rohes Entwurf aus dem Jahr 1930 für die Neue Wache zu denken, konnten aber nur »funktionieren«, wenn sich der Besucher bereits in einer feierlichen Grundstimmung befand. Diese konnte durch entsprechende Rituale und kollektive Besuche erzeugt werden. So lässt sich parallel zur religiösen Sphäre eine Tendenz zur Sakralisierung des öffentlichen Raumes beobachten.

Im Falle des in Mitteldeutschland geplanten Reichsehrenmals sollte ein Teil der natürlichen Waldlandschaft, des Naturraumes zum »heiligen Bezirk« gemacht werden. Kriegerdenkmäler erscheinen nun als Kultarchitektur mit Prozessionsstraßen, Aufmarschplätzen, Versammlungsstätten. Heraldische Elemente wie aufragende Stelen, Blöcke, Fahnenstangen, in die Wände eingelassene Konsolen und gerahmte Flächen unterstützten die kultische Wirkung, die manchmal gerade durch die Unbestimmtheit des Inhalts und das Fehlen der Symbole verstärkt wurde. Innerhalb dieser Anlagen markierten Stufen, Schwellen und Tore den Übergang in »heilige Bereiche«, in deren Mitte oft ein altarähnlicher Block stand.

Eine weitere räumliche Ausdehnung der sakralen Zone lässt sich bei den Massen-Aufmarschplätzen der Nationalsozialisten erkennen. Hier wurde die unübersehbare, geordnete Menschenmenge auf dem Aufmarschplatz selbst zum Mittelpunkt. Die umgebende Architektur und Dekoration hat in ihrer neutralen Monumentalität, den endlosen Reihungen von Zeichen, Fahnen, Blöcken, Türmen etc., die Funktion, die heilige Zone von der profanen Umgebung abzugrenzen. Demnach lassen sich auch das Nürnberger Zeppelinfeld oder der Berliner Lustgarten als »Mutationen des Denkmals« bezeichnen.[135]

Denkmäler und Feiern im Dienst der Republik

Adolf Behne schrieb kurz nach dem Krieg: »Ewig werden wir die Opfer beklagen, die nicht für das Vaterland, sondern für den Unverstand gefallen sind. Es darf keine Rede davon sein, daß wir die Vorstellung von Helden und Kriegern verewigen.« Er wandte sich gegen die »kommandierte Typik des heroisierten Kriegsgrabes«, wie sie der *Werkbund* vorschlug, und forderte, die Gefallenen »unter Verzicht auf alle Emblematik vergänglicher Kriegskunst so würdig und innig zu bestatten, wie es unserer reinmenschlichen Liebe zu ihnen entspricht.«[136]

---

134 *Nachrichtenblatt des Reichs-Offizier-Bundes*, Berlin Nr. 8/1927, S. 1.
135 Frank-Berthold Raith, Der Heroische Stil, Berlin 1997, S. 57.
136 Adolf Behne, Kriegsgräber, in: *Sozialistische Monatshefte*, 24.3.1919, S. 307 ff.

National- und Kriegerdenkmäler des 19. Jahrhunderts gehörten »zu den abzutragenden Formen«[137], die überkommene Heraldik der Reichs- und Machtsymbole sei nach den Erfahrungen des Weltkriegs heute nichtssagend.[138] W. Ackermann urteilte in der *Weltbühne* anlässlich der Debatte um ein Reichsehrenmal: »Denkmäler sind immer Kampfmittel der herrschenden Klasse«; und er forderte stattdessen eine bessere Versorgung der Kriegsopfer.[139] Die *Welt am Abend* schrieb 1927: »Millionen über Millionen sind in Deutschland nutzlos für Krieger- und Schlachtengedenksteine vergeudet, die in Wirklichkeit nur den Kriegervereinen eine Staffage zum fröhlichen Stechschritt und zu Saufgelagen abgeben.«[140]

Nachdem die Umgestaltung der Neuen Wache zum Kriegerehrenmal beschlossen worden war, richtete sich Ernst Kállai in der *Weltbühne* gegen jede Form von Ästhetisierung des Gedenkens: »Jedes Pantheon der Kriegsgefallenen bleibt mehr oder minder fromme Pose, wenn es nicht zugleich auch eine Schreckenskammer ist von restlos enthüllender Anschaulichkeit aller Kehrseiten der großen Kriegsmedaille.«[141]

Während Kommunisten und Pazifisten, abgesehen von Denkmälern für revolutionäre Kämpfer und Bürgerkriegsopfer, keine Kriegerdenkmäler errichten ließen, haben Sozialdemokraten in der Gestaltung der Kriegerdenkmäler und in den sie umrahmenden Ritualen erhebliche Anstrengungen unternommen. Es gab dabei aber keine Tendenz zur Ästhetisierung des Kriegserlebnisses; eine nüchterne, empirische Auffassung der Geschichte aus Sicht der Arbeiter und Republikaner dominierte. Ob es sich um Gefallenengedenken, Ehrungen des Reichspräsidenten oder des Verfassungstages handelte: Stets versuchten Sozialdemokraten, einen würdigen formalen Rahmen zu schaffen. In einer Bilanz der Tätigkeit des Reichskunstwartes, dessen Amt 1919 von der Weimarer Nationalversammlung eingerichtet worden war, um der Republik neue Symbole zu erschaffen, hieß es 1927 in der *Illustrierten Reichsbanner Zeitung*: »Ganz wie der selige Avenarius in seiner Zeitschrift ›Kunstwart‹, schien sich auch Herr Dr. Edwin Redslob nur auf Anregungen, auf Geschmackspredigten und lehrsame Warnungen beschränken zu müssen.« Doch die Bilanz könne sich sehen lassen. In Bezug auf die Demokraten von 1848 sei eine Traditionsfahne gewählt worden, der Reichsadler erscheine nun ohne monarchische Insignien. Die jährlichen Totengedenkfeiern und Verfassungstage, Eberts Begräbnis und Hindenburgs Amtseinführung seien von Redslob mustergültig inszeniert worden: »Aus dem Geist unserer Zeit, die äußerem Gepränge abhold ist, schuf er allen diesen Kundgebungen mit einfachsten Mitteln würdige Umrahmung.«[142]

---

137 Adolf Behne, *Sozialistische Monatshefte*, 1.11.1920, S. 990.
138 Adolf Behne, *Sozialistische Monatshefte*, 14.8.1922, S. 759.
139 *Die Weltbühne*, 1926 Bd. II, Nr. 35, S. 352.
140 *Welt am Abend* 5.10.1927.
141 Ernst Kállai, Ehrenmal-Grauenmal, in: *Die Weltbühne*, 1930 Bd. II, S. 284 ff.
142 Max Ludwig, *Illustrierte Reichsbanner Zeitung* Nr. 18, 30.4.1927, S. 283.

Auch überwiegend positiv wurde die offizielle Feier zum 10. Jahrestag des Kriegsbeginns im Reichstag aufgenommen Sie vereinte unter Redslobs Regie Gestaltungsmittel aus dem militärischen, politischen und kirchlichen Bereich. Besonderen Wert legte der Reichskunstwart auf die Künste als vermittelndes Medium zwischen Volk und Regierung, ein Heldenkult lag ihm fern.[143]

Der 10. Jahrestag der Weimarer Verfassung wurde durch eine Vorführung von 9.000 Berliner Schulkindern gefeiert, die je zu einem Drittel in Schwarz, Rot und Gold/Gelb gekleidet, im Stadion in Grunewald eine riesige Reichsflagge bildeten. Nach Redslobs Dramaturgie sollte sich zunächst eine Arbeiterkolonne auf dem Rasen erfolglos bemühen, mit goldenen Stangen einen Fahnenmast zusammenzusetzen. Die massenhaft herbeiströmenden Kinder sollten Ihnen dabei helfen und schließlich die Farbflächen der Flagge ausfüllen. Für die zwei Monate vor der Feier beginnenden Proben der Bewegungschöre bat Redslob um Polizeischutz.[144]

Bei den Kriegerdenkmälern, die von Sozialdemokraten in Auftrag gegeben wurden, handelte es sich um vergleichsweise bescheidene Anlagen. Das ästhetische Kriterium der Schlichtheit, das in allen politischen Lagern nach 1918 kanonisch wurde, ergänzte sich mit den bescheidenen Mitteln, die zur Verfügung standen. Die Denkmäler vieler Kriegervereine fielen weit prächtiger aus, da ihnen entweder potente Geldgeber nahestanden oder sie in jahrelanger Arbeit mit zu diesem Zweck gegründeten Organisationen Geld sammelten. Zudem wurde auf der linken Seite des politischen Spektrums statt Denkmalsbauten Hilfe für Hinterbliebene und Invaliden favorisiert, was Zurückhaltung in finanzieller und gestalterischer Hinsicht erforderte. Überdies war eine Orientierungslosigkeit vieler Sozialisten (und Republikaner) über die dem Kriegsgeschehen angemessene Symbolsprache unverkennbar.[145] Während die monarchistischen Kriegervereine eine kraftvolle, scheinbar konsequente, rückwärts gewandete Vision in ihrer Festkultur entwickelten, bestand das Dilemma des republikanischen Kriegergedenkens in der Unmöglichkeit, ein einheits- und identitätsstiftendes Gedenken zu schaffen, denn die militärische Niederlage war mit dem politischen Systemwechsel untrennbar verbunden.

Die Frage nach den stilistischen Präferenzen der verschiedenen politischen Lager wird von der Frage der jeweils zur Verfügung stehenden Mittel durchkreuzt. Oft waren nur billigste Lösungen wie Findlinge, einfache Grabsteine, Stelen und Quader

---

143 In seinen Vorüberlegungen zu dieser Feier wollte er Werke gefallener Künstler im Berliner Dom zu »heiligen Zeichen« erheben und altaraitig präsentieren. Dies sollte, unter Einbeziehung der lokalen Kriegerdenkmäler, für Feiern im ganzen Reich vorbildhaft werden. Behrenbeck, Der Kult um die toten Helden, S. 284 ff.

144 Aktennotiz Kommando Schupo Abt. 1a Nr. 2148/29 11.6.1929, in: LA Berlin A Pr. Br. Rep. 30, Titel 89-90, Nr. 7531.

145 Benjamin Ziemann, Republikanische Kriegserinnerungen in einer polarisierten Öffentlichkeit. Das Reichsbanner als Veteranenverband der sozialistischen Arbeiterschaft, in: HZ 267, 1998, S. 357-398, hier: S. 384 ff.

möglich. Zudem war ein konventioneller Kunstgeschmack sowohl im rechten Lager als auch auf Seiten der Arbeiterbewegung verankert, hatten sich die Sozialdemokraten doch jahrzehntelang um die Adaption des bürgerlichen Kulturerbes bemüht.

Dies wurde auch 1928 in der Diskussion um Georg Kolbes Entwurf für einen Rathenau-Brunnen deutlich. Kolbe hatte eine abstrakte Plastik, eine auf die Spitze gestellte Bronzeschraube, in deren Gewinde das Wasser hinablaufen sollte, konzipiert. Nur zwei kleine Bronzetafeln mit den Bildnissen Emil und Walter Rathenaus sollten auf die Namensgeber hinweisen. Laut Kolbe war die Gesamtberliner Kunstdeputation überrascht, dass kein figürlicher Entwurf vorliegt, und habe Kolbes vorliegenden Entwurf zunächst einstimmig abgelehnt. Durch zähe Überzeugungsarbeit wurde das Denkmal im Volkspark Rehberge im Wedding »nach eineinhalbjährigem Hängen und Würgen« genehmigt.[146] 1931 schändeten die Nazis das Denkmal mit der Aufschrift »Der Judenrepublik gewidmet.«

Die große Masse der Kriegerdenkmäler und Gedenksteine wurden von Findlingen und einfachsten Steinformen gebildet, unabhängig von der politischen Ausrichtung der Auftraggeber. Doch insgesamt waren moderne, kubistische und expressionistische Formen weit häufiger von linken und demokratischen Auftraggebern gewählt worden als von monarchistischen und konservativen. Das wichtigste Gefallenenehrenmal der Sozialdemokraten, das Einzelgrab des Reichstagsabgeordneten Frank, wies kubistische Formen auf.

Nach Eberts Tod versuchten die Sozialdemokraten, durch eine Welle von Friedrich-Ebert-Denkmälern im öffentlichen Raum Präsenz zu zeigen. Auch hier zeigte sich eine Präferenz für moderne Formen und Baustoffe, Zement und Klinker, so z.B. in Rendsburg, wo ein 10 m hohes Klinkerprisma, umgeben von gekippten Blöcken, errichtet worden war[147], oder in Meerane, wo das Friedrich-Ebert-Denkmal ähnlich dem Mannheimer Frank-Denkmal gestaltet wurde.[148] Schlicht und zeitgemäß wirkte auch das Ebert-Erzberger-Rathenau-Denkmal in Osnabrück.[149]

Walter Gropius' Denkmal der Opfer des Kapp-Putsches in Weimar, gebaut im Auftrag des lokalen Gewerkschaftskartells, steht für einen punktuellen Gleichklang moderner Stilentwicklung und emanzipativer Politik. Das Gleiche trifft auf Mies van der Rohes Revolutionsdenkmal zu. Allerdings kann für die Kommunisten diesbezüglich keine fundierte Aussage getroffen werden, denn die Zahl ihrer Denkmäler war gering. Einiges spricht zudem dafür, dass das Revolutionsdenkmal bei der Parteibasis unbeliebt war.[150]

---

146 *Museum der Gegenwart*, Heft IV 1931, S. 144.
147 *Illustrierte Reichsbannerzeitung*, Nr. 29, 21.7.1928, S. 449.
148 *Illustrierte Reichsbannerzeitung*, Nr. 9, 26.2.1927, S. 139.
149 Vgl. auch das ca. 8m hohe expressionistische Ebert-Rathenau-Erzberger-Weidig-Denkmal in Butzbach. *Illustrierte Reichsbannerzeitung*, Nr. 52, 24.12.1927, S. 832.
150 Fuhrmeister, Materialikonographie, S. 184 f.

Die Entwicklung in der späten Weimarer Republik zeigt, dass die Vorliebe für Abstraktion keinesfalls der linken und demokratischen, die Vorliebe für figürliche Kunst der rechten Seite zugeordnet werden kann. Natürlich ist die Affinität reaktionärer oder nationalistischer Kreise zu den heroischen und idealisierten Soldatenfiguren Hosaeus' und Lederers unverkennbar. Doch bereits mit Clemens Holzmeisters Schlageter-Denkmal und dem Tannenberg-Denkmal wurden expressionistische Formen und abstrakte architektonische Anlagen auch für das rechte Lager akzeptabel, eine Erscheinung, die als »Heroischer Stil« bezeichnet wurde.[151]

---

151 Frank-Berthold Raith, Der Heroische Stil. Architektur als Ausdruck der konservativ-revolutionären Kultur, Berlin 1997.

III. Konflikte um einzelne markante Denkmäler

Im Folgenden geht es um einzelne Denkmäler, die eine besondere Affinität zu einer politischen Richtung oder einem Milieu aufweisen. Berlin wurde deshalb für diese Betrachtung ausgewählt, weil es als hauptstädtische, politische Bühne für alle Parteien und Verbände ein prestigeträchtiger Ort war, an dem symbolpolitische Präsenz unabdingbar war. Dabei steht das Neuköllner *Augustaner-Denkmal* für die monarchistischen Kriegervereine, die *Neue Wache* für das Bestreben, ein republikanisches, staatstragendes Ehrenmal zu errichten. Die Geschichte des Gefallenendenkmals der Berliner Universität öffnet den Blick für die politischen Kämpfe an der Universität und zeigt, wie sich Militarismus und völkischer Nationalismus im akademischen Milieu ausbreiteten. Im Gefallenenkult der Nationalsozialisten verschmolzen Kriegerehrungen mit dem Gedenken an die eigenen »Märtyrer der Bewegung«; daher gilt die Aufmerksamkeit neben der *Langemarck-Halle* auch der Umgestaltung des Bülowplatzes zum *Horst-Wessel-Platz*.

1. Kriegerdenkmäler des monarchistischen Milieus

Das Denkmal des Königin-Augusta-Garde-Grenadier-Regiments Nr. 4

Unter den zahlreichen Kriegerdenkmälern, die in der Weimarer Republik in der Reichshauptstadt entstanden, ragt Franz Dorrenbachs Ehrenmal des Königin-Augusta-Garde-Grenadier-Regiments Nr. 4 auf dem Neuköllner Neuen Garnisonfriedhof heraus (s. Abb. 19, S. 100). Es ist einmal die düstere Aura und suggestive Kraft, die von der figürlichen Gestaltung ausgeht, vor allem aber die inhaltliche Bestimmung durch die Inschriften. Die Einweihung des Denkmals im Herbst 1925 durch Vertreter des Kaisers und den Reichspräsidenten Paul von Hindenburg entfachte einen Presseskandal. Sie markiert die politische Klimawende, die mit der Wahl Hindenburgs begonnen hatte und einem aggressiveren Nationalismus freie Bahn schuf.

Nachdem das *Militärwochenblatt* 1924 mehrmals Spendenaufrufe für die »Gemeinschaft Alt-Augusta«[1] veröffentlicht hatte, waren von den Traditionsvereinen[2] des

---
1 *Militärwochenblatt* 25.3.1924, S. 484, 18.6.1924, S. 708, 4.11.1924, S. 473.
2 Verein ehem. Kameraden des Königin-Augusta-Garde-Grenadier-Regiments Nr. 4, Vereinslokal *Deutscher Hof*, Luckauerstr. 15; Vereinigung ehem. Hoboisten des Königin-Augusta-Garde-Grenadier-Regiments Nr. 4, Vors. Kriminalsekretär Adolf Palm; Verein der Offiziere des Köni-

Regiments Finanzierung, Wettbewerb und Ausführung des Denkmals organisiert worden. Auf die Probleme der Finanzierung weist die Niederschrift der Mitgliederversammlung des Vereins der Offiziere des Regiments aus dem Jahr 1923 hin: »Die Not der Zeit und der Wille der Vereinsmitglieder, den Bau des Denkmals für die Gefallenen wirksam zu unterstützen«, zwängen zum Verkauf von vereinseigenen Silberstücken.[3] Die Jury aus Militärs der Veteranenvereine und bildenden Künstlern der Berliner Akademie der Künste hatte sich für Franz Dorrenbach entschieden, einen akademischen Bildhauer der Düsseldorfer Schule. Er war in der wilhelminischen Zeit mit monarchischen Reiter- und Kriegerdenkmälern hervorgetreten, so in Metz und Vionville.[4]

Dorrenbach konzipierte eine aufgebahrte, überlebensgroße Figur auf schwarzem Granitsockel. Das Denkmal wurde von der bayrischen Firma Grasyma hergestellt, einem großen steinverarbeitenden Betrieb mit zeitweilig bis zu 1.000 Beschäftigten, die später auch den Kubus der Neuen Wache bearbeitete.[5] Die Gestalt ist mit einem Tuch

---

gin-Augusta-Garde-Grenadier-Regiments Nr. 4 e.V., Vors. Gen.-Major a.D. Curt von Behr. Gegründet am 29.3.1920. Vereinsvermögen 3.400 RM. LA Berlin B Rep. 42 Vereine Acc. 2147, Nr. 26456.

3   Niederschrift der Mitgliederversammlung des Vereins der Offiziere des Königin-Augusta-Garde-Grenadier-Regiments Nr. 4 e. V am 6.1.1923, in: LA Berlin B Rep. 42 Vereine Acc. 2147, Nr. 26456.

4   Franz Dorrenbach (1870–1943). Als Bildhauer in Berlin tätig, seit 1913 Professor. 1903–1939 Mitglied des Vereins Berliner Künstler. 1897 Denkmal des 57. Infanterie-Regiments in Vionville (Ein aggressiv wirkendes Denkmal mit einer brüllenden Löwenfigur, die sich über Trophäen beugt – 1919 zerstört), Reiterstandbild Friedrichs des III. in Metz (zerstört) vor 1908/09, Marmorstatue der Kaiserin Augusta in Köln 1903, Reiterstandbild Wilhelms des I. in Spandau, 1908 (zerstört).
Nach dem Machtwechsel waren in Elsaß-Lothringen 1918/1919 flächendeckend deutsche Kriegerdenkmäler und Herrscherstandbilder zerstört worden. Zur Zerstörung von Dorrenbachs Denkmal Friedrichs III. Siehe: Annette Maas, Zeitenwende in Elsaß-Lothringen, in: Winfried Speitkamp (Hrsg.), Denkmalssturz. Zur Konfliktgeschichte politischer Symbolik, Göttingen 1997, S. 79-108, Abb. S. 91.
Dorrenbach erhielt auch in der Weimarer Republik noch Aufträge für Büsten, Gartenplastiken und Grabschmuck. Er schuf das Denkmal des 1. Garde-Regiments zu Fuß in Potsdam.
Bei der Ausstellung »100 Jahre Berliner Kunst« erwarb die Stadt 1929 die Bronzeplastik »Eine Mutter.«

5   Das Denkmal wird in den alten Referenzlisten und Katalogen der Firma aufgeführt. Zur Technik der Denkmalsproduktion teilte der Geschäftsführer der heute noch existierenden Firma Grasyma, Claus Wölfel, dem Verfasser per Brief am 8.3.03 mit: »Das Denkmal wurde aus Porphyr hergestellt. Der Steinbruch befand sich in Bischofsgrün am Fuße des Ochsenkopfes. Die Weiterverarbeitung dürfte im damaligen Werk Weißenstadt vorgenommen worden sein. Blöcke in der Größenordnung von 10 t wurden in dieser Zeit öfters verarbeitet. Der Sockel dürfte poliert sein – hierdurch wirkt der Stein dunkler (grünlich), die Figur ist handwerklich, wahrscheinlich fein gestockt und wirkt dadurch heller. Porphyr war ein ›Granit‹, der sich speziell für figürliche Arbeiten eignete, da er sehr feinkörnig und homogen ist. Die Arbeiten in den 20er-Jahren erfolgten für Platten bereits mittels Trenngatter, geschliffen wurden diese Platten mit Wandarmschleifmaschinen. Die bildhauerischen Arbeiten wurden hauptsächlich noch mit Hand (Hammer und Meißel) ausgeführt.«

vollständig bedeckt, auf der Brust liegen Schwert, Lorbeerkranz und Stahlhelm. Auf der Vorderseite steht die Inschrift »Wir starben, damit Deutschland lebe/so lasset uns leben in Euch«, auf der Rückseite das Vergil-Zitat »Exoriare aliquis nostris ex ossibus ultor (mag ein Rächer einst erstehen aus unseren Gebeinen).« Wirkungsvollstes Detail ist aber die rechte, unter dem Tuch hervorkommende Faust, die, von einigen Sichtachsen aus gesehen, aus der blockhaften Umrißlinie herausragt.

Das Denkmal vereinigt mehrere gängige Kriegerdenkmalstypen in sich: Die figürliche Darstellung des »trotzigen Kriegers«, kämpfend, Handgranaten werfend und die Faust ballend, und des toten, abtransportierten oder aufgebahrten Soldaten. Die bei letzterem Typus verbreitete auratische, distanzschaffende Darstellungsweise des Toten wird bei Dorrenbachs Arbeit nochmals gesteigert, indem der Tote mit einer Decke und dem Stahlhelm bedeckt wurde. Die geballte Faust tritt anstelle des Gesichts, da sie als einziges Körperteil sichtbar ist.

Die Festschrift zur Denkmalseinweihung schildert den Entscheidungsprozess als bewusste Abkehr von konventionellen figürlichen Darstellungen stürmender, fallender oder schwörender Soldaten: »Bei der Durchsicht von Bildern von den Schlachtfeldern, die ein dem Künstler befreundeter Malerkollege in seine Mappe aufgenommen hatte, fand er ein Bild eines gefallenen Offiziers, mit einem großen Tuche bedeckt, auf der Brust sein Helm und Schwert. Die rechte im Todeskampf geballte Faust ragte etwas unter dem Tuch hervor. Das ganze war ein Ausschnitt aus einer Szene mitten im wüsten Schlachtfeld.«[6] Damit wird der Eindruck erweckt, es handele sich hier um ein realistisches, authentisches Bild, im Gegensatz zu den vielen stilisierten und klassizistischen Kriegerdenkmälern jener Zeit. Tatsächlich handelt es sich um ein hochverdichtetes, suggestives Bild, das im Zusammenhang mit dem Vergilzitat geradezu programmatischen Charakter bekam. Die Festschrift erklärt diese Inschrift als »Wort, das geschichtliche Bedeutung erhielt, als es der Große Kurfürst nach dem ihm aufgezwungenem Friedenschluß von St. Germain 1679 ausrief, durch welchen Brandenburg sein pommerscher Besitz größtenteils wieder entrissen wurde.«[7] Die Analogie zu den 1919 verlorenen Provinzen Posen und Westpreußen ist unverkennbar.

Auch die Wahl des Materials hatte ideologische Gründe. So kam für Auftraggeber und Künstler nur ein »monumental wirkendes Material« in Frage: »Professor Dorrenbach wählte Fichtelgebirgsgranit (Porphyr) trotz seiner überaus schweren Bearbeitung«, biete es doch den stärksten Widerstand gegen alle Witterungseinflüsse. Schließlich sei im Fichtelgebirge ein geeigneter massiver Block gefunden und »unter

---

6   Robert von Oidtmann, Schriftführer des Vereins der Offiziere des Königin-Augusta-Garde-Grenadier-Regiments Nr. 4 e.V., Festschrift zur Denkmalseinweihung, Berlin 11.10.1925, abgedruckt in: Karl Robert Schütze, Von der Befreiungskriegen bis zum Ende der Wehrmacht. Die Geschichte des Garnisonfriedhofes am Rande der Hasenheide, Berlin 1986, S. 52 f.

7   Festschrift, 1925.

dem Jubel der Bevölkerung der anliegenden Ortschaften«[8] in die Werkstatt überführt worden. Die Kriterien des monolithischen Denkmals, des harten und beständigen, in mühevoller Handarbeit zu bearbeitenden Materials weisen auf die zeitgenössische »Granit-Ideologie« der politischen Rechten hin, die nur in diesem Gestein ein »ehrwürdiges« und »völkisches« Material für deutsche Kriegerdenkmäler sah.

Abb. 19: Das Augustaner-Denkmal von Franz Dorrenbach, 1925

Die Einweihung des Denkmals am 11. Oktober 1925[9] geriet zu einer Massenveranstaltung, die einen politischen Skandal auslöste. Nach dem üblichen Ablauf von Regimentsfeiern war ein ganzes Wochenende für die Feierlichkeiten vorgesehen, die Teilnehmer kamen aus dem ganzen Reichsgebiet.[10] Zunächst hatte auf dem benach-

---

8   Festschrift, 1925. Vereinigte Fichtelgebirgsgranit, Syenit und Marmorwerke AG zu Wunsiedel. Die Nachfolgefirma Grasyma warb noch in den 1980er-Jahren mit Aufnahmen des Denkmals.
9   Ankündigung und erneuter Spendenaufruf »für den Denkmalsschutz« im *Militärwochenblatt* 18.6.1925, S. 1506. Ob damit eine zu bezahlende Bewachung des Denkmals vor Beschädigungen gemeint war, ist nicht nicht sicher zu klären.
10 »10.10., 10.00 vorm. Kranzniederlegung am Grabe der Königin und Kaiserin Augusta im Mausoleum Charlottenburg und am Denkmal Unter den Linden, 7.00 nachm. Begrüßungsabend Bockbrauerei Fidizinstr.; 11.10., 8-9.30 vorm. Versammeln auf dem Kasernenhofe Friesenstraße, 10.00 vorm. Feldgottesdienst ebenda, 11.30 Denkmalweihe Garnisonfriedhof, 1.30 nachm. Essen Bockbrauerei Fidizinstaße, 7.30 nachm. Festkommers Neue Welt Hasenheide, 11.45 Zapfenstreich. Festbeitrag M 2,-«. Programm im *Militärwochenblatt* 4.10.1925, S. 459.

barten Gelände der ehemaligen Regimentskasernen ein Feldgottesdienst stattgefunden, in dessen Verlauf General a.D. Sixt von Arnim mitteilte: »Ich habe die hohe Ehre, daß seine Majestät der Kaiser und König mich beauftragt haben, das Denkmal des Regiments Augusta und seiner Reserveregimenter 55 und 202 einzuweihen.« Der General sprach von »unwandelbarer Treue zum Kaiser« und begrüßte »den erlauchten Sproß des Kaiserhauses« Prinz Oskar von Preußen, Vertreter der Reichswehr, ziviler Behörden und die Veteranen.[11] Anschließend wurde die Feier auf dem Garnisonfriedhof fortgesetzt. Neben der Traditionskompanie der Augustaner waren sämtliche Kriegervereine Berlins, Marschformationen des Stahlhelm, des Jungdeutschen Ordens und zahlreiche Veteranen eingetroffen, insgesamt mehrere Tausend Personen. Der erst im April ins Amt gelangte Reichspräsident trat in der Uniform des Generalfeldmarschalls auf, zuvor waren die Flaggen des Reichspräsidenten von seinem Dienstfahrzeug entfernt worden. Hindenburg schritt die Ehrenkompanie ab und legte als Zweiter, also nach dem abwesenden Kaiser, einen Kranz nieder. Sowohl die Rede von Arnims als auch das Verhalten Hindenburgs führte zu scharfen Reaktionen in der demokratischen Presse, die, wie die *Vossische Zeitung* die Feier als monarchistische »unerhörte Provokation der verfassungstreuen Mehrheit des deutschen Volkes« verstand, während die deutschnationalen Blätter den Vorfall als Privatfeier verharmlosten.[12] Das *Berliner Tageblatt* bezeichnete »die zum Hochverrat auffordernden Worte des Generals« als Skandal, für den es keine Entschuldigung gäbe.[13] Die *Germania* sah »höchst taktloses Verhalten des Generals«[14], während die *Neue Preußische Kreuzzeitung* den »Patentrepublikanern« Verfolgungswahn vorwarf, indem sie zunächst von einer »privaten Feier« sprach[15], dann jedoch schnell zum Gegenangriff überging: Das Reichsbanner betreibe »die politische Zersetzung des Volkes«, wolle die Reichswehr von links politisieren, indem es unpolitische Ehrenbekundungen für das alte Heer denunziere. Ausführlich konnte sich ein Teilnehmer der Feier gegen die »Verunglimpfung kaisertreuer Offiziere« verwahren.[16] Die *Weltbühne* sah das Denkmalsmotto im Zusammenhang mit der Reichsehrenmaldiskussion als unglückliches »typisch deutsches« Produkt.[17] Die *Rote Fahne* versuchte sowohl eine nationalistische wie eine antimonarchistische Position einzunehmen: »Hindenburg demonstriert im Verein mit re-

---

11 *Berliner Tageblatt* 12.10.1925. Für diese Rede gab es keine »offizielle« schriftliche Aufzeichnung. Von Arnim bestritt später den zitierten Wortlaut in der *Neuen Preußischen Kreuzzeitung* vom 15.10.1925.
12 *Vossische Zeitung* 13./14.10.1925.
13 *Berliner Tageblatt* 12. und 13.10.1925.
14 *Germania* 14.10.1925.
15 *Neue Preußische Kreuzzeitung* 12./13.10.1925. Vgl. *Tägliche Rundschau* 13.10.1925.
16 *Neue Preußische Kreuzzeitung* 15.10.1925.
17 Heinz Pol befürchtete, das neue Reichsehrenmal für die deutschen Gefallenen werde ein »50 m hoher Turm mit vergoldeter Fassade und echten Marmortreppen, nach den Angaben von prima prima Akademieprofessoren […]. Wir lieben einfache lateinische Sätze die mit ›exoriare‹ anfangen und mit ›ultor‹ enden.« Die *Weltbühne*, 1925 Bd. II, Nr. 48, S. 882.

aktionären Junkern und Offizieren, während die Republik zu gleicher Zeit in Locarno sich endgültig unter das Joch des Entente-Imperialismus begibt.« So wurde »unter dem Protektorat des Reichspräsidenten [...] eine nationalistische Stimmungsmache eingeleitet. Der deutsche Spießer soll damit über die Anerkennung von Versailles, die Kapitulation in Locarno hinweggetäuscht werden.«[18] Der *Vorwärts* mahnte die Republikaner zur Wachsamkeit und stellte eine republikanische Demonstration in Aussicht (s. Abb. 20, S. 103)[19], während die *Rote Fahne* die Kampfbereitschaft der SPD anzweifelte: »Die SPD und der ADGB haben es in der Hand, durch eine Massendemonstration gegen Hindenburg und die monarchistische Gefahr zu zeigen, ob es ihnen mit dem Kampf um die Erhaltung der Republik ernst ist.«[20] Die Republikaner begriffen die Denkmalseinweihung als böses Vorzeichen der gerade begonnenen Präsidentschaft Hindenburgs, die Resultat der gespaltenen Arbeiterbewegung war – die KPD hatte im zweiten Wahlgang auf ihrem aussichtslosen Kandidaten Ernst Thälmann bestanden, so dass der Zentrumspolitiker Wilhelm Marx unterlag. Der *Vorwärts* konzedierte, es sei ein »politischer Akt, dessen Tragweite Hindenburg vielleicht nicht einmal selbst übersehen konnte«[21], als er in seiner Eigenschaft als Soldat an der Denkmalsweihe teilnahm. Während von Hindenburg ein anderes Verhalten nicht zu erwarten sei, liege das Hauptversagen bei Reichswehrminister Geßler, der konsequenter gegen monarchistische Umtriebe vorzugehen habe und in seiner Eigenschaft als Vizekanzler – Kanzler Luther war zum Zeitpunkt der Feier abwesend – dem »Mißbrauch mit der Person des Reichspräsidenten«[22] vorzubeugen habe. Geßler rechtfertigte sich mit einer Erklärung, der Vorstand des Vereins Alt-Augusta habe gegenüber dem Ministerium schriftlich versichert, dass der unpolitische Verlauf der Feier gewährleistet sei und dass keinerlei Reden und Kundgebungen gegen die Regierungsform und den Reichspräsidenten erfolgen würden.[23] Der befürchtete außenpolitische Schaden des Skandals blieb aus. Die zeitgleich stattfindenden Verhandlungen in Locarno konnten am 18. Oktober 1925 erfolgreich abgeschlossen werden. Schon in den Monaten zuvor hatte sich das Hindenburgbild der westlichen Presse völlig gewandelt. Galt der Generalfeldmarschall im Mai noch als reaktionäres Friedensrisiko, wurde er schon im Herbst als Garant für innen- und außenpolitische Stabilität gesehen.[24]

Geßler und Hindenburg gingen aus der Affäre unbeschädigt hervor.[25] Trotzdem hatten sie ihre Lektion gelernt, wenn es darum ging, Aufruhr unter den Republika-

---

18 *Rote Fahne* 12.10.1925.
19 *Vorwärts* 12.10.1925.
20 *Rote Fahne* 13. und 14.10.1925.
21 *Vorwärts* 12. und 13.10.1925.
22 *Berliner Tageblatt* 12.10.1925.
23 Zitiert im *Vorwärts* 13.10.1925.
24 Harald Zaun, Paul von Hindenburg und die deutsche Außenpolitik, Köln 1999.
25 Otto Geßler (1875–1955) Gründungsmitglied der DDP (bis 1927) und in Nachfolge Noskes von 1920 bis 1928 Reichswehrminister in 13 verschiedenen Kabinetten.

Abb. 20: Karikatur im Vorwärts zur Denkmalseinweihung

nern zu vermeiden. Geßler betrieb im gleichen Jahr die Überführung des Leichnams des Kriegshelden Manfred von Richthofen, der 1918 in Frankreich gefallen und begraben worden war. Von Richthofen sollte nun auf dem Invalidenfriedhof beigesetzt werden. Die SPD versuchte nach den Ereignissen bei der Augustaner-Feier nun beim nächsten militärischen Staatsakt stärker Präsenz zu zeigen. Den Antrag des Reichsbanners, bei der Trauerfeier am 10. November 1925 mitzuwirken, nahm jedoch das Reichswehrministerium zum Anlass, die Feier zu einer rein militärischen Veranstaltung unter Anwesenheit des Reichspräsidenten zu erklären und wegen »verschiedener

Zwischenfälle bei derartigen Feierlichkeiten in letzter Zeit« allen politischen Organisationen die Teilnahme zu verbieten.[26] Im Sinne der Veranstalter verlief der Trauergottesdienst entsprechend weihevoll und ungestört: »In mächtiger Woge wälzt sich der Trauerzug von der Kirche zum Invalidenfriedhof. Über dem Kirchhof löst sich vom Flugzeug ein Kranz und schwebt am Fallschirm langsam hinab vom Himmel zur Erde.«[27]

Hindenburg kam bei der Einweihung des Tannenbergdenkmals am 18. September 1927 in die Lage des Generals von Arnim, indem er ein Telegramm des Kaisers verlesen sollte, das Wilhelm II. als Beitrag zur historischen Würdigung der Hohenzollern bei der Denkmalsweihe verstand. Hindenburg scheute den Skandal und verlas das Telegramm nur beim Offiziersbankett am Vorabend. Die *Neue Preußische Kreuzzeitung* konterkarierte jedoch diese Diskretion, indem sie den Inhalt veröffentlichte.[28]

Der Neue Garnisonfriedhof in der Hasenheide

Das Augustaner-Denkmal wertete den Neuen Garnisonfriedhof erheblich auf. Schon im Krieg hatte die Staatliche Beratungsstelle für Kriegerehrungen angesichts der zahlreichen Opfer des Krieges den »Gedanken eines einheitlichen, großzügigen Ehrenfriedhofs« aufgeworfen. Die quadratische Anlage sollte von hohen Alleen geprägt werden und in der Mitte 12 Felder mit Hochkreuzen umfassen. An zentraler Stelle sollte ein repräsentatives Denkmal entstehen.[29] 1924 beklagte der *Berliner Lokal Anzeiger* den Zustand des noch im Krieg vom Architekten Franz Seek[30] entworfenen Heldenfriedhofs in einem »Mahnwort zu seiner würdigen Ausgestaltung«. Das Blatt monierte den schäbigen Bretterzaun, dessen Latten ständig als Brennholz gestohlen würden, das schmucklose Eingangstor und die ungepflasterten Zugangswege. Zudem sei der zentrale, rechteckige Hügel in der Mitte des Friedhofs noch immer vakant. Hier wäre der geeignete Platz für ein Reichsehrenmal.[31]

---

26 Nach Laurenz Demps, Der Invalidenfriedhof, Berlin 1996, S. 67.
27 *Militärwochenblatt* 25.11.1925, S. 659 f.
28 Walter Rauscher, Hindenburg, Wien 1997, S. 253.
29 Der Garnisonfriedhof i.d. Hasenheide zu Berlin. Ein Entwurf der Staatlichen Beratungsstelle für Kriegerehrungen, in: Bund deutscher Gelehrter unter Mitwirkung der amtlichen deutschen Beratungsstelle für Kriegerehrungen (Hrsg.), Kriegerehrungen, Nr. 8, 1918, S. 91 f.
30 Seek war schon 1915 mit anderen Architekten und Bildhauern wie Bruno Paul und dem Hofbildhauer Louis Tuaillon auf Anregung des Preußischen Kriegsministeriums zu den ostpreußischen Schlachtfeldern gereist, um Ideen für die Gestaltung deutscher Soldatenfriedhöfe zu sammeln. Die Gruppe verfasste daraufhin Lehrsätze zu ihrer Gestaltung. Vgl. Auch das Jahrbuch des Deutschen Werkbundes *Kriegergräber im Felde und Daheim* von 1916/17.
31 *Berliner Lokal Anzeiger* 19.11.1924.

Die Errichtung eines zentralen Reichehrenmals für alle deutschen Gefallenen wurde Mitte der 1920er-Jahre viel diskutiert. Dabei fällt jedoch auf, dass die Großstadt mit ihren sozialen und kulturellen Facetten häufig für einen unwürdigen Denkmalsstandort gehalten wurde.[32]

Anfänglich in der Südwestecke des Friedhofs loziert, versetzte man das Denkmal bald auf den vakanten, von Pyramidenpappeln umstandenen Mittelhügel und gab ihm damit eine beherrschende Position. Der Neue Garnisonfriedhof wurde in den folgenden Jahren ausgebaut. Eine Publikation über den Friedhof aus dem Jahr 1930 spiegelt das wachsende politische Gewicht, aber auch die Larmoyanz der Deutschnationalen, die ihre Heldenverehrung nun offensiver betreiben. Das Buch wandte sich an die »von den Lockungen eines geistlosen Materialismus und vaterlandsverleugnenden Internationalismus gefährdete deutsche Jugend« und pries die Kriegerdenkmäler Berlins in höchsten Tönen, um den Garnisonfriedhof bekannter zu machen, denn er wurde in keinem Berliner Reiseführer der 1920er-Jahre erwähnt. Höhepunkt im Buch ist das Augustaner-Denkmal. Die geballte Faust des Toten deute an, »daß dieser den heiligen Zorn über den feigen Überfall auf das deutsche Vaterland durch rachsüchtige, ländergierige, handelsneidische Feinde mit ins Grab nimmt.«[33] Mehrmals beklagt der Autor Wilhelm Borchert, dass die »derzeitigen Gewalthaber« die Errichtung von Kriegerdenkmälern in zentraler Lage behinderten.

In der Endphase der Weimarer Republik wurden auf dem Garnisonfriedhof auch mehrmals Opfer der bürgerkriegsähnlichen Straßenkämpfe beigesetzt, denen man durch die räumliche Nähe zu den Gefallenen einen vaterländischen Heldenstatus verleihen wollte. In diesem Sinne wurde die Beisetzung des bei Straßenkämpfen in Kreuzberg tödlich verletzten Hitlerjungen Hans Hoffmann zu einer Propagandaveranstaltung, bei der Goebbels vor Hitlerjugend- und Stahlhelmformationen sprach.[34] Auch einige Polizisten, die bei kommunistischen Unruhen ums Leben gekommen waren, sind noch dort beigesetzt worden.[35]

Durchaus pietätlos gingen die NS-Machthaber mit dem Friedhof um. Weil er einer Erweiterung des Tempelhofer Flugfeldes, das bei Flugdarbietungen als »Luftstadion« der neu zu gestaltenden Reichshauptstadt fungieren sollte, im Wege war, wurden die Gräber und Denkmäler 1938 auf den heutigen Standort verlegt. Anläßlich von Dorrenbachs 70. Geburtstag würdigte die gleichgeschaltete Presse das Augustaner-Denkmal als sein größtes Werk: »Das letztere hat während der Systemzeit einmal eine Flut von zornbebenden Artikeln in der englischen und französischen Presse ausgelöst.

---

32 *Deutsche Bauzeitung*, 58. Jg., 27.9.1924, S. 519 f.
33 Wilhelm Borchert, Der Garnisonfriedhof in der Hasenheide in Wort und Bild, Berlin 1930, S. 65. Der Rezensent Friedrich Granier lobt in den *Forschungen zur Berlin-Brandenburgischen Geschichte Jg. 43 1930, S. 433* die »populär gehaltene« Darstellung. Die Publikation sei »hübsch ausgestattet und berührt durch ihren warmen Ton.«
34 *Berliner Lokal Anzeiger* 25.8.1931.
35 Schütze, 1986, S. 73 f.

Dorrenbach wurde darin ein Feind des Weltfriedens und Hetzer zum Revanchekrieg genannt. [...] Die Voraussage der Inschrift, die sich in unseren Tagen erfüllt hat, und die drohend erhobene Faust fiel den englisch-französischen ›Freunden‹ der Weimarer Republik auf die Nerven.«[36]

2. Die Kriegerdenkmäler der Berliner Universitäten

Das Denkmal der Gefallenen der Berliner Universität als Beispiel eines Denkmalbaues des akademischen nationalistischen Spektrums

Nach zehn Jahren Republik betrachtete die SPD die Hochschulen immer noch als Zentren der Reaktion. Einerseits seien die preußischen Universitäten ein Massenbetrieb mit nunmehr 56.000 Studierenden geworden, andererseits seien davon nur vier Prozent Arbeiterkinder. Die deutschnationalen Professoren und Korporationen des Waffenrings dominierten immer noch das Terrain. Auf Kosten von Forschung und Lehre würde Geld für Fecht-, Reit- und Tanzlehrer hinausgeworfen, mit Ehrendoktortiteln werde ein »schmählicher Handel« getrieben. Die jährlichen Reichsgründungsfeiern seien völlig monarchistisch geprägt, so dass in diesem Jahr Ministerpräsident Otto Braun die Feiern verboten habe: »In Ausbildungsstätten, in denen der Beamte des Staates erzogen wird, kann keine Staatsfeindlichkeit zugelassen werden.«[37]

Dozenten, die sich kritisch mit Krieg und Nationalismus befassten oder gar pazifistische Ideen vertraten, waren massiven Kampagnen rechtsgerichteter Studenten ausgesetzt. Theodor Lessing wurde in Hannover wegen seiner Studie über Hindenburg und der Behauptung, er (Lessing) habe sich erfolgreich vor der Front gedrückt, von der TH vertrieben.[38] Ähnliche Aktionen gab es u.a. gegen Georg Friedrich Nicolai (Berlin), Ernst Julius Gumbel (Heidelberg) und Günther Dehn (Halle).

Schon einige wenige Episoden aus der Geschichte der Berliner Friedrich-Wilhelms-Universität veranschaulichen das reaktionäre Klima auch an dieser Universität. In der unmittelbaren Nachkriegszeit herrschten Elend, Überfüllung und Radikalis-

---

36 *Charlottenburger Zeitung* 11.2.1940.
37 In Preußen studierten 1911 30.000, 1927 48.500, 1929 56.000, nach: Die Zustände an den Universitäten, in: *Sozialdemokratische Parteikorrespondenz* 5/1929, S. 220. 1930 betrug der Arbeiteranteil nur noch 2%, *Sozialdemokratische Parteikorrespondenz* 5/1930, S. 316 f. Im Handbuch des öffentlichen Lebens 1929, werden für die Friedrich-Wilhelms-Universität 10.907 Studierende, für die Technische Hochschule Charlottenburg 4.717 Studierende angegeben, S. 143 ff. Vgl.: »Die Not der Universität. 170 Mill. jährlich für die Feinde des Staates«, *Vorwärts* 18.2.1931 (abends).
38 Theodor Lessing, Lazarett (1929), abgedr. in: Rainer Marwedel (Hrsg.), Th. Lessing. Ich warf eine Flaschenpost ins Eismeer der Geschichte. Feuilletons 1923–33, Darmstadt 1986, S. 374. Siehe auch sein Text zur Kampagne gegen ihn: Massenwahn (*Das Tagebuch*, Heft 25, Berlin 1925), abgedr. in: Hans Stern, Theodor Lessing. Wortmeldungen eines Unerschrockenen, Leipzig/Weimar 1987, S. 326-342.

mus. *Der Vorwärts* berichtete über diesen »Hort der Reaktion«, in dem zahllose antisemitische Pamphlete und Plakate einen »widerwärtigen Eindruck« machten: In den Vorlesungen »herrscht jener brutale Radauton vor, wie wir ihn aus den Kriegervereinen zur Genüge kennen. [...] Die sozialistischen Studenten werden in jeder Weise schikaniert und terrorisiert.« Unter diesen Umständen seien die 492 sozialistischen Stimmen bei den ersten AStA-Wahlen ein relativer Erfolg.[39]

Hochschulen wie die Berliner Universität waren für viele Linke und Republikaner ein rotes Tuch, seit der Kapp-Lüttwitz-Putsch und der Mord an Rathenau das aggressive Potential der Korporationen offenbart hatten.[40] Während des Putsches ließ Rektor Eduard Meyer studentischen Aktivisten und Militärs im Universitätsgebäude freien Lauf. Zunächst kam er am 13. März 1920 der Bitte des studentischen Vertreters Biertimpel nach, »die Schließung der Universität bis auf Weiteres zu verfügen, da sich die Studentenschaft in weitestem Umfange der Nothilfe und dem Zeitfreiwilligendienst zur Verfügung stellen wollte.«[41] Biertimpel, »kraftstrotzend und stimmstark, bewährt im Niederbrüllen pazifistischer Professoren«[42], hatte indes erklärt, er stünde auf dem Boden der neuen Regierung. Dann ließ der Rektor die Besetzung des Gebäudes durch Truppen zu, während Studenten und Militärs Werbetische für die »Teno«, eine Streikbrecherorganisation, und Zeitfreiwilligeneinheiten im Vestibül aufbauten. Die schlechten Erfahrungen, die die Universität mit der Truppeneinquartierung im Winter 1918/19 gemacht hatte, spielten dabei keine Rolle.[43] Zum Hissen der Schwarz-Weiß-Roten Fahne auf

---

39 Ergebnis der Wahlen vom 17/19.2.1920: *Waffenring* 1001 (16 Sitze), *Dt. Gruppe* 900 (15), *Finkenschaft* 1722 (28), *Kathol. Stud.* 212 (3), *Jüd. Stud.* 493 (8), *Dt. Hochschulbund* (10), *Liste soz. Studenten* 492 (8), Wahlbeteiligung ca. 40%, in: *Vorwärts* 20.2.1920.
40 Über das Klima von Verelendung und politischer Radikalisierung an der Friedrich-Wilhelms-Universität berichteten Zeitungen schon im Vorfeld des Kapp-Putsches: »Zahllos prunken arische oder völkische Manifeste am Schwarzen Brett«, schrieb das *Berliner Tageblatt* am 20.2.1920 (abends), Elend, Armut und körperlicher Verfall seien den Studenten anzusehen.
41 Rektor Eduard Meyer an Geh.-Rat Wende, Ministerium für Wissenschaft, Kunst und Unterricht 25.3.1920, in: GStA PK 1. HA, Rep. 76, Va, Sekt. 2, Tit. I, Nr. 22.
42 So charakterisierte ihn der *Vorwärts* am 11.3.1920.
43 Seit Dezember 1918 war das Aula-Gebäude von Unteroffizieren belegt, die die Studentenausweise kontrollierten. Beschwerden über Diebstähle und Zerstörungen häuften sich. Möbel wurden als Feuerholz, Bücher als Toilettenpapier benutzt. Die Bibliotheken mussten vernagelt werden, der Seminarbetrieb kam weitgehend zum Erliegen. Rektor Seeberg berichtete dem Ministerium für Wissenschaft, Kunst und Volksbildung am 16.12.1918 von der »Empörung unter den Studenten, vielfach Söhne armer Leute«, die aus dem Felde zurückkehrt seien und nun nicht studieren könnten. Die schlimmsten Schäden an Holzböden, Fenstern und Türen verursachten die etwa 100 Pferde, die in den Flügelbauten des Hauptgebäudes untergebracht waren. Rektor Seeberg schrieb am 17.1.1919 an den Kommandeur Gen.-Major Maerker, der im Hotel Bauer, Unter den Linden, logierte: »Die Rücksichtslosigkeit, unter der wir leiden, könnte schlimmer auch in Feindesland nicht erfolgen. [...] Wenn man sich darüber beklagt, daß weniger Studenten als man erwartet hatte, sich zur Ostwehr melden, so ist es zum guten Teil darin begründet, daß sich ein Militarismus rohester und disziplinlosester Gestalt, wie er sich jetzt täglich in den Räumen der Universität darstellt, auf die Studierenden abschreckende Wirkung ausübt.«

dem Gebäude gab Meyer telefonisch seine Zustimmung.[44] Am 15. März bemühte sich Meyer erfolglos, die Werbeaktivität der Militärs aus dem Hauptgebäude herauszuverlagern, »da sie bei dem vor der Universität sich anhäufenden Publikum aufreizend wirkte.«[45] Zwar hatten republikanische Gruppen der Berliner Hochschulen bald darauf erklärt, jetzt und künftig mit der Waffe in der Hand die Republik verteidigen zu wollen.[46] Doch nicht einmal die Abwahl der rechten AStA-Mitglieder, die mit dem Putsch sympathisiert hatten, war den Republikanern möglich.[47]

Schwer wogen in der Wahrnehmung der linken und demokratischen Öffentlichkeit das Massaker von Mechterstedt oder die Tatsache, dass ein Helfer der Rathenaumörder an der Berliner Universität studiert und agitiert hatte.[48] So hieß es im *Vorwärts* über das Berliner Studentenleben: »Die Universität war nur noch Tummelplatz deutschnationaler Professoren und ihrer Zöglinge. […] In den Morgenstunden Bummel Unter den Linden in ›patriotischen‹ Landesfarben, dann gings ins Kolleg, wo ein Mann mit dem Weltruf eines Einstein niedergeschrieen wurde, weil er jüdischer Herkunft ist. Abends wiederholten sich diese Szenen im Theater.«[49]

Eine brenzlige Situation entstand im Januar 1923, als parallel zueinander kommunistische Umzüge und die feierliche Rektoratsübergabe stattfanden. Demonstranten versuchten, die Hochschule zu stürmen, was durch Schließung der Türen verhindert werden konnte. »Allerdings wurden vor und nach der Feier einzelne Studenten überfal-

---

Im Juni 1919 wurde festgestellt, dass die Truppen im Hauptgebäude Schäden in Höhe von 71.554 Mark, im Aulagebäude von rund 40.000 Mark verursacht hatten, in: GStA PK 1. HA, Rep. 76, Va, Sekt. 2, Tit. XIX, Nr. 5, Bd. 20 Bauten und Reparaturen an Universitätsgebäuden.

44 Der Hausinspektor holte die Fahne nach 10 Minuten in eigener Verantwortung wieder herunter. Niederschrift im Ministerium 24.3.20, in: GStA PK 1. HA, Rep. 76, Va, Sekt. 2, Tit. I, Nr. 22, Die Haltung der Berliner Universität während des Kapp-Putsches.

45 Rektor Eduard Meyer an Geh.-Rat Wende, Ministerium für Wissenschaft, Kunst und Unterricht 25.3.1920, in: GStA PK I. HA, Rep. 76, Va, Sekt. 2, Tit. I, Nr. 22.

46 Aufruf Zentrumsgruppe, Demokratischer Studentenbund, Sozialistischer Studentenbund, Jüdische Gruppe, Kriegsteilnehmerfraktion, Sozialistische Fraktion, Freideutsche Gruppe, republikanischer Studentenbund, nach: *Sozialdemokr. Partei-Korresp.* 10.4.1920, Nr. 5, S. 47, vgl. a. *Vorwärts* 26.3.1920 (abends).

47 Im Studentenparlament wurde am 30.3.1920 ein Antrag der demokratischen Gruppen, die AStA-Vertreter Biertimpel, Kersten, Molzahn und Schulz auszuschließen, durch die rechte Mehrheit abgelehnt. Erklärung des AStA vom 30.3.1920, in: GStA PK I. HA, Rep. 76, Va, Sekt. 2, Tit. I, Nr. 22. Vgl *Vorwärts* 25.3.1920.

48 Mitglieder des Marburger Studentenkorps ermordeten im März 1920 15 gefangene Arbeiter. Die Täter wurden nicht ermittelt bzw. freigesprochen, *Sozialdemokr. Partei-Korresp.* 1.5.1920, Nr. 6, S. 73. Der Student Willi Günther, wegen Beihilfe zum Mord an Rathenau verurteilt, hatte zuvor für eine »Vereinigung von kriegsfreiwilligen, deutschempfindenden Studierenden der fünf Berliner Hochschulen« Geldgeber gesucht. Aufgaben dieser Vereinigung seien die »Organisation von Fünf-Minuten-Rednern« nach dem Vorbild der Linken, von »Sprengtrupps für gegnerische Versammlungen« und Spitzeldienste gegen Links. Nur so könnten die Studenten künftige Putschversuche besser unterstützen, *Sozialdem. Partei-Korresp.* 15.8.1922, Nr. 8, S. 88.

49 *Vorwärts* 24.3.1920 (abends).

len und verprügelt«, teils wurde den Chargierten »der Wichs und die Fahnen zerrissen.«[50] Und Kultusminister Becker rügte den Rektor am 28. Juni 1923, dem 4. Jahrestag der Unterzeichnung des Versailler Vertrags, wegen eines am Schwarzen Brett veröffentlichten »Aufrufs der akademischen Kriegsteilnehmer« ob »der schweren außenpolitischen Folgen aller Manifestationen«, die den Eindruck erweckten, als trügen sich beachtliche Kreise der Bevölkerung mit dem Gedanken eines neuen Krieges. Dies sei, »jedenfalls im gegenwärtigen Moment, so ungeeignet und gefährlich wie nur möglich.«[51]

Unter dem Eindruck der Anti-Versailles-Krawalle nationalistischer Studenten vom 28. Juni 1929, die von demokratischen Studenten als planmäßiges Vorspiel zu den AStA-Wahlen empfunden wurden[52], organisierte die studentische Rechte die Wahlen als Kampfansage an die Hochschulpolitik Preußens sowie als Kampf für politische und hochschulpolitische Autonomie gegenüber der republikanischen Regierung. Die Wahllokale wurden in Gaststätten, u.a. in den als NS-Vereinslokal bekannten »Akademischen Bierhallen«, eingerichtet. Die Rechte mobilisierte ihre Klientel, 7.000 von 12.500 Studenten wählten: Der Nationalsozialistische deutsche Studentenbund (NSDStB) wurde mit 1.377 Stimmen zweitstärkste Gruppe hinter den waffentragenden Korporationen (2.742) und vor der »Deutschen Finkenschaft« (1.101).[53]

Der 28. Juni, der Jahrestag der Unterzeichnung des Versailler Vertrages, wurde bald zum Aktionstag der sich radikalisierenden Studenten. 1928 hatte im Lustgarten eine Kundgebung mit einigen Tausend Teilnehmern stattgefunden. Nach einer »zündenden Ansprache« und dem Absingen des Deutschlandliedes marschierten die Chargierten der Korporationen und hinter ihnen die übrigen Kommilitonen in geschlossenem Zug unter den Klängen des »Fridericus Rex« ab.[54]

Auf Wunsch der Reichsregierung verbot Preußen alle Kundgebungen am 28. Juni 1929. Auf dem Hegelplatz protestierten die nationalistischen Studenten gegen das Verbot: Unter dem Ruf »Auf zu Becker, wenn's auch Blut kosten soll«[55] machten sich Hunderte auf den Weg zum Amtssitz Beckers. Zum Schutz der Bannmeile und des Demonstrationsverbotes griff die Polizei ein, es gab elf Festnahmen.[56] Die Demonstrationsteilnehmer sprachen von »Exzessen« der Polizei und behaupteten, sie seien unge-

---

50 Der Rektor an C.H. Becker, 24.1.1923. GStA PK I. HA, Rep. 76, Va, Sekt. 2, Tit.XII, Nr. 3, Bd. 14 Disziplin und Exzesse an der Universität Berlin, 1915–1930, Bl. 287.
51 Becker an den Rektor, 28.6.1923. GStA PK I. HA, Rep. 76, Va, Sekt. 2, Tit. XII, Nr. 3, Bd. 14, Bl. 291.
52 Vorstand des deutschen Studentenverbandes (Hrsg.), *Student und Hochschule. Nachrichtenblatt für das deutsche Hochschulwesen*, Berlin, Nr. 2, 20.7.1929, S. 24.
53 GStA PK I. HA, Rep. 76, Va, Sekt. 2, Tit. XII, Nr. 16, Bl. 340.
54 *Burschenschaftliche Blätter. Zeitschrift der Deutschen Burschenschaft*, Frankfurt, Heft 13, Juli 1928, S. 172.
55 Zitiert nach *Sozialdemokratische Parteikorrespondenz* 8/1929, S. 409.
56 11 Festnahmen und Anklagen u.a. wegen Bannkreisverletzung. Der Generalstaatsanwalt beim Landgericht I an den Justizminister, 14.9.1929. GStA PK I. HA, Rep. 76, Va, Sekt. 2, Tit. XII, Nr. 3, Bd. 14, Bl. 350.

hindert und in völliger Ordnung vor das Ministerium gelangt: »Man rief ›Deutschland erwache‹ und verlangte den Minister, aber er zeigte sich nicht. Nach 10 Minuten erschien ein Polizeiaufgebot, das sofort auf Beteiligte und Unbeteiligte in maßloser Weise einzuhauen begann. Der Erfolg war trotzdem gering, die meisten Studenten ließen sich nicht abhalten, vor das Reichspräsidentenpalais zu ziehen, um Hochrufe auf Hindenburg auszubringen. Als der Zug vor der Universität angelangt war, forderte ein Student die Kommilitonen auf, nun ruhig an die Arbeit zu gehen, worauf ihm der Rektor freundlich die Hand drückte. Darauf erscholl das ›Vivat academia, vivant professores‹, um die Solidarität mit dem Lehrkörper gegenüber staatlicher Willkür zu bekräftigen.«[57] Ministerpräsident Otto Braun rechtfertigte das Vorgehen der Behörden: Die »aktivsten Elemente bei der Demonstration« hätten die Gelegenheit genutzt, »gegen das ihnen verhaßte Regierungssystem zu demonstrieren und den ihnen wegen seiner Hochschulpolitik verhaßten Kultusminister vor seinem Ministerium zu beschimpfen. [...] Wenn der Polizei überhaupt ein Vorwurf zu machen ist, ist es der, daß sie eher zu rücksichtsvoll vorgegangen ist.«[58]

Der Stahlhelm versuchte flugs mit einer Protestveranstaltung »Burschen heraus!« am 4. Juli im Kriegervereinshaus die nationalistischen Studenten an sich zu binden. Am gleichen Tag protestierten im Kastanienwäldchen neben der Universität mehrere Tausend Studenten im Rahmen des Studentenschaftswahlkampfes gegen das Verbot vom 28. Juni 1929. Auch hier gab es Auseinandersetzungen mit der Polizei. Der Rektor suggerierte, kommunistische Studenten hätten die Polizei gegen die friedlichen Kundgebungsteilnehmer aufgehetzt: »Drei Studierende, die mir als Führer der kommunistischen Gruppe von den Beamten der Universität bezeichnet wurden, machten sich an die ruhig Unter den Linden stehende Polizei heran und sprachen eifrig mit ihnen. Daraufhin gingen Polizeimannschaften vor. Vor dem Universitätsgebäude kam es zu Zusammenstößen, wobei die Polizei vom Gummiknüppel reichlich Gebrauch machte. [...] Die kommunistischen Studenten wurden von der Polizei vor Mißhandlungen geschützt.«[59]

Im Jahr darauf wurde die Versailles-Protestkundgebung der »Deutschen Studentenschaft« im Lustgarten zugelassen, allerdings flankiert durch »umfassende Aufsichtsmaßnahmen mit Rücksicht auf die Vorgänge des Vorjahres.«[60]

---

57 Oswald von Nostitz, Die Berliner Vorgänge, in: *Burschenschaftliche Blätter,* Heft 12, Juli 1929, S. 7 f.
58 Otto Braun im Preußischen Landtag, 9.7.1929, abgedr. in: *Student und Hochschule,* Nr. 2, 20.7.1929, S. 25.
59 Der Rektor an Becker, 4.7.1929. GStA PK I. HA, Rep. 76, Va, Sekt. 2, Tit. XII, Nr. 16, Bl. 331. Empörung über das Vorgehen der Polizei in den *Burschenschaftlichen Blättern,* Heft 11, Juli 1929, S. 287.
60 Die Reden sollten halten der Kreisvorsitzende der Deutschen Studentenschaft, cand. phil. Hoppe und Dr. Kleo Pleyer vom Politischen Kolleg der Universität, s. *Berliner Lokal Anzeiger* 26.6.1930. Vgl. Der Pol- Präs. 26.6.1930. LA Berlin A Pr. Br. Rep. 30, Tit. 90, Nr. 7507.

Der Langemarck-Kult und die Rolle der Studenten
im Rahmen des offiziellen Gefallenengedenkens

Die Korporationen waren bei offiziellen Gedenkveranstaltungen stark vertreten. Darüber hinaus entwickelte sich am Ende der Weimarer Republik ein eigenständiger, extremer Nationalismus unter Studenten, der in die frühe Formierung des Nationalsozialismus an den Berliner Hochschulen mündete. Zentrale Motive des studentischen Nationalismus waren, verstärkt seit 1929, der Langemarck-Mythos und der Kampf gegen den Versailler Vertrag. Jährlich fanden nun an den Jahrestagen der beiden Ereignisse am 10. November und 28. Juni studentische Feiern und Demonstrationen statt. Bei den offiziellen Trauerfeiern zu Ehren der Gefallenen im Plenarsaal des Reichstags waren am jeweiligen Volkstrauertag bis zu 150 Korporationen präsent. »Ergreifend wirkten«, so die Mitteilungen des Volksbundes deutscher Kriegsgräberfürsorge 1926, »auch die Vorträge des Sprechchors der Berliner Universität. Bei den Klängen ›Ich hatt' einen Kameraden‹ senkten sich die Fahnen und die Schläger der Studenten klirrten im Rhythmus zusammen.«[61] Die Korporationen weigerten sich, am Volkstrauertag 1929 gemeinsam mit republikanischen Studentengruppen im Reichstag aufzutreten. Daraufhin lud der veranstaltende Volksbund deutscher Kriegsgräberfürsorge die demokratischen Studenten wieder aus.[62]

In der Reichsbanner-Presse wurde der Volkstrauertag als »Kampftag der Deutschnationalen« aufgefasst, und die »theatralischen Veranstaltungen« im Reichstag wurden kritisiert, »wo die Schwarz-Weiß-Rote Fahne dominierte, die Paradeuniformen schillerten und glitzerten im reichlichen Ordenssegen.«[63]

Beim Ehrenspalier zu Hindenburgs 80. Geburtstag sah man »ein farbenprächtiges Spalier der Korporationen« vor der Charlottenburger Technischen Hochschule. Hier unterbrach Hindenburg seine Fahrt und hörte eine Ansprache des Vorsitzenden der Deutschen Studentenschaft.[64]

Nur geringes Engagement zeigte sich hingegen bei der Vorbereitung des Verfassungstages am 11. August 1929. So wurde die Studentenschaft ausdrücklich zur Teilnahme an der Stadionfeier am 10. Verfassungstag aufgefordert. Doch nur sieben demokratische und sozialistische Gruppen sowie jüdische Korporationen der Friedrich-Wilhelms-Universität waren bereit, teilzunehmen bzw. zu chargieren.[65] Die Korpora-

---

61 *Kriegsgräberfürsorge. Mitteilungen des Volksbundes deutscher Kriegsgräberfürsorge e. V.*, Berlin April 1926, S. 50. Vgl. auch Volksbund dt. Kriegsgräberfürsorge (Hrsg.), Deutscher Volkstrauertag 1928, Berlin 1928, S. 40.
62 *Student und Hochschule,* Nr. 4, Oktober 1929, S. 60.
63 *Illustrierte Reichsbanner Zeitung* Nr. 13, 26.3.1927, S. 202.
64 *Militärwochenblatt* 11.10.1927, S. 520.
65 Der Rektor an das Sonderbüro f.d. Verfassungsfeier im Reichsministerium des Inneren, 27.11.29. Er orderte ca. 450 Karten (bei 12.500 Studenten). GStA PK I. HA, Rep. 76, Va, Sekt. 2, Tit. XII, Nr. 3, Bl. 320.

tionen und Burschenschaften hatten auf ihrem Studententag in Hannover zuvor beschlossen, an den Feiern in den Hochschulen nicht teilzunehmen.[66]

Eigenständige Initiative, im Bündnis mit Militärs, entwickelten Studenten im Langemarck-Kult. So führte die »Ypern-Gedenkfeier am Tage von Langemarck« am 10. November 1929 10.000 Teilnehmer in den Berliner Sportpalast. Das »Treuegelöbnis des Führers der Studentenschaft, cand. phil. Hoppe, wies in die Zukunft und mahnte die zahlreich anwesende akademische Jugend, sich den Opfergeist der jungen Kämpfer von Ypern zu bewahren, die damals hinübergingen zur Großen Armee, ohne Rücksicht auf Partei und Konfession, nur im Dienst des Vaterlandes.« Die Veranstaltung wurde als größte Berliner Gefallenenehrung der Nachkriegszeit gefeiert.[67]

Im Jahr darauf hatten die sechs Rektoren der Berliner Universitäten das Ehrenprotektorat für die Langemarck-Feiern der Deutschen Studentenschaft in der Garnisonkirche Potsdam übernommen. Korporationen und Regimentsvereine bestimmten das Bild. Der ehemalige Rektor der Friedrich-Wilhelms-Universität, Reinhold Seeberg, hielt die Rede.[68]

Der berühmte Langemarck-Heeresbericht des 11. November 1914 hatte von siegreichen Angriffen junger deutscher Regimenter berichtet, die, das Deutschlandlied singend, vorangestürmt seien. Tatsächlich hatte es sich um eine Reihe verlustreicher Infanterieangriffe auf alliierte Stellungen bei Ypern gehandelt, der tausende unzureichend ausgebildete Kriegsfreiwillige, darunter auch Schüler und Studenten, zum Opfer fielen. Im Laufe der Kriegs- und Nachkriegszeit wurde aus der Erinnerung an diese Ereignisse, die sich zwischen dem 20. Oktober und 11. November 1914 bei Dixmuiden abgespielt hatten, der Langemarck-Mythos einer opferbereiten patriotischen Jugend destilliert.[69] So sprach der Vertreter des Volksbundes deutscher Kriegsgräberfürsorge auf der Berliner Langemarck-Feier des Jahres 1932: »Kurz und sachlich ist dieser Heeresbericht, und der ihn geschrieben hat, hat wohl nicht geahnt, daß er den ersten Satz zu einem neuen deutschen Heldenepos niederlegte, an dem noch Geschlechterfolgen dichten werden.« In einer paradoxen Umdeutung des wirklichen Geschehens

---

66 Beschlüsse des 12. Studententages am 20.7.1929, X. verschiedenes, Punkt 56, in: *Akademische Rundschau. Nachrichtenblatt der Deutschen Studentenschaft*, Göttingen, Heft 13, August 1929. »Inzwischen haben an mehreren Universitäten Verfassungsfeiern ohne studentische Vertreter stattgefunden. In Köln passierte die böse Geschichte, dass eine einzige Korporation chargierte – diese war eine jüdische.« *Burschenschaftliche Blätter*, Heft 12, September 1929, S. 336.
67 *Militärwochenblatt* 18.11.1929, S. 750.
68 *Militärwochenblatt* 4.11.1930, S. 663. Siehe auch 4.11.1932, S. 580.
69 Weniger als 18% der eingesetzten Männer waren Schüler und Studenten. Die Behauptung, beim Angriff sei das Deutschlandlied gesungen worden, konnte nicht belegt werden. Siehe dazu Karl Unruh, Langemarck. Legende und Wirklichkeit, Koblenz 1986.

fabulierte der Redner: »Langemarck ist die Brücke, die vom Tode zum Leben führt«, und pries das Massensterben als »Kraftquelle, Verpflichtung und Erleuchtung der deutschen Jugend.«[70]

Bei der Feier am Volkstrauertag 1931 im Reichstag sprach der studentische Vertreter im Gedenken an die »singende Jugend von Langemarck« die Losung: »Fahne ist Glaube und Grab ist Glaube. Fahne ist Sieg und Grab ist Sieg.«[71] Erstaunlich wirkt beim Langemarck-Kult, dass das Massensterben nicht als Skandalon empfunden wurde. So heißt es im veröffentlichten »letzten Brief eines Burschenschaftlers«: »Das Elend, das ich mit ansehen mußte, ist nicht zu beschreiben, reihenweise wurden unsere Leute niedergemäht, allenthalben ein Stöhnen und Schreien.« Wenig später geht es unbekümmert weiter: »In keckem Draufgängertum und zuversichtlich stürme ich an der Spitze einiger Freiwilliger weiter.«[72] Die »Jugend kämpfte mit frischem, frohem und freiem Herzen«, schrieb ein anderer Teilnehmer der Ypern-Schlacht und wies auf eine unübertreffliche Steigerung des patriotischen Opfertodes hin: »Südlich von Ypern, als bei Wytschaete junge bayrische Regimenter durch eine unheilvolle Verkettung von Umständen auf Stunden in das eigene Feuer der deutschen Geschütze und Maschinengewehre kamen. Durch deutsche Geschosse wurde deutsche Jugend hingemäht und sie wußte es und sah keinen anderen Ausweg. Sie sang als ihr Sterbelied ›Deutschland, Deutschland, über Alles‹.«[73] Die Tatsache, dass eine große Zahl von Soldaten durch »friendly fire« ums Leben kam, war ein neues Kriegsphänomen. Es hing mit den mangelnden Kommunikationstechniken auf dem Schlachtfeld zusammen. Besonders in der Anfangsphase des Krieges konnte das Artilleriefeuer nur mangelhaft mit den Bewegungen der Infanterie abgestimmt werden.[74] Dieses technische Problem bedurfte nach dem Krieg einer besonderen Sinngebung.

Zum Ausbau einer Gedenkstätte auf dem belgischen Friedhof sammelte die Deutsche Studentenschaft Spenden, erhielt dafür allerdings keine Anerkennung als öffentliche Sammlung, da der preußische Staatskommissar für die Regelung der Wohlfahrtspflege keinen überparteilichen Charakter der Organisation erkennen konnte.[75]

---

70 Dr. Eulen, Langemarck, in: *Kriegsgräberfürsorge. Mitteilungen des Volksbundes dt. Kriegsgräberfürsorge e.V.*, Berlin, Dezember 1932, S. 176 f. Ausführlich zu den Friedhofsbauten in Langemarck: Siehe das Augustheft 1932, S. 113-123.
71 Siegfried E. Eulen, Gedenkrede, in: *Burschenschaftliche Blätter*, Heft 7, April 1931, S. 153.
72 Aus dem letzten Brief eines gefallenen Burschenschaftlers, in: *Burschenschaftliche Blätter*, Heft 2, November 1924, S. 23.
73 Edgar Stelzner, Langemarck, in: *Burschenschaftliche Blätter*, Heft 2, November 1928, S. 11.
74 Stefan Kaufmann, Kommunikationstechnik und Kriegführung 1815–1945, München 1996, S. 149 ff.
75 *Der Student. Akademische Rundschau*, Göttingen, Heft 4, März 1929, S. 9.

Zulauf für die Nationalsozialisten an der Universität

Ende der 1920er-Jahre gewannen die Nationalsozialisten unter den Studenten der Friedrich-Wilhelms-Universität rasch Anhänger. Der traditionelle Monarchismus verblaßte, und der Rassenantisemitismus der NSDAP erschien vielen Völkischen radikaler und moderner.[76] »Vorstellungen alter Burschenherrlichkeit« ließen den Studenten »noch immer einen Typ als Ideal erscheinen, der in der heutigen Zeit vollkommen wertlos, wenn nicht sogar schädlich ist. Nicht ›bierehrliche‹ Stichfestigkeit, sondern politische Schlagkraft ist jetzt nötig«, forderte Hitler 1927 in den *NS-Hochschulbriefen*.[77] Zudem behinderte kein Uniformverbot an den Berliner Universitäten die politische Markierung des Raumes. Allein sei »für politische Vereinigungen das Chargieren mit Fahnen bei akademischen Feiern bei der Niederlegung von Kränzen ausgeschlossen. Kränze mit politischen Abzeichen an dem Gefallenendenkmal der TH niederzulegen ist hier gestattet«, schrieb der Rektor der TH auf eine Rundfrage der Rektorenkonferenz im Dezember 1932.[78] Die gleiche Regelung galt auch für die Friedrich-Wilhelms-Universität. Seit Januar 1930 galten die Akademischen Bierhallen in der Dorotheenstraße 80 als Stützpunkt der NS-Studenten. In der Georgenstraße 44 befand sich die Geschäftsstelle des Nationalsozialistischen Deutschen Studentenbundes.[79] Provokationen der NS-Studenten und kommunistische Gegenaktionen führten in den folgenden Jahren immer wieder zu Tumulten und Schlägereien auf dem Universitätsgelände und im Hauptgebäude.

Gefallenendenkmäler der deutschen Hochschulen

Die meisten Kriegerdenkmäler der Universitäten und Burschenschaften hatten einen betont revanchistischen Charakter. Der Langemarck-Kult und die Hochschulsportbewegung bildeten das Bindeglied zum militärischen Milieu. Das Denkmal der Bonner Universität zeigte einen Jüngling, der breitbeinig stehend, mit beiden Armen ein Schwert zum Himmel streckte. Der Sockel trug die Aufschrift »Flamme empor.« An

---

76 Siehe zur Entwicklung des deutschnationalen, völkischen Milieus unter dem Einfluß der aufkommenden NS-Bewegung: Marc Zirlewagen, Der Kyffhäuserverband der Vereine Deutscher Studenten in der Weimarer Republik, Köln 1999 und Dietrich Heither, Michael Gehler, Alexandra Kurth, Gerhard Schäfer, Blut und Paukboden. Eine Geschichte der Burschenschaften, Frankfurt 1997.
77 Adolf Hitler, Studentenschaft und Politik, in: *NS-Hochschulbriefe. Kampfblatt des NSDStB*, Folge 2, Jan./Febr. 1927.
78 Rektor Tübben, TU Berlin, Antwort auf eine Rundfrage des Vorortes der Rektorenkonferenz, 12.12.1932, in: Universitätsarchiv, Akten Rektor und Senat, Abt. I Zentrale Verwaltung, Nr. 21/1.
79 Pol-Inspektion Linden, Abt. I Tgb. Nr. 110/30, 9.1.1930, Verzeichnis der Verkehrslokale der KPD und NSDAP, in: Landesarchiv Berlin A Pr. Br. Rep. 30, Tit. 90, Nr. 7491.

der Ehrentafel der Universität Gießen prangte die Inschrift »Litteris et armis ad utrumque parati.« Das Ehrenmal der Deutschen Studentenschaft in Würzburg, geschaffen von German Bestelmeyer, bestand aus einem Granitblock, in den Hände eingraviert waren, die sich vor einer aufgehenden Sonne nach einem Schwert ausstreckten. Hermann Hosaeus' Ehrenmal für die Gefallenen der TH Charlottenburg stellt einen voranschreitenden Handgranatenwerfer dar. Die Bronzeplastik, wurde auf einem Sockel in der eigens hergerichteten Ehrenhalle der TH aufgestellt. Nach jahrelanger Planung wurde das Denkmal am 22. Februar 1926 eingeweiht, im Zweiten Weltkrieg jedoch mit dem Gebäudeteil zerstört. Die etwa 1,30 m hohe Plastik war auf einem Muschelkalksockel plaziert. Der Werfer trägt eine zeitgenössische Uniform mit Messer und Pistole am Gürtel, die Sockelzone zeigt im Hochrelief vier Viktorien mit Lorbeerkränzen und Eichenlaub. Der Sockel trug Hölderlins Satz »Lebe droben, o Vaterland, und zähle nicht die Toten. Hier ist, liebes, nicht einer zuviel gefallen.« Hinter der Figur hing eine Tafel mit den Namen der Gefallenen an der Wand, überschrieben vom Langemarck-Heeresbericht des 11. November 1914. Hosaeus' idealisierter junger Krieger war Gegenstand breiter Zustimmung. Seine Darstellung sei »lebenswahr und lebendig, eine Verkörperung der mutig in den Kampf vorstürmenden Jugend«.[80] In paradoxer Verkehrung der historischen Ereignisse sprachen zeitgenössische Betrachter von einer »wirkungsvollen Gestalt« als »Ausdruck von Kampfesmut und Lebensbejahung.«[81]

Über die Einweihungsfeier, die von den studentischen Verbindungen dominiert wurde, berichtete die Lokalpresse: Der Festredner, Prof. Dr. Seeßelberg, habe »in packenden Worten der jungen Studierenden gedacht, die aus den Hörsälen an die Front geeilt waren. [...] Das Ehrenmal selbst stellt die kühnbewegte Figur eines vorwärtsstürmenden Handgranatenschleuderers dar.«[82] Die Plastik konnte auch anders interpretiert werden: »[...] ein Feldsoldat in wildem Sprung, die Handgranate in der erhobenen Faust, bereit, Tod und Verderben um sich zu sehen. So symbolisiert eine deutsche Hochschule ihre Aufgaben. Aber die Angehörigen, die Väter, Mütter und Bräute saßen dabei und machten sich keinerlei Gedanken über diese Ungeheuerlichkeit.«[83] In der Festrede sprach Seeßelberg von »400 Helden«[84], »größtenteils Freiwilligen«. Er beschwor eine klassenlose Frontgemeinschaft: »Vor den Granaten und Maschinengewehren des Feindes galt der eine nicht mehr als der andere: »Der Student, der junge Privatdozent, der alternde Professor [...], sie haben das Hochbild heldischer Sittlichkeit, das Ideal echter, auf militärischem Gehorsam gründender Freiheit vorbildlich für alle Zeiten hochgehalten. [...] Die Toten rufen aus ihren Gräbern: ›Laßt nicht vom

---

80 *Deutsche Bauzeitung*, 60. Jg., 13.3.1926, S. 183, vgl. a. DB 8.5.1926, S. 305-308.
81 *Deutsche Bauzeitung*, 58. Jg., 6.9.1924, S. 468.
82 *Berliner Lokal Anzeiger* 23.2.1926.
83 *Vorwärts* 23.2.1926.
84 Nach einer Statistik des *Militärwochenblattes* vom 18.7.1926 fielen 294 Studenten der TH, 995 der Friedrich-Wilhelms-Universität, 29 der Tierärztlichen Hochschule, 75 der Landwirtschaftlichen Hochschule und 87 der Handelshochschule.

heiligen Zorn über die Demütigungen, die man uns zufügte, über die Drangsale, die unsere Stammesgenossen im besetzten Gebiet, in Südtirol und anderswo erdulden. Schaut um Euch und beachtet, wie man die deutsche Wissenschaft vom Wettbewerbe unter den Kulturvölkern auszuschalten sucht!«[85] Der *Vorwärts* bemerkte zu dieser »Nationalistischen Denkmalsfeier«: »Die Reichsfahne erblickte man nicht.«[86] Stattdessen hatte das Motto »Saat von Gott gesäet, dem Tage der Garben zu reifen« im Zusammenhang mit Seeßelbergs Rede einen deutlich revanchistischen Gehalt.

Am Langemarck-Tag des Jahres 1930 legte der Nationalsozialistische Studentenbund einen Kranz am Denkmal nieder, der neben dem Hakenkreuz die Aufschrift trug »Ex ossibus ultor«, worauf der Senat zum Missfallen der Rechtspresse die Kranzbinde entfernen ließ.[87]

Das Gefallenendenkmal der Friedrich-Wilhelms-Universität: Wettbewerb, Entstehungsgeschichte und Rezeption[88]

Die Denkmalspläne gehen schon auf die Kriegszeit zurück. Am 13. März 1915 beschloss der Senat, den Gefallenen eine Gedenktafel zu widmen. 1916 sollte im Rahmen der Anbauten und Umgestaltung des Gartenhofs eine provisorische Anlage von Rasenflächen und Wegen im Inneren des Kastanienwäldchens für das vom Senat gewünschte »schlichte Ehrenmal gefallener Angehöriger der Universität« entstehen.[89] Nach dem Krieg griff Rektor Reinhold Seeberg, von dem die am 24. Mai 1919 in einer Gedächtnisfeier für die gefallenen Angehörigen der Universität im Berliner Dom[90] vorgestellte Inschrift »Invictis victi victuri« stammte, die Idee wieder auf: »Invictis: Ein Wort stolzen Dankes an unsere Helden. Victi: Ein wehes Bekenntnis unserer Er-

---

85 Abgedruckt in *Akademische Blätter. Zeitschrift des Kyffhäuser-Verbandes deutscher Studenten*, 41. Jg., Berlin August/September 1926, S. 45 f. Zuvor war der Denkmalsbau in der Festrede zum 125. Jahrestag des Bestehens der TH angekündigt worden: »Tausende von Kommilitonen ziehen 1914 in den Krieg mit dem heiligen Feuer jugendlicher Begeisterung«. Der Gefallenen wurde gedacht: »Mit Euch ist kostbare Saat in den Boden gelegt. Aus ihr wird auferstehen das Deutsche Reich zu neuer Blüte: Saat von Gott gesät, dem Tage der Garben zu reifen.« Festrede von Prof. M. Weber am 1.7.1924, in: Die TH zu Berlin 1799–1924. Festschrift, Berlin 1925, S. 17 f.
86 *Vorwärts* 23.2.1926.
87 *Frankfurter Zeitung* 11.11.1930.
88 Neuere Literatur dazu: Kathrin Hoffmann-Curtius, das Kriegerdenkmal der Friedrich-Wilhelms-Universität 1919–1926. Siegexegese der Niederlage, in: *Jahrbuch für Universitätsgeschichte*, Berlin 5/2002, S. 87-116.
89 Das Preußische Innenministerium an den Rektor und Senat, 11.6.1916. GStA PK I. HA, Rep. 76, Va, Sekt. 2, Tit. I, Nr. 1, Bd, Bl. 228.
90 Von einer alternativen Feier im Universitätshof, bei der der ehemalige Seeoffizier stud. jur. Meier eine Rede hielt, berichtete der *Vorwärts* 25.5.1919, 3. Beilage. Hier wurde das Gefallengedenken mit einem Aufruf zu Frieden und zur Respektierung individueller Freiheit verbunden.

niedrigung. Victuri: Der Ausdruck des Glaubens, dass wir trotz allem siegen und leben – es kann beides bedeuten – werden.«[91]

Zunächst wurde ein Entwurf Eberhard Enckes diskutiert, aber offenbar abgelehnt. Ein Denkmalsausschuss von Sachverständigen der Universität wurde gebildet, der die Ausschreibung gestalten sollte.[92] Diese Kunstkommission forderte je vier Bildhauer und Architekten in einem beschränkten Wettbewerb zu Entwürfen auf, die eine architektonisch-figürliche Umsetzung des Mottos darstellen sollten.[93] Die Entscheidung wollten Rektor und Senat gemeinsam mit Vertretern des Ministeriums für Wissenschaft, Kunst und Volksbildung treffen.[94] Eingeladen worden waren: Die Bildhauer Georg Kolbe, Eberhard Encke, Hugo Lederer und August Gaul, die Architekten German Bestelmeyer, Hans Poelzig, Peter Behrens und Hermann Muthesius.[95] Die Modelle wurden zunächst unter Ausschluß der Öffentlichkeit in der Neuen Aula präsentiert und im kleinen Kreise besprochen. Sogar mit Kulissen wurde an Ort und Stelle geprobt.[96] Rektor Meyer mahnte, vor der Entscheidung dürfe nichts in die Presse kommen.[97] Der Bildhauer Lederer und der Architekt Bestelmeyer erhielten den Zuschlag auf Drängen des Stadtbaurates Ludwig Hoffmann, der als Sachverständiger der Kommission beistand[98]; sie sollten ihren Entwurf überarbeiten. Nach der Entscheidung wurde das fertige Mo-

---

91 Abschrift aus der Rede bei der Trauerfeier vom 24.5.1919, in: GStA PK I. HA, Rep. 76, Va, Sekt. 2, Tit. X, Nr. 27, Bd. 6, Bl. 15. Vgl. a. Reinhold Seeberg, Invictis victi victuri, in: Wir heißen Euch hoffen. Vier akademische Reden, Berlin 1919, S. 33-43.
92 Mitglieder waren Adolph Goldschmidt, Ordinarius Kunstgeschichte, Prof. Ferdinand Noack, Klassische Archäologie, Prof. Max Dessoir, Philosophie und Ästhetik und Honorarprof. Ludwig Justi, Leiter der Nationalgalerie. Siehe Aktennotizen vom 9.12.1919 und 13.1.1920, in: GStA PK I. HA, Rep. 76, Va, Sekt. 2, Tit. X, Nr. 27, Bd. 6, Bl. 23.
93 Beschluss der Sitzung vom 8.12.1919 im Rektoratszimmer, Aktennotiz von Oberreg.-Rat Richter, UI 7171 7361, 9.12.1919, in: GStA PK I. HA, Rep. 76, Va, Sekt. 2, Tit. X, Nr. 27, Bd. 6.
94 Rektor Meyer an das Ministerium für Wissenschaft, Kunst und Volksbildung, Tgb.-Nr. 74, 13.1.1920. Bis zum 15. Februar sollten die eingeladenen Künstler Entwürfe vorlegen, über die dann mit dem Ministerium entschieden werden sollte. Spenden durch Studenten, Dozenten und außeruniversitäre Öffentlichkeit sollten die Finanzierung sichern, in: GStA PK I. HA, Rep. 76, Va, Sekt. 2, Tit. X, Nr. 27, Bd. 6, Bl. 23.
95 *Vossische Zeitung* 15.10.1920.
96 Am 15.7.1920 wurde ergebnislos mit Kulissen geprobt, am 22.7. mit »großen Kulissen« ein Standort gefunden, Aktennotizen von Wilhelm Waetzold vom 15.7.1920 und 24.7.1920, UI 6829, in: GStA PK I. HA, Rep. 76, Va, Sekt. 2, Tit. X, Nr. 27, Bd. 6.
97 Der Rektor an Oberreg.-Rat Richter 21.2.1920. Bei der Besprechung in der Neuen Aula waren anwesend: Rektor Meyer, die Professoren Seeberg und Dessoir, der studentische Vertreter Biertimpel, Stadtbaurat Hoffmann. Lederer/Bestelmeyer wurden zur Überarbeitung ihres Entwurfes aufgefordert und erhielten den Auftrag. Weitere Schreiben des Rektors an den Minister am 22.6.1920, 23.6.1920, in: GStA PK I. HA, Rep. 76, Va, Sekt. 2, Tit. X, Nr. 27, Bd. 6, Bl. 27, 38 f.
98 An der entscheidenden Besichtigung der Modelle nahmen außerdem teil: Rektor Meyer, die Prof. Seeberg und Dessoir, der studentische Vertreter Biertimpel. Nach der Entscheidung bat der Rektor um Zustimmung des Ministeriums, das keinen Vertreter entsandt hatte, Brief des Rektors an das Ministerium für Wissenschaft, Kunst und Volksbildung 22.6.1920, in: GStA PK I. HA, Rep. 76, Va, Sekt. 2, Tit. X, Nr. 27, Bd. 6, Bl. 38.

dell im Oktober 1920 in der Alten Aula der Öffentlichkeit vorgestellt, verbunden mit einem Spendenaufruf. Schon am 1. Februar 1920 hatte die Fachpresse gemeldet: »Der Senat bittet die Dozenten, im Winter- und nächsten Sommersemester je 2% der Vorlesungshonorare als Beitrag für das Gefallenendenkmal zu widmen.«[99]

Die Ausstellung des genehmigten Entwurfs sorgte für erste, auch negative, Pressereaktionen. Die *Vossische Zeitung* monierte: »Das alles spielte sich hinter dem Vorhang ab. Die Öffentlichkeit erfuhr nichts davon und bekam die Entwürfe bis heute nicht zu sehen. Das ist ein sehr eigentümliches Verfahren. Umso eigentümlicher, als sich jetzt die Universität an die Öffentlichkeit wenden will, um weitere Mittel zur Beschaffung des Denkmals zu erlangen.« Der geplante Standort inmitten des Gartens als einer »Erholungsstätte der Studenten« wurde als unpassend kritisiert, die Plastik Lederers hingegen als »große Form« mit würdiger Inschrift gelobt.[100] Die Universität hoffte »auf die Hilfe aller Deutschen, denen der Sinn für bildhafte Verkörperung idealer Güter noch heute lebendig geblieben ist.«[101] 60.000 RM wurden für die Realisierung ausgelobt, weitere Spenden sollten gesammelt werden.

Gegen die Wettbewerbsbedingungen, die im kleinen Kreise erdacht worden waren[102], protestierte Rudolf Belling. Er konzipierte 1920 eine halb rot-, halb goldgetönte Kugel, die, auf einer roten Schräge fixiert, in ein mosaikverziertes Becken zu fallen drohte. Die Kugel trug die Aufschrift »Wofür.«[103] Er protestierte mit seinem Entwurf gegen den beschränkten Wettbewerb unter »reaktionären« Bildhauern und Architekten.[104]

Schon bald reduzierte die Ungunst der Zeit das Spendenaufkommen. Wenigstens eine reduzierte Version sollte verwirklicht werden. Private Sponsoren seien bereit, dafür vier Mio. RM aufzubringen, wenn sie die Spenden von der Steuer absetzten könn-

---

99 *Der Steinbildhauer, Steinmetz und Steinbruchbesitzer*, München, Nr. 4, 1.2.1920, S. 20 und Nr. 6, 20.2.1920, S. 59.
100 Max Osborn, *Vossische Zeitung* 15.10.1920. Lob auch im *Berliner Tageblatt* vom 15.10.1920 von Fritz Stahl: »Lederers Figur drückt einen schönen Gedanken aus«, müsse jedoch noch künstlerisch perfektioniert werden. Grundsätzlich ablehnend schrieb die *Deutsche Allgemeine Zeitung* am 20.10.1920: »Ist es wirklich nötig, ein solches Denkmal zu errichten?«
101 Peinlicherweise war die Inschrift im Spendenaufruf falsch wiedergegeben: »Victis« statt »Invictis« entstellte den Sinn. In: GStA PK I. HA Rep. 76, Va, Sekt. 2, Tit. X, Nr. 27, Bd. 6, Bl. 45.
102 Darauf weisen zwei Briefe des Rektors Eduard Meyer vom 27.3. und 26.4.1920 an Hoffmann hin, in: Nachlaß Ludwig Hoffmann, LA Berlin E Rep. 200-50, Acc. 3559, Nr. 74.
103 Nur eine schriftliche Überlieferung des Entwurfs ist erhalten, nach Winfried Nerdinger, Rudolf Belling (Katalog), Berlin 1981, S. 72. Vgl. auch Dietrich Schubert, Walter Gropius' Denkmal der Märzgefallenen, in: *Jahrbuch der Hamburger Kunstsammlungen*, Bd. 21, 1976, S. 211.
104 Zugelassen zum Wettbewerb waren Hans Poelzig, Hugo Lederer/Herbert Garbe, German Bestelmeyer, Georg Kolbe, Peter Behrens. Rektor Meyer an das Ministerium für Wissenschaft, Kunst und Volksbildung, Tgb.-Nr. 74, 13.1.1920. Bis zum 15. Februar sollten die eingeladenen Künstler Entwürfe vorlegen, über die dann mit dem Ministerium gemeinsam entschieden werden sollte. GStA PK I. HA, Rep. 76, Va, Sekt. 2, Tit. X, Nr. 27, Bd. 6, Bl. 23. Noch 1917 hatte Belling mit seiner Kleinplastik aus Alluminiumguss einen selbstbewusst-lässigen »Flieger« dargestellt. Galerie von Finckenstein, Berlin.

ten, schrieb Kulturminister Becker an den Reichsfinanzminister.[105] Dieser befand den Bau des Kriegerdenkmals als »gemeinnütziges Opfer« und stimmte umgehend zu.[106] Verstimmung im Ministerium und bei Lederer löste im November 1922 das überraschende Vorhaben Seebergs und der studentischen Vertreter aus, aus Kostengründen einen vier Meter hohen Findling als Ehrenmal aufzustellen, der schon in einer Steinmetzfirma bereit lag. Die Firma Schleicher war auf die Herstellung von Kriegerdenkmälern spezialisiert.[107] Aufstellung und Einweihung am 26. November 1922 wurden schließlich abgesagt, nachdem das Ministerium den Coup entschieden abgelehnt hatte.[108] Im Mai 1923 wurde ein Spendenaufruf für den Lederer-Entwurf zugunsten der »Vereinigung von Spendern zur Errichtung eines Kriegerdenkmals für die gefallenen Studenten in Berlin, Deutsche Bank Depositenkasse A, Berlin« von Prominenten aus Politik und Wirtschaft unterzeichnet: Reichspräsident Ebert, Kanzler Cuno, die Präsidenten der Preußischen Staatsbank und der Reichsbank, der Direktor der Deutschen Bank, der Rektor der Universität, der Vorsitzende der Studentenschaft, Max Liebermann, Präsident der Akademie der Künste, u.a. Rasch kamen Spenden u.a. von der Dresdner Bank, der Discontogesellschaft und der Danat-Bank zusammen. Nun konnte zumindest das Rohmaterial erworben werden. Trotzdem stockte der Fortgang der Arbeiten. Der neue Rektor Roethe mutmaßte im Mai 1924, Lederer habe lukrativere Aufträge vorgezogen und wollte ihn mit einem höheren, garantierten Honorar zur Eile antreiben, aus »Sorge vor Erregung der Studentenschaft« und neuerlicher Geldentwertung.[109] Wiederum zwei Jahre vergingen, bis das Fundament aus Hartbrandsteinen in verlängertem Zementmörtel erstellt war und die vier Pylonen und der Sockel für die Figur standen.[110]

Lederer schien dem Senat auch deshalb geeignet, weil man ohnehin seit Jahren mit ihm zusammenarbeitete. Schon 1913 hatte man einen Vertrag über die Lieferung zweier Standbilder Fichtes und Savignys geschlossen, die allerdings wegen kriegsbedingter Schwierigkeiten erst zehn Jahre später aufgestellt wurden.[111] Auch sein Gefal-

---

105 Der Preuß. Kultusminister an den Reichsfinanzminister, 11.12.1922, in: GStA PK I. HA, Rep. 76, Va, Sekt. 2, Tit. X, Nr. 27, Bd. 6, Bl. 58.
106 Antwort des Reichsfinanzministers an Becker am 23.12.1922. Ein eingetragener Verein wurde zur Spendensammlung empfohlen, in: GSTA PK I. HA Rep. 76, Va, Sekt. 2, Tit. X, Nr. 27, Bd. 6, B. 59.
107 Die Berliner Firma führte auch das Ehrenmal des 5. Garde-Regiments zu Fuß in Spandau aus.
108 Niederschrift im Preuß. Ministerium für Wissenschaft, Kunst und Volksbildung, November 1922 und Schreiben Siegfried Wendts (AStA) an den Minister, in: GStA PK I. HA, Rep. 76, Va, Sekt. 2, Tit. X, Nr. 27, Bd. 6, Bl. 65 ff.
109 Gustav Rothe an Ministerialrat Waetzoldt, 8.5.1924, in: GStA PK I. HA, Rep. 76, Va, Sekt. 2, Tit. X, Nr. 27, Bd. 6, Bl. 103.
110 Der neue Rektor Pompeckj an den Minister, Tgb. Nr. 99, 13.3.1926, in: GStA PK I. HA, Rep. 76, Va, Sekt. 2, Tit. X, Nr. 27, Bd. 6, Bl. 121.
111 Vertrag Lederers und des Rektors Baudissin, 12.7.1913. In: GStA PK I. HA, Rep. 76, Va, Sekt. 2, Tit. I, Nr. 1, Bd., Bl. 186. Vgl a. Bl. 221.

lenendenkmal konnte erst Jahre später enthüllt werden; Inflation, politische Erwägungen und wechselnde bauliche Pläne für das Gartengelände waren die Gründe für die Verzögerung. Planung und Aufbau zogen sich nun einige Jahre hin. Im Februar 1925 meldete das *Militärwochenblatt* fälschlicherweise die bevorstehende Enthüllung.[112] Doch bis Ende Juni 1926 waren erst der Sockel und die Pylonen errichtet, die Figur ließ noch auf sich warten.[113] Der *Vorwärts* berichtete im März 1926 vom Stand des Denkmalsbaus: Pylonen und der »Riesenquader« als Sockel für die Figur stünden schon, »wuchtig und eindrucksstark [...]. Äußerlich ist mit dem Stil der Siegesallee gebrochen worden. Aber dieser alte Geist, mit dem das republikanische Deutschland und schließlich auch eine Universität der Republik fertig sein sollte, spukt dafür noch in den Köpfen derer, die es weihen wollen und stets vor Augen haben werden.« Man sei gespannt, wie man das provokante Denkmalsmotto bei der Einweihung noch verbrämen werde.[114]

Hugo Lederer war ein vielbeschäftigter Denkmalkünstler der Kaiserzeit geworden, nachdem sein Hamburger Bismarckdenkmal ihm 1906 alle Türen geöffnet hatte.[115] Das 25 m hohe Denkmal aus Granit wurde von Presse und Kunstkritik gefeiert: »Die Gestalt ist ein vollendeter Übergang von der in strengen Formen gegliederten anorganischen Masse, die der Unterbau darstellt, zu der belebten und durchgeistigten Materie des Menschenkopfes.« Dieser Riese mit dem Riesenschwert habe nichts Drohendes oder Provozierendes, das die Ausländer in manchen neudeutschen Produkten so peinlich empfinden und viele Deutsche auch, schrieb Fritz Stahl im November 1906.[116] Eine zeitgenössische Schrift lobte die stark ausgeprägte Heldenverehrung Lederers, »seine starke Vorliebe, den männlichen Körper als Inbegriff des Kraftvollen darzustellen.«[117] Nach seinem Erfolg von 1906 konsolidierte er seine Fertigkeiten, um schon bald, gerade bei Denkmälern pro patria zu einem Automatismus bewährter Formensprache zu gelangen. Das Universitätsdenkmal ist hier stilistisch in einer Reihe zu sehen mit den Kriegerdenkmälern in Altdamm und Frankfurt a.O. von 1925 und

---

112 *Militärwochenblatt* 18.2.1925, S. 946.
113 *Militärwochenblatt* 25.6.1926, S. 1754.
114 *Vorwärts* 25.3.1926.
115 Hugo Lederer (1871–1940). 1909 ordentl. Prof. u. Mitglied der Akademie der Künste. 1921 übernahm er das Meisteratelier des ehem. Hofbildhauers Louis Tuaillon, 1925 stellte er sich selbst als Präsidentschaftskandidat in der Akademie auf.
116 Die Härte des Materials zeigte sich darin, »daß auf dem Werkplatz des Denkmals täglich 400 Eisen stumpf geschlagen wurden«. Der auf Fernsicht gefertigte Bismarckkopf musste so stark vereinfacht werden, dass keine Einzelheit blieb, die auszudrücken das Material zu spröde ist« Trotzdem sei Lederer ein gutes Portrait des Kanzlers gelungen. *Berliner Kunst*, 6. Sonderheft der Berliner Architekturwelt, Hugo Lederer, Berlin 1906, S. 3 ff.
117 Hans Krey, Hugo Lederer. Ein Meister der Plastik, Berlin 1931, S. 21.

dem Grabmal für die Karsamstagsopfer in Essen von 1927/28.[118] Lederer erschien modernen Kunstkritikern mit seinen erstarrten, idealisierenden Darstellungen und seiner reaktionären Gesinnung schon Mitte der 1920er-Jahre als »ehemalige Größe«.[119] Gleichwohl besaß er intakte Verbindungen zum »Establishment«.[120] 1931 bat er, in den Stahlhelm aufgenommen zu werden, und schuf Büsten der Führer Seldte und Duesterberg.[121] »Lederer hat als Plastiker nicht den Stil der Zeit«, urteilte das *Kunstblatt*. Umso aggressiver und nationalistischer gebärdete sich der alternde Bildhauer. Verärgert, dass sein Entwurf nicht preisgekrönt wurde, denunzierte er 1932 die Entwürfe der Wettbewerbssieger für ein Reichsehrenmal für die Gefallenen als Ausdruck des »Kulturbolschewismus« und »Zumutung für die Frontkämpfer.«[122]

Lederer hatte für das Gefallenendenkmal der Universität eine monumentale Figur eines Knieenden mit Schild und Schwert auf massivem Sockel geschaffen. Das Monument war von vier 7 m hohen Pylonen umstellt. Im ersten Entwurf hatte die Figur noch einen enganliegenden kappenartigen Helm getragen. In der Presse wurde ein Bild des Tonmodells publiziert und kommentiert (s. Abb. 21, S. 122).

Als bezeichnend für diese Art von Denkmalarchitektur und -plastik galt, dass sie ganz Atelierprodukt sei, dass sie frei in der Luft schwebe, keinem Raum zugehörig sei. Zudem sei es schade, dass bei dem »ängstlichen Wettbewerb« die junge Künstlergeneration keine Chance gehabt habe.[123] In seinem überarbeiteten Entwurf hatte Lederer den Haarschopf der Figur etwas helmartiger akzentuiert und sie damit antikisiert – eine Referenz an die Universität als Stätte klassischer Bildung. Lederer und Bestelmeyer[124] beschrieben ihren überarbeiteten Entwurf als räumlichen Abschluss des Gartenhofes durch Reihung der vier Pylonen, deren Seitenflächen jeweils 16 x 64 Namen der Gefallenen in sechs cm hohen Buchstaben aufnehmen könnten: »Auf dem verhältnismäßig niederen, aber breit entwickelten Sockel steht die etwa 2,20 m hohe Figur. Sie stellt eine Kriegergestalt dar mit gesenkten Schutz- und Trutzwaffen. Ihre Haltung will bei aller Trauer über das erfolglose, gewaltige Ringen doch furchtloses Vertrauen

---

118 Ilonka Jochum-Bohrmann, Hugo Lederer. Ein deutschnationaler Bildhauer des 20. Jahrhunderts, Frankfurt 1990, S. 141.
119 *Das Kunstblatt*, 9/1925, S. 256.
120 Dank des Zuspruchs von Oberbürgermeister Böß konnte Lederer einen riesigen Brunnen mit Ochsenfiguren – ursprünglich ein Wettbewerbsbeitrag für ein Nationaldenkmal in Argentinien – im Berliner Osten platzieren. Laut Böß sollte somit ein östliches Pendant zum Brandenburger Tor entstehen. Die Stadt Berlin zahlte Lederer 100.000 RM für den bereits fertigen Brunnen und gab noch einmal 400.000 RM für die Aufstellung aus. Der Brunnen steht heute auf dem Arnswalder Platz. Nach *Deutsche Kulturwacht*, Heft 2 1932, S. 13.
121 Ilonka Jochum-Bohrmann, Hugo Lederer. Ein deutschnationaler Bildhauer des 20. Jahrhunderts, Frankfurt 1990, S. 245.
122 Lederer attackierte die Akademiepräsidentschaft, die Jurymitglieder und Reichskunstwart Redslob, nach: *Das Kunstblatt*, Nr. 8/1932, S. 64.
123 Undatierter Zeitungsausschnitt, Berlin, Mitte der 1920er-Jahre, in: ZA SMPK, Künstlerdokumentation Lederer.
124 German Bestelmeyer war Preuß. Oberbaudirektor und Ordinarius an der TH Berlin.

und die Zukunft des Vaterlandes ausdrücken.«[125] Die Ausführung der Steinfigur lag in den Händen des Steinbildhauers Josef Gobes.[126] Lederer hatte seine Granitfigur der berühmten Gestalt des »Knieenden Persers« angepaßt. Er verhüllte den aktuellen Revanchismus seiner Auftraggeber in eine »antikische Camouflage«, die zudem an die Tradition der Universität als einer universalen humanistischen Bildungsstätte appellierte. Hier wird der Unterschied zu Hosaeus' Kriegerdenkmal an der TH deutlich, dessen Material und Gestaltung den Verweis auf die modernen Techniken lieferte.[127]

Abb. 21: Der erste Entwurf Lederers, 1920

Die *Vossische Zeitung* schrieb gebannt: »Der Umriß des sitzenden, in seiner Kraft gebrochenen und doch in einem heldenhaften Sinn ungebrochenen Mannes hat große, monumentale Linien. Der Ausdruck des Geistigen in der Haltung und Bewegung der Figur ist von ungewöhnlicher künstlerischer Reife. In der Formgebung bestimmt und doch wieder mehr angedeutet und ein wenig verhüllt, im Material des grauen, schwarzgekörnten Steins überaus dekorativ.« Mit »starkem bildnerischen Griff« sei dieses Denkmal ohne Zweifel eines von Lederers besten Werken.[128] Der *Vorwärts* bemerkte: »Lederer ist ja noch nicht einmal der Schlimmste. Aber muß es denn immer wieder der alte lederne Akademismus sein? Haben wir denn nicht genug von den hockenden oder stehenden Akten, die das linke Bein oder den rechten Arm vorstrecken und vice versa? Was hat der nackte Jüngling mit seinen antiken Waffen eigentlich an der Universität zu tun? Die Studenten sind doch im Weltkrieg, soweit wir unterrichtet sind, in Feldgrau gefallen, von Granaten zerrissen, in Löchern verschüttet, von Giftgasen erstickt worden. Das war wohl nicht vornehm genug, das musste mit Stillschweigen übergangen werden. Und diese Gesinnung, neuteutsch in Ursprung und Äußerung, traf sich mit der reaktionären Akademieweise des Herrn Le-

---

125 GStA PK I. HA, Rep. 76, Va, Sekt. 2, Tit. X, Nr. 27, Bd. 6, (ohne Datum, Blatt 46).
126 Im Kostenvoranschlag berechnete Gobes für die Figur 15.740 Goldmark, die Firma Schleicher für die Arbeit am Sockel 1.700 und an den Pylonen 5.800 Goldmark, Aktennotiz von Wilhelm Waetzold, UI 7494, 17.11.1923, vgl. a. Vertrag mit dem Denkmalsausschuss der Universität, 17.7.1924, in: GStA PK I. HA, Rep. 76, Va, Sekt. 2, Tit. X, Nr. 27, Bd. 6, Bl. 102.
127 Hoffmann-Curtius, Kriegerdenkmal der Universität, 2002, S. 103.
128 *Vossische Zeitung* 11.7.1926.

derer, und es entstand diese nichtswürdige Kriegsallegorie, der der Reichspräsident seinen Segen auf den Weg gab.«[129]

Die radikale studentische Rechte lobte das Motto des Denkmals und sinnierte »Sind wir victuri? Indem wir diese Frage stellen, müssen wir uns darüber klar sein, dass wir den Krieg nicht militärisch, sondern politisch, nicht körperlich, sondern geistig verloren haben und dass es darum mit der körperlichen Ertüchtigung, die jetzt als Ersatz für den verschwundenen Militärdienst dringend notwendig ist, nicht getan ist. Vor allem heißt es für uns Akademiker, die geistigen Voraussetzungen des Sieges zu schaffen.«[130]

Für viele Völkische hatte sich nach dem Ende der putschistischen Phase zwischen Kapp-Lüttwitz-Putsch und Feldherrnhallen-Marsch der »Marsch durch die Institutionen« angeboten. Man müsse nun die Realität des Parlamentarismus anerkennen und sich statt auf ein politisches Lager »auf sechs bis sieben Parteien« verteilen, um Einfluss auszuüben: »Wir müssen der Sauerteig der Parlamente und Parteien werden. Wir dürfen die Führerschaft über Deutsche nicht Nichtdeutschen [Juden sind damit gemeint, Anm. des V.] überlassen.«[131] Pro forma arrangierte man sich, tatsächlich aber verfestigte sich das antisemitische, republikfeindliche Potential in den akademischen Berufen.

Die Weihe der revanchistische Sockelinschrift in Anwesenheit der Staatsspitze hatte zu Protesten der Republikaner geführt: »Kneiptolle Professoren veranstalten mit unreifen Studenten eine nationalistische Demonstration, die sich gegen den Geist der Versöhnung, die Politik von Locarno richtet. Die Reichsregierung läßt sich ins Schlepptau nehmen. Statt zu protestieren, macht sie mit.«[132] Der *Vorwärts* kommentierte unter der Überschrift »Die Besiegten von morgen. Die Zukunft gehört der Völkerversöhnung«: »Es war der nationalistische Geist der Spaltung, der diese Inschrift diktiert hat. Er wollte keine gemeinschaftliche Totenfeier.«[133] Die Ortsgruppe Sozialdemokratischer Studenten erklärte: »Dieses Denkmal soll nach dem Willen der nationalistischen Mehrheit der derzeitigen Studentenschaft die Inschrift tragen ›Invictis victi victuri.‹ Wir sehen in der Inschrift das Bekenntnis zum Kriegs- und Rachegedanken, daher müssen wir die Teilnahme an dieser politisch einseitig festgelegten Denkmalsenthüllung ablehnen.«[134]

---

129 Paul F. Schmidt, Das Studenten-Denkmal, in: *Vorwärts* 13.7.1926.
130 Julius E. Kayser-Petersen, Sind wir victuri?, in: *Akademische Blätter*, 41. Jg., Berlin November 1926, S. 73.
131 Hermann Voß, Der Burschenschafter im Staat, in: *Burschenschaftliche Blätter*, Heft 14, August 1927, S. 239.
132 *Vorwärts* 13.7.1926.
133 *Vorwärts* 11.7.1926.
134 Abgedruckt im *Vorwärts* vom 10.7.1926 und im *Berliner Tageblatt* vom 11.7.1926.

Die deutschnationale Presse begrüßte diese sozialdemokratische Erklärung: »Der Trennungsstrich zwischen unserer gesunden Jugend und der pazifistisch-verseuchten kann gar nicht scharf genug gezogen werden.«[135]

Das *Militärwochenblatt* urteilte über pazifistische Studenten, die Mehrzahl der Teilnehmer an einer pazifistischen Versammlung stehe »körperlich unter dem Durchschnitt. Sie behaupten, Fußball und militärische Ausbildung nicht leiden zu können, sind aber körperlich gar nicht in der Lage, daran teilzunehmen. Solche ›Männer‹ sind minderwertig, und sie fühlen es ganz genau. Darum hassen sie die anderen, deren Überlegenheit sie fühlen.« Leider seien viele Leute dieser Art an deutschen Hochschulen. »Sie sind eine Art Krebsgeschwür am Körper der Gesellschaft. Es ist ein Jammer, daß so verschrobene Leute die Vorzüge der höchsten Bildungsanstalten, die von der Gesellschaft unterhalten werden, genießen dürfen. Dabei wollen sie dieselbe Gesellschaft zerstören, indem sie sie ohne Schutz lassen.«[136] »Studentenschaft und Wehrgedanke gehören zusammen. Wer nicht einen wehrhaften Geist und Körper besitzt, wer keine Kämpfernatur ist, wird mitschuldig am Untergange Deutschlands«, deklamierte Gen.-Maj. v.d. Goltz in der studentischen Presse.[137]

Kommunistische Studenten organisierten eine Gegendemonstration im Kastanienwäldchen zwischen Universität und Neuer Wache, an der laut *Rote Fahne* Hunderte, laut Polizeibericht 50 Personen teilnahmen.[138] Die *Rote Fahne* schrieb vom »Propagandarummel für neue imperialistische Kriege«, vom »mittelalterlichen Mummenschanz der Studenten« und vom Versagen der Sozialdemokraten. »Die sozialdemokratischen Studenten waren zu feige, sich an der Protestkundgebung zu beteiligen und begnügten sich mit einer Erklärung. [...] Der Rektor ließ die Anschlagbretter der an der Protestkundgebung beteiligten Gruppen beschlagnahmen und jagte Mitglieder dieser Gruppen aus dem Universitätsgebäude. Die Universität und Umgebung war durch ein starkes Schupoaufgebot abgesperrt. Man fühlte sich in die Zeit des Kapp-Putsches zurückversetzt.«[139] Der Bericht endete mit der Aufforderung, an der Einweihung des von Mies von der Rohe errichteten Revolutionsdenkmals am 11. Juli teilzunehmen.

Die rechten Blätter brachten ausführliche Berichte von der Feier (s. Abb. 22, S. 125 und Buchtitel): »Vom Rektor Pompeckj geleitet, schreitet Hindenburg in großer Generalsuniform hin zum Denkmal. [...] Dann ein langer Zug bunter Farben, die Dekane und Professoren im Ornat [...]. Der Sprecher der Studentenschaft. stud. jur. Link. Forsche Gestalt. Beherrscht. Und beherrscht seine Worte. Dank an die Toten.

---

135 *Neue Preußische Kreuzzeitung* 10.7.1926.
136 Unter dem Titel »Sportfeindlichkeit und Wehrfeindlichkeit« wurde eine Untersuchung des amerikanischen Wissenschaftlers Rockne unter pazifistischen Studenten kolportiert, *Militärwochenblatt* Nr. 16, 1930, S. 622 f.
137 *Der Student (Akademische Rundschau)*, Göttingen, Heft 1 1929, S. 8 f.
138 Einweihung mit 2.000 Teilnehmern und 120 Korporationen, Aufnahmestelle 1, Meldebuch 7/ 432, 10.7.1926, 14.05 Uhr, in: LA Berlin A Pr. Br. Rep. 30, Tit. 90, Nr. 7496.
139 Bei der Kundgebung sprach Fritz Weiss, *Rote Fahne* 11.7.1926.

Abb. 22: Einweihung des Denkmals von Hugo Lederer, 1926

Mahnung es ihnen gleich zu tun [...]. Trommelwirbel. Musik ›Ich hatt' einen Kameraden‹, ›Morgenrot, Morgenrot‹. Verhaltenes Schluchzen der Mütter. Tränen im hellen Blick der Kommilitonen, die unsere Zukunft sind. [...] Steingewordene Mahnung wuchtet das Denkmal unter regennassem Baumgewölbe. Junge Menschen stehen davor. Sie spüren den Geist der Toten, unserer Toten. Nehmen ihn mit in den Alltag.«[140] Die *Neue Preußische Kreuz-Zeitung* berichtete: »Auf das Zeichen des Reichspräsidenten senkte sich sodann feierlich die Hülle des Denkmals, vor dem zwei Chargierte und die Universitätspedelle in der roten Amtstracht Ehrenwacht hielten [...]. Die Studentenkorporationen, die im weiten Umkreis um das Denkmal Aufstellung genommen hatten, marschierten dann unter den Klängen einer Orchesterphantasie mit gesenkten Fahnen an dem Standbild vorüber, [...] mit dem Deutschlandlied, das von allen mit entblößten Häuptern gesungen wurde, fand die Einweihungsfeier ihren Abschluß.«[141]

Häufig nahmen die Festreden auf die abwesenden Gegner des Denkmals Bezug. »Ungeachtet aller Anfeindungen bekennt sich die Studentenschaft zu dem Symbol, unter dem die heutige Feier stattfindet, zu dem verheißungsvollen Spruche, der das Hoffen und Sehnen unserer akademischen Jugend verkörpert«, versicherte stud. jur. Link. Im »Gedenken an jene grauenvolle Zeit, da der Irrwahn der Straße unser Bestes, unser Heer in den Schmutz zog«, ereiferte sich Rektor Pompeckj: »Muß uns nicht tiefste Em-

---

140 *Berliner Lokal Anzeiger* 10.7.1926.
141 *Neue Preußische Kreuz Zeitung* 10.7.1926.

pörung erfüllen, wenn Studenten dieser Alma mater den unsäglich traurigen Mut aufbringen konnten, mit Lüge zu Demonstrationen gegen die heutige Feier zu wühlen?«[142]

Um den störungsfreien Ablauf zu garantieren, hatte ein starkes Polizeiaufgebot den Platz vor der Universität abgeriegelt und ließ nur geladene Gäste mit doppelter Kontrolle hinein.[143] Der Polizeipräsident ließ die Dorotheenstraße um die Mittagszeit sperren, »um die Feier von jedweden Geräuschen und auch ev. radaulustigen Elementen freizuhalten«.[144] Allein die Straßenbahn ließ sich nicht zwei Stunden anhalten, sie erhielt die Auflage, hinter der Universität nicht zu stoppen und zu klingeln.[145] Auch wurde von Studenten eine Nachtwache organisiert, »die das Denkmal ihrer Brüder vor Angriffen von Bubenhänden bewahren wollen.«[146]

Für Carl von Ossietzky stellte sich die Feier wie folgt dar: »Ganz großer Tag. Die Professoren, die Studenten in Wichs, der Reichspräsident wieder als Marschall, die Minister. Hakenkreuzfahnen umrahmen das freundliche Familienbild. [...] Die Inschrift hat Herr Seeberg ertiftelt, ein sanfter Theologe und streitbarer Nationaler: ›Den Unbesiegten von den Besiegten und den künftigen Siegern‹. Das ist dunkel, dem Familienkreis hier deshalb einleuchtend. Und dies schöne stille Einverständnis erfüllt die Reden. Zuerst ein Studiosus ›Preußische Disziplin, äh!‹, dann Bergrat Pompeckj, der Rektor, ein Geologe, gewohnt mit langsamen Entwicklungen zu rechnen, deshalb noch nicht bei der Republik angekommen, redet den Reichspräsidenten mit ›Exzellenz‹ an und preist Gustav Roethes Verdienste. Seeberg, der sanfte Theologe, erklärt, dieses Denkmal bedeute das ›heilige Dennoch‹.« Ossietzky urteilte über diese »geschwollenen Dunkelheiten«: »Verlogen wie die Sache ist der Stil. Die Niederlage im Krieg, das ist die harte Wirklichkeit. Weil man das nicht aussprechen mag, deshalb mixt man aus gequollenen Redensarten eine phantastische Zukunft.«[147]

Auch die *Frankfurter Zeitung* registrierte die Anwesenheit völkischer Studenten mit Windjacken (ein Uniformersatz) und Hakenkreuzen.[148] In der Zeitung des Reichsbundes jüdischer Frontsoldaten äußerte sich Wolfgang S. Matzdorff widersprüchlich. Einerseits wurden die Auftritte der Extremisten bemerkt, andererseits der integrative Charakter der Veranstaltung beschworen: »Es wurde gegenüber dem harmonischen Verlauf der Feier allgemein als Provokation empfunden, dass zum Schluß NS-Studenten mit einer Hakenkreuzfahne an Hindenburg vorbeizogen«. Doch ange-

---

142 Die Festreden von Link und Pompeckj in der Broschüre: Feier bei der Enthüllung des Denkmals für die gefallenen Studierenden, Dozenten und Beamten der Friedrich-Wilhelms-Universität, Bln. 1926, S. 9 ff. und 13.
143 *Neue Preußische Kreuz Zeitung* 10.7.1926.
144 Der Pol.-Präs. Grzesinski, 6.7.1926, in: LA Berlin A Pr. Br. Rep. 30, Tit. 90, Nr. 7496, Akten des Polizeipräsidiums zu Berlin.
145 LA Berlin A Pr. Br. Rep. 30, Tit. 90, Nr. 7496, Akten des Polizeipräsidiums zu Berlin.
146 *Berliner Lokal Anzeiger* 10.7.1926.
147 Carl von Ossietzky, Invictis invicti victuri, in: *Die Weltbühne,* 1926 Bd. II, Nr. 28, S. 39 f., (13.7.1926).
148 *Frankfurter Zeitung* 11.7.1926.

sichts der Proteste linker Studenten wurde betont: »Dem gegenüber wollen wir feststellen, daß sich die Studentenschaft aller Richtungen an dieser Feier beteiligt hat und auch die jüdischen Studenten im Rahmen ihrer Organisationen und Verbindungen daran teilnahmen. Die politische Kluft, die nun leider einmal in der Studentenschaft besteht,« habe sich angesichts des Denkmals geschlossen.[149]

Der Nationalsozialistische Deutsche Studentenbund resümierte in seiner Bilanz des Jahres 1926: »Anläßlich des Wahlerfolgs an der Berliner Universität und der Teilnahme einer uniformierten Fahnenabordnung der dortigen Hochschulgruppe an der Einweihung des Universitäts-Gefallenendenkmals beschäftigte sich zum ersten Mal die gesamte Berliner Presse in Wort und Bild mit uns.«[150]

Die *Illustrierte Reichsbanner-Zeitung* kommentierte das Bild des Reichspräsidenten vor den Nationalsozialisten: »Da steht er vom Kultusminister flankiert/ in Uniform, die Hand auf dem Degen/ Der Minister blickt merkwürdig konsterniert/ Der Reichspräsident scheint verlegen/ denn vorne paradiert durch das Gefilde/ Mit Hitlermütze und Hakenkreuzfahne/ Die Stahlhelmgilde, Bist Du im Bild?«[151]

Das Denkmal fand auch internationale Beachtung. Schon in der Planungsphase im Jahr 1922 war das Motto in der französischen Zeitung *Les temps* als Zeichen des »Revanchegeistes im deutschen Unterrichtswesen« betrachtet worden.[152] 1926 wandte sich der Vorsitzende der Internationalen Militärkommission, General Nollet, hinsichtlich des Mottos an den französischen Außenminister; General Walch erwähnte die Inschrift im Abschlußbericht der Kommission 1927.[153]

3. Reichsehrenmal und republikanisches Gedenken: Die Neue Wache als Beispiel für das offizielle Gefallenengedenken des republikanischen Staates

Am 3. August 1924, bei der Trauerfeier für die Kriegsopfer am 10. Jahrestag des Kriegsausbruchs, schlug die Reichsregierung den Bau eines nationalen Ehrenmals für die deutschen Gefallenen vor und startete einen öffentlichen Sammlungsaufruf.[154] Die folgenden Jahre brachten eine intensive und umfangreiche öffentliche Diskussion; doch am Ende scheiterte das Vorhaben eines integrativen Nationaldenkmals. Umstritten war vor allem der Standort. Die »Vaterländischen Verbände« lehnten die »rote« Großstadt ab, während die Regierung und viele Militärs selbstverständlich auf

---

149 *Der Schild. Zeitschrift des RjF*, Berlin 5. Jg., Nr. 30 26.7.1926, S. 234.
150 *NS-Hochschulbriefe. Kampfblatt des NSDStB*, Folge 2, Jan./Febr. 1927.
151 *Illustrierte Reichsbanner-Zeitung* Nr. 30, 24.7.1926, S. 479.
152 Schreiben Auswärtiges Amt Nr. VI B 15780 an den Preuß. Kultusminister, 23.12.1922, in: GStA PK I. HA, Rep. 76, Va, Sekt. 2, Tit. X, Nr. 27, Bd. 6, Bl. 60.
153 Hoffmann-Curtius, Kriegerdenkmal der Universität, 2002, S. 109.
154 Rede Eberts vom 3.8.1924 vor dem Reichstagsgebäude, abgedr. im *Berliner Tageblatt* 3.8.1924.

einem hauptstädtischen, zentralen Standort beharrten.[155] Der Stahlhelm präsentierte im Sommer 1926 einen Vorschlag für ein Reichsehrenmal in Thüringen, das mitten in einem ummauerten, »als ewiges Naturschutzgebiet zu erklärenden Waldgelände« anzulegen sei. In einer offenen Gruft sollte ein Sarkophag zu sehen sein, bedeckt von der Figur eines schlafenden Kriegers mit Stahlhelm und Gewehr.[156] Zeitweilig bewarben sich mehr als 150 Orte für das Denkmal. Die *Weltbühne* spottete: »bebrillte Glatzen und gedrillte Knaben/ die neuen Heldensinn gefunden haben/ [...] in Konferenzen, Reden ohne Zahl/ belügen sich geifernd um die Wette/ von wegen und zu Gunsten einer Stätte/ die jeder gern in seinem Garten hätte/ teils Hain, teils Stein, genannt: Reichsehrenmal/ [...] und sie begründen, unbeschwert von Reue/ mit Euren Opfern künftige und neue/ Gemetzel, Krieg mit Gas und Tank.«[157]

Am 12. Februar 1926 traf sich Reichspräsident Hindenburg mit Vertretern der Veteranenverbände Stahlhelm, Kyffhäuser, Reichsbanner und des Reichsbundes jüdischer Frontsoldaten zu einer einstündigen Aussprache. Um einen Kompromiss der Verbände zu erzielen, ließ Hindenburg seine Präferenz für Berlin fallen und stimmte der Idee zu, einen Ehrenhain in natürlicher und verkehrsmäßig zentraler Lage in Deutschland zu errichten. Damit waren noch etwa 80 Orte im Gespräch, die Reichskunstwart Redslob in einer dreimonatigen Reise durch Mitteldeutschland besichtigte, darunter so romantische Orte wie die Sababurg im Reinhardtswald.[158] Die Feindseligkeit des Stahlhelms führte dazu, dass gemeinsame Ortsbesichtigungen mit dem Reichsbanner abgelehnt wurden. Schließlich wurde das thüringische Bad Berka erste Wahl, gefolgt von dem Plan, auf den Rheininseln bei Lorch ein Ehrenmal in Verbindung mit einer Rheinbrücke zu errichten.[159] Nach dem Treffen vom 12. Februar 1926 war zwar einem Ehrenhain in der Mitte Deutschlands erste Priorität zuerkannt worden, dennoch verkündete der Reichsminister des Inneren, Külz, auch das Projekt der Neuen Wache werde weiterverfolgt, wogegen die Veteranenverbände nichts einzuwenden hätten.[160]

Eine rasche Lösung schien jedoch nicht in Sicht. Daher nahm der Preußische Ministerpräsident Braun die Sache selbst in die Hand. In einem Schreiben an den Reichskanzler und die Kabinettsmitglieder wies er darauf hin, dass auch Hindenburg für einen Berliner Standort sei. Die Intransigenz der Veteranenverbände ließ stets gewalttätige Zusammenstöße an einem abgelegenen Ehrenmal erwarten. Daher seien

---

155 *Berliner Tageblatt* 14.2.1926, *Berliner Lokal Anzeiger* 28.2.1926.
156 In: *Der Stahlhelm* Juli 1926. Vgl. a. Stahlhelmjahrbuch 1926, Magdeburg 1925, S. 104 f.: »Heiliges Gebiet«.
157 Hermann Krelaus, in: *Die Weltbühne*, Bd. II 1926, Nr. 32, S. 210.
158 Am 16.4.1926 besuchte Redslob die Sababurg als 27. Ort, s. *Hannoversche Landeszeitung* 18.4.1926 und 19.8.1926. Von Mitte März bis Juni reiste Redslob per Bahn oder PKW durch Mitteldeutschland, begleitet von Sachverständigen und Vertretern der Reichskanzlei.
159 *Berliner Tageblatt* 17.7.1926, *Berliner Lokal Anzeiger* 11.7.1926. Lorch war ein Projekt des Düsseldorfer Architekten Karl Wach, s. *Kunst und Dekoration*, Bd. 58, 1926, S. 239.
160 *Der Schild*, Nr. 9, 1.3.1926.

Vorschläge, die Schinkelsche Neue Wache zu einem Ehrenmal auszubauen, wieder aktuell. Mit geringen Kosten könne hier eine »stets besuchte« Einrichtung geschaffen werden. Zugleich wandte er sich gegen Pläne, die Neue Wache zu einem »Erinnerungsmal für die verloren gegangenen Provinzen auszubauen.« Dies würde den Vergleich mit der verhüllten Straßburger Statue in Paris herausfordern und im Ausland als Ausdruck des Revanchegedankens gedeutet werden.[161]

Preußen ging in dieser Frage nun einen eigenen Weg, und es zeigte sich, dass die Vaterländischen Verbände schon bald ihr eigenes Ehrenmal, das Tannenberg-Denkmal, ohne jüdische und sozialdemokratische Beteiligung einweihten, aber nach dem Coup verlangten, das Tannenberg-Denkmal möge nun zum Reichsehrenmal erklärt werden, alle anderen Pläne könnten ruhen.[162] In den folgenden Jahren wurden immer wieder Pläne für ein Ehrenmal Unter den Linden entwickelt (s. Abb. 23, S. 130).[163]

Aufsehen erregte auch das provisorische Ehrenmal des Reichsbanners am Verfassungstag, dem 11. August 1929. Während in London und Paris Ehrenmäler längst an repräsentativer Stelle stünden, sei dies aufgrund der »grotesken Parteizerrissenheit« in Deutschland noch nicht geschehen. Allein das Reichsbanner hätte es vorgemacht, wie ein Reichsehrenmal am Pariser Platz wirken würde.[164] Deshalb sei es Zeit, folgerte das *Militärwochenblatt*, dass die Reichswehr als überparteiliche Organisation die Initiative ergreife: »Pomp und Übertreibung sind heute weniger berechtigt denn je [...], was nutzt ein Ehrenmal irgendwo in Deutschland, wo niemand hinkommt? Nein, mitten in dem brandenden Getriebe der Reichshauptstadt soll der Denkstein stehen.«[165]

In diesem Zusammenhang kursierte im Reichsbanner die Idee des Ehrenmals des »Unbekannten Soldaten«. Gegenüber der »Unmasse« von Denkmälern, die von Vereinen und Verbänden gestiftet wurden, sollte »die deutsche Republik den Gedanken des ›Unbekannten Soldaten‹« aufgreifen und »zu einem großen, nationalen Denkmal« ausgestalten.[166]

---

161 Der Preuß. Ministerpräsident St. Nr. I 9884 an den Reichskanzler, sämtliche Staatssekretäre und an das Reichskabinett, 20.7.1926, in: GStA PK I. HA, Rep. 77, Tit. 1215, Nr. 3c, Bd. 1.
162 Eingabe des Tannenberg-Nationaldenkmal-Vereins an das Reichsinnenministerium, 10.12.1928, in: GStA PK, I. HA, Rep. 77, Tit. 1215, Nr. 3c, Bd. 1.
Im April gründeten Vertreter der Regierung und der Frontkämpferverbände eine »Stiftung Reichsehrenmal«; der allgemeine Ideenwettbewerb brachte ca. 2.000 Entwürfe, die z.T. in den Landesausstellungsparks am Lehrter Bahnhof ausgestellt wurden, insgesamt 40 Arbeiten wurden prämiert. Nachdem Hitler am 2.10.1935 Tannenberg zum Reichsehrenmal erklärt hatte, löste sich die Stiftung auf.
163 So der Entwurf für ein Reichsehrenmal am Pariser Platz, mit viel Raum für die »Aufstellung der Korporationen und Vereine an Volkstrauertagen« von F.W. Krohn, »Architekt und künstlerischer Beirat für Filminnen und -außenbauten und Theaterausstattung« an den Preuß. Innenminister, 15.3.1928, in: GStA PK, I. HA, Rep. 77, Tit. 1215, Nr. 3c, Bd. 1.
164 *Militärwochenblatt* 4.10.1929, S. 481 f.
165 *Militärwochenblatt* 18.10.1929, S. 561 f.
166 Siehe Karl Brögers Plädoyer für eine »demokratische« Kriegerehrung, in: *Illustrierte Reichsbanner Zeitung*, Nr. 5, 20.12.1924, S. 72 und Bruno Taut: »Schutz den Lebenden – Ehrung der

Abb. 23: Entwurf des Architekten F.W. Krohn 1928

Die Denkmäler des »Unbekannten Soldaten« in London und Paris beeindruckten auch deutsche Besucher. So schrieb Prof. Paul Rühlmann im *Bundesblatt des Deutschen Offizier-Bundes*, das Pariser Ehrenmal »hinterlässt auf jeden Besucher einen tiefen, für den Deutschen vielleicht erkältenden Eindruck: Eine gelbe Flamme züngelt aus den Tiefen des Steinmeeres auf, darüber eine echt französische Steingrabdecke mit würdiger Antiquaschrift, darauf ständig frische Kränze, niedergelegt von französischen, englischen, amerikanischen, japanischen Abordnungen. Ernste Menschen umher, mit entblößten Köpfen. Der lyrische Deutsche möchte gerne die Ruhe der großen Toten des Volkes symbolisiert sehen durch Waldeinsamkeit und Blattgrün. Dem heroischen Franzosen ist hingegen nur eine Ruhestätte für die Verkörperung seines Volksopfers denkbar, die Lichtstadt Paris.«[167]

Über das Londoner Grab des Unbekannten Soldaten schrieb das *Bundesblatt*: »Westminsterabtei, wo Britanniens Könige gekrönt wurden, wo ihre Gräber sind und die Gräber derer, die in vergangenen Zeiten den Grundstein zum jetzigen Weltreiche gelegt haben. Hier hat man eine Platte in den Boden eingelassen. [...] Ein warmes Dunkel erfüllt die weite gotische Halle, das Licht, das durch die bunten Fenster fällt, verstärkt den Eindruck. Unter den gleichen Wölbungen, die die prunkvolle Grabkapelle Heinrichs VII., eine Perle der englischen Gotik, und den einfachen Stein, auf dem im frühen Mittelalter die schottischen Könige gekrönt wurden«, beherbergte, lag

---

Kriegsopfer, in: Nr. 3, 17.1.1925, S. 43. »Dem Verlangen nach theatralisch-dekorativer Aufmachung steht die Forderung nach einem riesigen Stein gegenüber, der nichts als einen Spruch tragen soll – und welchen Spruch?« Taut wies jeden Versuch zurück, »die Toten durch Wucht zu ehren, d.h. sie zu ›erdrücken‹.«

167 *Bundesblatt des Deutschen Offizier-Bundes*, Berlin 15.8.1926, Nr. 23, S. 1008.

das Grab des Unbekannten Soldaten.[168] Ein Reichsehrenmal müsse daher unbedingt in der deutschen Hauptstadt errichtet werden, doch würden, wie in Paris, auch in Berlin »alle, auch die Anarchisten und Kommunisten, die Majestät des Todes durch ein würdigen Gruß ehren?«[169]

Die preußische Regierung hatte 1929 beschlossen, nunmehr als Bundesland in Zusammenarbeit mit dem Reich für die Neue Wache einen Wettbewerb auszuschreiben, nachdem die Planung eines gemeinsamen Reichsehrenmals am Widerstand der Kriegervereine und Traditionsverbände gescheitert war, die gegen die Großstadt und für ein Denkmal in der Natur plädierten.[170] Das Wachgebäude für das königliche Schloss hatte im Krieg auch als Hauptzentrale des Militärtelegraphen gedient, von hier waren die Befehle zur Mobilmachung und Demobilisierung ausgegangen. Seitdem war es funktionslos geworden, hatte zeitweilig die Technische Nothilfe und Sanitätsstationen beherbergt, 1929 fand eine Ausstellung der Deutschen Kriegsgräberfürsorge dort statt. Schon Anfang 1925 wurden Vorschläge für den Umbau zum Ehrenmal publiziert.[171] Den engeren Ideenwettbewerb, das Äußere des Schinkelschen Bauwerks sollte so wenig wie möglich verändert werden, entschied für sich Heinrich Tessenow, u.a. gegen Mies van der Rohe (zweiter Platz), Hans Poelzig (dritter Platz), Peter Behrens, Erich Blunck[172] und Hans Grube. In der beratenden Kommission der Preußischen Akademie der Künste saßen Blunck, Hosaeus, Ludwig Hoffmann, Franz Seek und Constantin Starck. Die Umgestaltung zur »Gedächtnisstätte für die Gefallenen«, die Bezeichnung »Ehrenmal« musste vermieden werden, lag in den Händen des Preußischen Finanzministeriums. Die Reichswehr übernahm die Hälfte der Kosten und stellte das Grundstück zur Verfügung. Im Wettbewerbsausschuss saßen u.a. Ministerialdirektor Kießling, Preußisches Finanzministerium-Hochbauabteilung, Ministerialrat Redulius, Reichswehrministerium, Stadtbaurat Martin Wagner, Reichskunstwart Redslob, der Architekt Prof. Wilhelm Kreis, der Kunstkritiker Karl Scheffler und der Generaldirektor der Staatlichen Museen, Wilhelm Waetzoldt. General von Schleicher fungierte als Berater. Tessenows Entwurf, favorisiert von Waetzoldt, Kreis und Scheffler, setzte sich gegen den Entwurf Mies van der Rohes durch, der von Kießling, Wagner und Redslob gewählt worden war. Kießling kritisierte Tessenows Entwurf als »fast zu intimes Raumbild« und artikulierte damit den vielfach empfundenen Mangel an Härte und Heroismus.[173]

---

168 *Bundesblatt des Deutschen Offizier-Bundes* 15.5.1926, Nr. 14, S. 584.
169 *Bundesblatt des Deutschen Offizier-Bundes* 15.8.1926, Nr. 23, S. 1008.
170 Zum Reichsehrenmal: Annegret Heffen, Der Reichskunstwart. Kunstpolitik in den Jahren 1920–33, Essen 1986, S. 231-268.
171 So etwa die Idee Prof. Frieda Schottmüllers, in den leeren Raum mittig einen Sarkophag und vor der Rückwand eine sog. Vespergruppe zu plazieren, erwähnt im *Militärwochenblatt* 11.1.1925, S. 776.
172 Bluncks Entwurf sah eine Engelsskulptur von Hosaeus vor.
173 Die einzelnen Bewertungen der Jurymitglieder finden sich in: Niederschrift des Begutachtungsausschusses für die Wettbewerbsbeiträge der Gedächtnisstätte Neue Wache 15.7.1930, in: Barch R 32 358, B. 33-53.

Im Juli 1930 begann der Umbau. Tessenow setzte einen altarförmigen Kubus aus schwarzem schwedischem Granit in den Abmessungen von 141 cm x 141 cm x 167 cm unter ein kreisrundes Oberlicht, das durch einen 1,80 m breiten Bronzering eingefasst war. Auf dem Kubus lag ein silbrig-golden glänzender Eichenlaubkranz des Bildhauers Ludwig Gies. Der Kranz bestand aus einem schweren Silberkern, auf den 235 größere und kleinere Eichenblätter aufgeschraubt waren. Auf die Blätter wurde z.T. Blattplatin aufgelegt, z.T. Blattgold in einer Stärke von 1,5 mm gelötet. 192,50 kg Silber und 6,35 kg Gold waren aus eingeschmolzenen alten Reichsmünzen und österreichischen Goldkronen gewonnen worden.[174] Der Fußboden bestand aus mosaikartig angeordneten, handgeschlagenen rheinischen Basaltsteinen, die Wände waren mit Muschelkalk aus der Gegend um Würzburg verkleidet. Im schmucklosen Raum standen sonst nur noch zwei Kerzenständer und die Inschrift »1914/18.« Über dem Eingang prangte ein silberumrandetes Eisernes Kreuz. Die stärkste Wirkung ging somit von den Materialien und ihrer Farbe aus: Die Gesteinsarten führten »eine Bewegung« von unten nach oben, vom Dunkel zum Licht aus. Der schwarze Granitkubus lagerte auf dem dunklen Basaltuntergrund, der hellere Muschelkalk führte über die hell verputzte Decke durch den massiven Bronzering in das offene Oberlicht, das Tageslicht wiederum brachte den Eichenlaubkranz zum Schimmern und führte zum schwarzen Monolith zurück. Erst nach 1933 wurde das Ensemble durch ein Hochkreuz an der Rückwand ergänzt.[175]

Die Einweihung wurde sorgfältig geplant. Am Vortag sollte eine Pressekonferenz mit einem Vortrag Tessenows stattfinden. Bei der Feier am 2. Juni sollten der Preußische Ministerpräsident Otto Braun und Reichswehrminister Groener sprechen, Hindenburg sollte die Ehrenfront abschreiten. Die Fahnenkompanie der Wachtruppe mit den alten kaiserlichen Heeresfahnen und Abordnungen von Marine und Schupo waren zum Vorbeimarsch vorgesehen. Eine Batterie der Reichswehr war im Lustgarten aufgestellt, um zehn Minuten lang Salut zu schießen, sobald der Reichspräsident die Gedenkstätte betreten hatte. Der Domchor hatte mit dem Lied »Ich hatt' einen Kameraden« den Schlusspunkt zu setzen. Aus Sicherheitsgründen wurde die Universität am 2. Juni bis 15.00 Uhr geschlossen. Zudem seien »geeignete Maßnahmen in unauffälliger Weise zur Verhinderung eines möglicherweise geplanten Sprengstoffattentates zu treffen.«[176] Die Einladungen zur Feier wurden in der Absicht verschickt, ein breites Spektrum anzusprechen, um die Gedenkstätte als integratives Symbol republikanischen Kriegergedenkens darzustellen. Die Einladungen wurden in folgender Zahl ver-

---

174 Otto Braun behauptete in seiner Rede, das Gold sei aus geschmolzenen preußischen Kriegerorden vergangener Generationen gewonnen worden: »Dieses Ehrenmal trägt der Not der Zeit Rechnung«. Eine rhetorische Dramatisierung?, Rede zitiert in: *Berliner Tageblatt* 2.6.1931.
175 Die Neue Wache als Ehrenmal für die Gefallenen des Weltkriegs, Berlin 1936, S. 8 f.
176 Pol.-Präs. Ia 959/31, 18.5.1931 über eine Besprechung zur Einweihungsfeier im Preußischen Staatsministerium vom 16.5.1931, in: LA Berlin, A Pr. Br. Rep. 30: Akten des Polizei-Präsidiums Berlin. Tit. 90, Nr. 7513.

schickt: Kriegervereine 175, Reichsbanner 80, Bund der Kriegsbeschädigten 20, Bund jüdischer Frontsoldaten 10, Hilfsgemeinschaft ehemaliger Frontkämpfer 5, Stahlhelm 80, Vereinigung der Kriegsgefangenen 20, Verein akademischer Kriegsteilnehmer 20, Vereinigung der Kriegsbeschädigten 20, Abordnungen von Offiziersverbänden 60.[177]

Die Einweihung wurde von weiten Teilen des monarchistischen Spektrums, der alten Generalität und des Stahlhelms boykottiert, war es doch ein republikanisches Denkmal, an dessen Feier auch das Reichsbanner und der Reichsbund jüdischer Frontsoldaten teilnahmen. Der Stahlhelm hatte am gleichen Tag in Breslau ein Reichstreffen einberufen[178], und es wurde von der liberalen Presse positiv bemerkt, dass General von Seeckt das Stahlhelmtreffen verlassen habe, um an der Feier in Berlin teilzunehmen. Anwesend waren Reichskanzler Brüning, Reichswehrminister Groener, Reichsinnenminister Wirth, die Chefs von Heer und Marine v. Hammerstein und Raeder, Ministerpräsident Braun, der Führer des Kyffhäuserbundes v. Horn und der Vorsitzende des Reichsverbandes deutscher Offiziere, von Hutier.[179] Hindenburg schritt in seiner Generalfeldmarschalluniform die Ehrenfront der Wachkompanie mit den Fahnen des kaiserlichen Heeres ab und legte einen Kranz nieder; der preußische Ministerpräsident Otto Braun versuchte, dem Denkmal eine pazifistische Konnotation zu geben, ohne sich vom Mythos des »Opfertodes für die Gemeinschaft« lösen zu können; Reichswehrminister Groener lobte hingegen vorbehaltlos die »Größe des Heldenmutes der Gefallenen«, der die heroische Größe der Gedenkstätte entspräche.[180]

Das *Berliner Tageblatt* sprach von der Gedenkstätte als einem »ernsten, stimmungsvollen Raum«, stellte aber auch fest: »Leider konnten es Rotten von Halbwüchsigen nicht unterlassen, die Ehrenkompanie des Wachregimentes mit Heil-Rufen und Faschistengruß zu empfangen.«[181] Auch der *Vorwärts* vermerkte »sehr viele Hakenkreuzler in der Zuschauermenge«, die Feier sei jedoch ohne Zwischenfälle beendet worden.[182] Die deutschnationale *Neue Preußische Kreuz-Zeitung* meldete die Einweihung kühl und knapp.[183] Auf Seite der politischen Linken wurde die Denkmalsgestal-

---

177 Pol.-Präs. Ia 22.5.1931, in: LA Berlin, A Pr. Br. Rep. 30: Akten des Polizei-Präsidiums Berlin Tit. 90, Nr. 7513.
178 Hier kam es zu Zusammenstößen mit linken Gegendemonstranten, *Vorwärts* 1.6.1931 (abends).
179 Wenige Tage später begrüßte der *Reichsverband deutscher Offiziere* auf seiner Bundestagung den Stahlhelmtag in Breslau. Mit dem Stahlhelm teile man die Auffassung, »daß hier zunächst im eigenen deutschen Haus mit all den Elementen aufgeräumt werden muß, deren unvölkisches und zersetzendes Wesen den deutschen Volkskörper vergiften und den verheerenden Einflüssen des internationalen Marxismus und Pazifismus freie Bahn schaffen«. Erst dann könne die Beseitigung des Versailler Vertrags angegangen werden, in: Protokoll Bundestagung 1931 in Berlin vom 10.6.1931, in: LA Berlin B Rep. 42 Vereine, Acc. 2147, Nr. 26384, Bl. 155 ff.
180 Nach Wolfgang Kruse, Schinkels Neue Wache in Berlin. Zur Geschichte des modernen politischen Totenkultes in Deutschland, in: *ZfG*, Heft 2, 2002, S. 424 ff.
181 *Berliner Tageblatt* 2.6.1931.
182 *Vorwärts* 2.6.1931 (abends).
183 *Neue Preußische Kreuz-Zeitung* 2.6.1931.

tung hingegen als Verklärung und Vernebelung der Kriegsrealität empfunden, als »diskretes Monument, schön proportioniert wie eine Konfektpackung«.[184] Im *Vorwärts* wurde befriedigt festgestellt, Berlin sei mit seiner Ehrenhalle dem »eigentlichen« Ehrenmal, das im thüringischen Bad Berka geplant wurde, nun doch noch zuvorgekommen. Der durch seine Leere imposant und feierlich wirkende Raum lade zur »Einkehr zum tragischen Gedenken ein.« Durch die runde Dachöffnung, die Regen, Schnee und Sonnenstrahlen einlasse, sei ein Mittelding zwischen geschlossenem Innenraum und Freiplatz entstanden. »Uns scheint aber die sanfte und beinahe idyllische Art der Formbeschränkung und Raumbildung jede kriegerische Idee auszuschließen«, resümierte der Bericht.[185]

Die *Rote Fahne* sprach von einer »architektonisch fortschrittlichen Fassade« des Imperialismus und vom »Andrang der Spießer« bei der Einweihung. Die SPD werfe Geld für Ehrenmale hinaus, während den Kriegsbeschädigten die »Hungerrente« gekürzt werde.[186] Nachdem die Umgestaltung der Neuen Wache zum Kriegerehrenmal beschlossen worden war, richtete sich Ernst Kállai in der *Weltbühne* gegen jede Form von Ästhetisierung des Gedenkens: »Jedes Pantheon der Kriegsgefallenen bleibt mehr oder minder fromme Pose, wenn es nicht zugleich auch eine Schreckenskammer ist von restlos enthüllender Anschaulichkeit aller Kehrseiten der großen Kriegsmedaille. Baut konservierte Schützengräben, Drahtverhaue, Unterstände und Granattrichter auf, mit Leichen und Gestank, mit Blut und Dreck. Dazu die Herren Kommandierenden und Regierenden in Lebensgröße, wohlbestallt und -gepflegt. Setzt Zahlen und Bilder darüber: Bilanz von Kriegsgewinn und Kriegselend. Kriegsverdiener und Kriegskrüppel. Kriegshuren und Kriegswaisen. Und als Bekrönung den Christus mit der Gasmaske von George Grosz.«[187]

Die Neue Wache wurde nach 1933 in kaum veränderter Form in den nationalsozialistischen Gefallenenkult integriert. Ein hölzernes Hochkreuz wie beim Düsseldorfer Schlageter-Denkmal wurde an der Rückwand des Innenraums angebracht, die Polizisten vor dem Gebäude durch Soldaten ersetzt.[188] Die Gedenkstätte galt in der Weimarer Republik wie auch im »Dritten Reich« als Attraktion. So gehörte die Neue Wache neben dem Olympiagelände zu den Berliner Sehenswürdigkeiten, die 1941 einer vom Reichsministerium für Volksaufklärung und Propaganda eingeladenen französischen Künstlerdelegation gezeigt werden sollten.[189]

---

184 Adolf Behne, Das preußische Kriegermal, in: *Sozialistische Monatshefte* 36, 1930, Bd. 72, S. 891 ff., vgl. a. Bruno Taut im *Berliner Tageblatt* 29.7.1930.
185 *Vorwärts* 2.6.1931 (abends).
186 *Rote Fahne* 3.6.1931.
187 Ernst Kállai, Ehrenmal-Grauenmal, in: *Die Weltbühne* 1930 Bd. II, S. 284 ff.
188 Die Neue Wache als Ehrenmal für die Gefallenen des Weltkriegs, Berlin 1936.
189 Barch R 55, 21003 Bl. 209.

4. Nationalsozialistische Kriegerdenkmäler in Berlin

Gemessen an den gigantischen Plänen, die die Stadt bis 1950 zur monströsen Hauptstadt »Germania« verwandeln sollten, hat der Nationalsozialismus relativ wenig architektonische Spuren hinterlassen. Zwar sind einige große Funktionsbauten bis heute erhalten[190], doch der Krieg verhinderte die entscheidende, zweite Bauphase. Diese hätte die Stadt durch ein riesiges Achsenkreuz geviertelt und mit maßlosen Prachtbauten entlang einer breiten Nord-Süd-Schneise ein neues repräsentatives Zentrum geschaffen. Unter der Federführung Albert Speers und in enger Absprache mit Hitler, der seine privaten Architekturvisionen hier zu verwirklichen suchte, war eine eigene Behörde, die »Generalbauinspektion für die Reichshauptstadt« (GBI), geschaffen worden. Speer war Absolvent und anschließend Assistent an der TH Berlin-Charlottenburg. Im dortigen nationalsozialistisch geprägten akademischen Milieu näherte er sich der Partei, trat 1931 in die NSDAP ein und erhielt erste Aufträge, so 1932 zum Umbau der Bezirksstellen der Partei. 1933 wurde er »Amtsleiter für die künstlerische Gestaltung der Großkundgebungen in der Reichspropagandaleitung.« So begann seine steile Karriere.[191]

Kernstück von Speers Planungen war die vier Kilometer lange Nord-Süd-Achse, eine via triumphalis künftiger Kriege, die sowohl als Militärparadenstrecke als auch als urbane Prachtstraße fungieren sollte. Den nördlichen Endpunkt an der Spree stellte eine Kuppelhalle dar, die als größtes Bauwerk der Welt 150.000 Menschen aufnehmen sollte. Den südlichen Endpunkt bildete ein monströser Triumphbogen als Mahnmal für die Gefallenen. Dazwischen sollten zahllose, monumentale Bauten und Denkmäler der Wehrmacht und Parteigliederungen aufgereiht werden, ergänzt von Kaufhäusern, Kaffeehäusern, Kinos und Kultureinrichtungen. (s. Abb. 24, S. 136)

Neue Aufträge für die Kriegerdenkmalsspezialisten

Die wilhelminisch geprägten Kriegerdenkmalsspezialisten erlebten in der Anfangsphase des Nationalsozialismus noch einmal eine Renaissance. Hermann Hosaeus wurde als

---

190 Zu den ersten Baumaßnahmen des NS-Regimes gehörte die Errichtung von monumentalen Neubauten für die vielen neuen Staats- und Parteiämter. Erhalten sind das Reichsluftfahrtministerium in der Wilhelmstraße, erbaut 1935/36 von Ernst Sagebiel, die Reichsbankzentrale am Werderschen Markt, erbaut 1934–38 von Heinrich Wolff, das Reichspostamt in der Möckerngasse, erbaut von Georg Werner und Kurt Kuhlow, das Verwaltungsbüro der Deutschen Arbeitsfront am Fehrbelliner Platz, erbaut 1935/36 von Herbert Richter und Otto Firle, und die Deutschlandhalle am Messegelände, erbaut 1935 von Fritz Wiemer, Paul Tewes und Ferry Orthmann. Doch im Bereich der Nord-Süd-Achse, die neues Repräsentationszentrum der Hauptstadt werden sollte, waren noch weit größere Bauten geplant.
191 Rudolf Wolters, Albert Speer, Oldenburg 1943, S. 8.

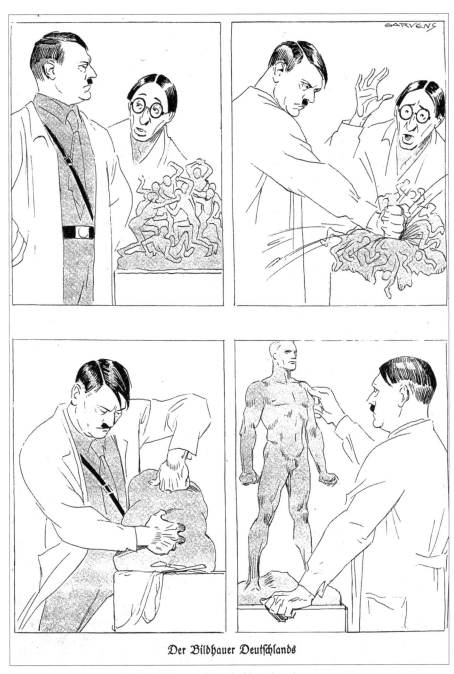

Abb. 24: Karikatur »Hitler als Bildhauer« im »Kladderadatsch«, 1933

Vorkämpfer deutschen Wehrwillens und einer »betont deutschen Bildhauerei« gefeiert[192], Emil Cauer schuf eine Hitlerbüste und Plastiken (Spähsoldat und »Siegfried«) für das Reichsinnenministerium und das Reichsluftfahrtministerium[193], Hans Dammann erhielt den Auftrag, den 1931 auf dem Bülowplatz von Kommunisten erschossenen Polizisten ein Denkmal zu bauen, Josef Limburg konnte eine Portraitbüste Hitlers im Kyffhäuser platzieren und lieferte einen Entwurf für ein Denkmal des Reichsarbeitsdienstes.[194] Ein Blick in NS-Zeitschriften wie *Kunst und Volk* oder *Das Schwarze Korps* zeigt die Beliebtheit von Bildhauern wie Hugo Lederer[195], Eberhard Encke[196], Emil Cauer[197] sowie Richard Scheibe[198] und Georg Kolbe[199], deren Werke häufig abgebildet wurden. Einige dieser Bildhauer, wie Kolbe und Scheibe, erhielten zu ihrem 65. Geburtstag die Goethe-Medaille durch das Reichsministerium für Propaganda und Volksaufklärung verliehen.[200] Kolbe, geboren 1877, war der erfolgreichste und prominenteste Bildhauer NS-Deutschlands, wie das enorme Presseecho zu seinem 60. und 65. Geburtstag zeigte.[201] Er darf als Prototyp des »unpolitischen« Bildhauers gelten, der sich 1933 rasch dem herrschenden Geschmack des Regimes anpasste und seine Körperdarstellungen ins brutale und martialische steigerte. So konnte man seinen gigantischen »Zarathustra« von 1933 als Hommage an den »nationalen Aufbruch« verstehen; auch sein Kriegerdenkmal in Stralsund von 1935 steht beispielhaft für die NS-Ästhetik. Dennoch blieb seine Arbeit in ihrer politischen Semantik diffus, denn er war sowohl auf der 1938 in London stattfindenden Ausstellung deutscher Exil-Kunst vertreten als auch auf der offiziellen »Großen deutschen Kunstausstellung« in München. Diese allseitige Kompatibilität seiner Körperdarstellungen ließ ihn auch nach 1945 seine Karriere nahtlos fortsetzen.[202]

Die Gefallenendenkmäler in der Weimarer Republik, »die von Kameraden und Hinterbliebenen der herrschenden Kunstmeinung zum Trotz« in Auftrag gegeben

---

192 *Deutsche Allgemeine Zeitung* 7.5.1935, *Berliner Börsenzeitung*, 6.5.1935, *Völkischer Beobachter* 7.5.1935. Am 21.11.1936 wurde sein Gefallendenkmal für die Angehörigen der Berliner Gasag eingeweiht, *Völkischer Beobachter* 22.11.1936. Vgl. *Der Westen*, Wilmersdorf 5.5.1940.
193 *Neuköllner Tageblatt* 5.8.1937.
194 *Germania* 4.6. und 10.7.1934.
195 *Kunst und Volk. Amtliches Organ der NS-Kulturgemeinde*, München, Titelblatt »Bogenschütze« Januar 1936; *Das Schwarze Korps. Zeitung der SS der NSDAP*, Berlin 15.5.1935, »Bismarck«.
196 *Kunst und Volk. Amtliches Organ der NS-Kulturgemeinde*, München Januar 1936, »Fußballspieler«, S. 24.
197 *Das Schwarze Korps* 8.5.1935, »Verwundeter«.
198 *Das Schwarze Korps* 12.12.1935, »Saarbefreiung«.
199 *Das Schwarze Korps* 26.6.1935, »Zehnkämpfer«.
200 An Kolbe verliehen am 15.4.1942, Barch R 55 96, an Scheibe am 19.4.1944, Barch R 55 98, Bl. 250, auch an Albiker am 16.9.1943, Barch R 55 98, B. 28, Verleihung abgelehnt hingegen bei Limburg, Barch R 55 98.
201 ZA SMPK Dok. Kolbe.
202 Georg Kolbe (1877–1947) Schüler von Louis Tuaillon. Hatte 1924 das Gefallenendenkmal für die Buchhändler in Leipzig geschaffen.

und in Haltung und Form dem »ehrenden Gedenken Ausdruck gaben«, wurden von der NS-Kunstkritik als kulturelle Ausnahmen in der Weimarer »Verfallszeit« gewürdigt.[203] Alfred Rosenberg beschrieb die Kriegerdenkmäler in der Weimarer Republik als Vorboten des kommenden nationalsozialistischen Stils: »Nach 1871 theaterhaft fahnenschwingende Soldaten, minutiöse Falten der Waffenröcke, viel Spieße und Kanonenrohre, alles ohne Tiefe, ohne symbolischen Charakter, ohne wirkliche Tragik, aber auch ohne echte Siegesfreude. Um 1930 herum entstehen aber ernste Soldatenfiguren, aus Stein, schlicht in den Formen, ernst unterm Stahlhelm hervorschauend. Menschen, nicht im Sturm, sondern auf Wache, oder im gemeinsamen, langsamen Schritt. Viele Denkmäler in Form von Grabstätten. Trotz vieler Verkrampfungen fühlt jeder schon die schlichte Größe und verhaltene Dramatik heraus, die den Stil einst bestimmen werden.«[204] Die Nationalsozialisten konnten zunächst nicht auf eine eigene Stilrichtung zurückgreifen. Sie bevorzugten daher zunächst die klassizistisch-figürlichen Arbeiten anerkannter Größen wie Georg Kolbe, Fritz Klimsch, Karl Albiker, Richard Scheibe u.a. In der faschistischen Ästhetik hatte die Plastik im Vergleich zur Architektur nur zweitrangige Bedeutung. Erst in der Monumentalplastik Arno Brekers und Josef Thoraks verwirklichte sich Ende der 1930er-Jahre eine typisch nationalsozialistische Bildhauerei, die als Beiwerk der überdimensionierten Architektur gelten konnte.

Doch nicht alle national gestimmten Bildhauer, die die Nähe zur NS-Bewegung gesucht hatten, kamen nun automatisch zu Wohlstand und Ansehen. Der Friedrichshagener Bildhauer Fritz Richter-Elsner hatte in der 1920er-Jahren ein Ulanen-Gefallenendenkmal im pommerschen Demmin geschaffen, das in der SS-Zeitung *Das Schwarze Korps* als vorbildlich-germanisch beschrieben wurde. Richter-Elsner hatte eine umfangreiche, treppenartige Anlage aus Findlingen errichten lassen. Ein Dolmentor aus drei Findlingen bildete den Eingang, wobei man über eine schwere liegende Eisenkette steigen musste. »Dolmen neben Dolmen türmen sich auf, naturhaft rissig und gespalten, zerrissen und wettergeschunden wie das deutsche Schicksal und die deutsche Geschichte.« Treppen führten zu weiteren Denkmalshöfen, Hünengrabähnliche Anlage, runenbeschriftet und mit den germanischen Götterzeichen und Tierdarstellungen versehen fanden sich auf den einzelnen Podesten. Hörnerhelme und mit Eisenbuckeln beschlagene Holzschilde verwehrten die Eingänge.[205]

Richter-Elsner hatte sich schon Ende 1929 mit dem Projekt eines »Notmales gegen die Kriegsschuldlüge« an Hitler gewandt und von dessen Privatsekretär Rudolf Heß die Antwort erhalten: »Für die Errichtung des Males wären erhebliche Mittel notwendig, welche nur von der nationalen Seite aufgebracht werden könnten. Diese Mittel gingen aber – wenn sie wirklich aufgebracht werden könnten – dem übrigen

---

203 Werner Rittich, Die Bildhauerkunst im Leben unserer Zeit, in: *Kunst und Volk* 8/1937, S. 234.
204 Alfred Rosenberg, Revolution in der bildenden Kunst, München 1934, S. 12.
205 *Das Schwarze Korps* 10.4.1935.

Kampf der nationalen Bewegung verloren und dieser Kampf ist zur Zeit doch erheblich wichtiger.«[206] Heß tröstete den Künstler, Hitler habe die Entwürfe persönlich begutachtet und anerkannt. Hitler sei überzeugt, »dass im kommenden Staat den Künstlern, besonders auf dem Gebiet des Bauwesens, große Aufgaben gestellt werden.«[207] In einem Hilfeersuchen an das Reichsministerium für Volksaufklärung und Propaganda (RMVAP) klagte Richter-Elsner 1938 über seinen Intimfeind, den Baustadtrat Garbe, der als Dezernent der Stadt Berlin für Kunstangelegenheiten seit Jahren seine Arbeit behindere. Garbe, der schon künstlerischer Berater des republikanischen Bürgermeisters Böß gewesen sei, rühre keinen Finger für den Nationalsozialismus und fördere Bildhauer aus dem kommunistischen Milieu. Seit drei Jahren blockiere Garbe die Verwirklichung eines Kriegerdenkmals für den Bezirk Reinickendorf, dessen Wettbewerb er, Richter-Elsner, gegen 21 Konkurrenten gewonnen habe. Er sei in seiner materiellen Existenz bedroht und habe seit Monaten keine Aufträge. Der Bezirk Köpenick habe ihm wegen seiner Mietrückstände die Möbel gepfändet: »Sie sehen, Herr Minister, einen Ihrer deutschen Menschen in sehr großer seelischer Unruhe«, schließt das Schreiben.[208] Das Präsidium der Reichskammer für bildende Künste urteilte über den Bittsteller, er sei zwar ein integrer Mann, jedoch: »Es blieb ihm aber mangels eigenschöpferischer Begabung versagt, über ansprechende und fleißige Leistung hinaus zu wahrhaft künstlerischer Gestaltung zu gelangen.« Dies, und nicht die von ihm vermuteten Machenschaften seiner Konkurrenten, sei der Grund für seine Lage.[209] Das Reinickendorfer Kriegerdenkmal wurde dem Bildhauer Hermann Röll zugesprochen, Richter-Elsner aber durch den Auftrag zweier Hitlerbüsten für das RMVAP und den Rundfunk entschädigt.[210]

Vor der Errichtung von nationalsozialistischen Ehrenmälern für die gefallenen Soldaten und toten Parteimitglieder mussten jedoch noch die Markierungen des öffentlichen Raumes beseitigt werden, die der politische Gegner gesetzt hatte. Zahlreiche Tafeln zur Erinnerung an Ferdinand Lassalle, Karl Marx u.a. wurden entfernt, Gedenksteine und Denkmäler der Arbeiterbewegung zerstört, z.B. das Revolutionsdenkmal in Friedrichsfelde[211], die Grabanlage für die Märzgefallenen und für die gefallenen Matrosen im Friedrichshain, eine Gedenkanlage für die Opfer des Kapp-Putsches in Treptow[212], ein Gedenkstein für die Opfer der Sozialistengesetze am Plötzensee[213] und

---

206 Heß an Richter-Elsner, 20.1.1930, Abschrift in Barch R 55 21013, Bl. 144.
207 Heß an Richter-Elsner, 16.2.1930, Abschrift in Barch R 55 21013, Bl. 144.
208 Richter-Elsner an das RMVAP, 3.6.1938, in: Barch R 55 21013, Bl. 149 ff.
209 Hoffmann, Präsidium der RKK an das RMVAP, 8.7.1938.
210 Aktennotiz RMVAP 5.9.1938, Barch R 55 21 013, Bl. 157.
211 1926 errichtet, 1935 zerstört, 1983 kleiner Gedenkstein an das Denkmal von Günther Stahn und Gerhard Thieme.
212 Friedhof Friedlander Weg, 1921 errichtet, 1933 abgerissen, 1946 erneuert, nach Hans Maur, Berliner Gedenkstätten. Auf den Spuren der Arbeiterbewegung, Berlin 2000, S. 38.
213 Nach 1890 errichtet, 1933 zerstört, nach Hans Maur, Berliner Gedenkstätten. Auf den Spuren der Arbeiterbewegung, Berlin 2000, S. 62.

ein Erinnerungsstein für Friedrich Ebert an der Afrikanischen Straße im Wedding.[214] Den Sowjetstern des Revolutionsdenkmals präsentierten die Nazis als besondere Trophäe in ihrem SA-Revolutionsmuseum: »Größte Sehenswürdigkeit Deutschlands! 1. Nationalsozialistisches Revolutionsmuseum der Standarte 6«, hieß es 1934 auf Plakaten. Zu sehen gab es in der Neuen Friedrichstraße/Ecke Königstraße: »Symbole einer überwundenen Zeit, von den Zersetzungsschriften von 1918 bis zu 4 Zentner schwerem Sowjetstern.«[215] Auch der Rathenau-Brunnen Kolbes wurde 1934 abgebaut und eingeschmolzen.[216]

Ehrenmale für die Toten aus der »Kampfzeit«

Die Nationalsozialisten verbanden seit den 1920er-Jahren den Gefallenen- und Frontsoldaten-Kult mit der Ehrung ihrer Anhänger, die bei politischen Auseinandersetzungen in der Nachkriegszeit umgekommen waren. Am 9. November, dem »Reichstrauertag der Partei«, waren die Ortsgruppen aufgefordert, sowohl an den örtlichen Gefallenendenkmälern wie an den Gräbern getöteter NS-Anhänger Kränze niederzulegen. Zudem galt es, den »Parteisoldaten«, unter denen sich viele gescheiterte Existenzen und gesellschaftliche Außenseiter befanden, einen vaterländischen Nimbus zu verleihen. Daher wurden NS-Anhänger in der Nähe von Kriegergrabstätten, wie etwa auf dem Neuen Garnisonfriedhof, beigesetzt. Das Begräbnis des SA-Mitglieds Maikowski, eines berüchtigten Gewalttäters, auf dem Invalidenfriedhof sei bereits ein »Denkmal, besser als in Erz und Stein. Maikowski ruht Seite an Seite mit deutschen Helden, die ehrenvoll für ihr Vaterland starben«, triumphierte der *Völkische Beobachter*.[217]

In den ersten Jahren nach der Machtübertragung an die NSDAP blieb Berlin von größeren nationalsozialistischen Denkmalsbauten verschont. Der intensive Totenkult und der mit großem propagandistischen Aufwand geführte »Kampf um Berlin« hätten ein anderes Verhalten erwarten lassen. Die Grabmale für die im Berliner Straßenkampf »gefallenen« SA-Männer blieben bescheiden. Die Gefallenen des Weltkriegs wurden nach wie vor in der kaum veränderten Neuen Wache geehrt.[218] Tannenberg erhielt nach dem Tod Hindenburgs den Status des offiziellen und einzigen Reichs-

---

214 Friedrich-Ebert-Siedlung, nach 1925 errichtet, 1933 zerstört, nach 1945 erneuert, nach Hans Maur, Berliner Gedenkstätten. Auf den Spuren der Arbeiterbewegung, Berlin 2000, S. 62.
215 Werbeplakat LA Berlin F Rep. 240 Kleinschriftgut Nr. 351 B.
216 Der Brunnen war bei Noack gegossen worden. Seine Bronze wurde 1939 zu einer Replik von Begas' Schillerdenkmal verwendet. 100 Jahre Bildgießerei H Noack, S. 50.
217 *Völkischer Beobachter. Berliner Ausgabe* 7.2.1933.
218 Offenbar hing dies auch damit zusammen, dass Tessenow auch ideologischen Hardlinern wie der Zeitschrift *Das Schwarze Korps* genehm war. So lobte die Ausgabe vom 11.2.1937 auf S. 11 Tessenow: »Ihm gelangen Bauten, die aus der Überspannung des materialistischen Weltbildes zu einem neuen deutschen Stil hinüberleiten.«

ehrenmals. Damit war zunächst kein dringender Bedarf für Gefallenendenkmäler in Berlin vorhanden. Ein imposanter Kult à la Feldherrenhalle um die SA-Männer, die bei politischen Auseinandersetzungen in Berlin ums Leben gekommen waren, gab es in der Hauptstadt nicht.

Die »Märtyrer der Bewegung« waren auf Friedhöfe im ganzen Stadtgebiet verteilt, wobei der Luisenstädtische Friedhof seit 1931 als Hauptfriedhof der NS-Bewegung reklamiert wurde; 16 Nationalsozialisten sind hier begraben.[219] Als Material für Grab- und Gedenksteine wurde Granit, oft in Form von Findlingen favorisiert. Die Grabsteine von Schulz, Sagasser und Steinberg waren relativ aufwändig gestaltet, bis zu 2 m hohe Natursteine, teilweise roh behauen und mit einem plastisch aus dem Stein hervortretenden Hakenkreuz in den Maßen von 80 cm x 80 cm.[220] Das Grab Behnke auf dem Friedhof der Luthergemeinde Lankwitz hatte einen einfachen, roh belassenen Stein mit geschliffener Vorderseite und appliziertem Bronzeemblem, Adler mit Kranz und Hakenkreuz.[221] Ähnlich war der Grabstein Maikowski auf dem Invalidenfriedhof gestaltet, der am 30. August 1933 von Goebbels geweiht wurde und die Inschrift trug: »Alles für Deutschland«.[222]

Der Kult um Horst Wessel hatte in diesem Zusammenhang herausragende Bedeutung. Der gescheiterte Jurastudent Wessel war ein erfolgreicher Agitator und SA-Führer in Berlin-Mitte gewesen. Zufällig erhielten Mitglieder der RFB-Sturmbereitschaft Mitte am 14. Januar 1930 die Gelegenheit, Wessel eine »proletarische Abreibung« zu verpassen, in deren Folge sich ein tödlicher Schuss löste. Die KPD distanzierte sich von der Tat und stellte sie als Auseinandersetzung unter Zuhältern dar. Die Beerdigung am 1. März verlief turbulent. Es gab Tumulte, die Friedhofsmauer war mit der Parole bemalt worden: »Dem Zuhälter Horst Wessel ein letztes Heil Hitler«. Hitler blieb der Beisetzung fern, um sich nicht zu kompromittieren, falls Wessel tatsächlich Zuhälter gewesen wäre.[223] Der Grabstein auf dem Nikolaifriedhof an der Prenzlauer Straße wurde erst am 22. Januar 1933 von Hitler geweiht. Wessels Wohnung in der Großen Frankfurter Straße 62 wurde nach dem Januar 1933 der Öffentlichkeit zugänglich gemacht. Eine weitere Gedenkstätte mit Fahnen und Büste entstand im Sterbezimmer Wessels im Krankenhaus am Friedrichshain. Vor der Grabsteinweihe versammelte sich die gesamte Berliner SA auf dem Bülowplatz. Die Polizei hatte zuvor das Karl-Liebknecht-Haus durchsucht, die Hauswache entwaffnet und die Dächer der umliegenden Häuser besetzt. Anschließend fand die Feier unter Anwesenheit der

---

219 Einen Überblick liefert L. Michalski, Verdiente Deutsche und ihre Ruhestätten in Berlin, Berlin 1937.
220 Engelbrechten und Volz, Berlin, 1937, S. 173 mit Bild.
221 Engelbrechten und Volz, Berlin, 1937, S. 230 mit Bild.
222 Engelbrechten und Volz, Berlin, 1937, S. 146 mit Bild.
223 Anschaulich behandelt von Heinz Knobloch, Der arme Epstein. Wie der Tod zu Horst Wessel kam, Berlin 1993.

Parteispitze auf dem Friedhof statt.[224] Der Stein war im Gegensatz zur Feier schlicht, ein Granitkubus von etwa 80 cm Kantenlänge, auf einer Seite war der Name des Bruders Werner[225], auf der anderen der Name Horsts, auf der dritten der des Vaters Ludwig appliziert;[226] zudem trug der Stein die Inschriften »Deutschland teures Vaterland/ Ein Licht losch aus/ das Dir gebrannt« und »Die Fahne hoch«.[227] Auf dem Stein lagen ein Bronzekranz sowie eine gesenkte Fahne, die über die Kante des mehrteiligen Würfels herabhing, ebenfalls aus Bronze.[228] 1945 erschienen mehrere russische Panzer vor dem Friedhof. Die Besatzungen zerstörten den Stein, ließen nur den Teil mit dem Namen des Vaters stehen.[229]

Besonderen Aufwand erforderte die symbolische Inbesitznahme der ehemals gegnerischen Hochburg, des Bülowplatzes mit der KPD-Zentrale.[230] Platz und Haus wurden nach Horst Wessel benannt, der Platz gärtnerisch gestaltet. In der ehemaligen KPD-Zentrale wurden nun Wandbilder marschierender SA-Kolonnen angebracht.[231] Nördlich der Volksbühne entstanden Wohnhäuser. Der feierliche erste Spatenstich wurde am 12. März 1934 von Oberbürgermeister Sahm und Goebbels getätigt. Der Platz sollte gänzlich mit Denkmälern überbaut werden: An der Südspitze war das Horst-Wessel-Gruppendenkmal geplant, eingerahmt von zwei ständigen SA-Wachen. Östlich und westlich der Volksbühne waren mit Silberlinden bepflanzte Ehrenhaine vorgesehen, in deren Mitte je ein Denkmal für die »gefallenen« Polizisten (westlicher Ehrenhain) und Hitlerjungen (östlicher Ehrenhain) situiert werden sollte. Das Horst-Wessel-Denkmal habe ihn so darzustellen, »wie er im Jahre 1929 an der Spitze seines Zuges in Nürnberg einmarschierte.«[232] Ein beschränkter Wettbewerb der Berliner Stadtverwaltung unter acht Berliner Bildhauern ergab drei preisgekrönte Entwürfe. Den ersten Preis gewann der Bildhauer Paul Gruson, ein Schüler Lederers, mit einer insgesamt 8 m hohen Säule, die von einem überlebensgroßen, breitbeinig auftre-

---

224 Neben Hitler, Goebbels und Röhm waren Studenten der Korps Normannia und Alemania Wien anwesend, deren Mitglied Wessel war. Es sprach für sie Hanns Heinz Ewers, *Berliner Lokal Anzeiger* 23.1.1933 (abends).
225 1929 bei einer SA-Übung im Riesengebirge erfroren.
226 Vater Ludwig war seit 1913 Pfarrer an der Nikolaikirche. 1922 starb er an den Folgen einer Kriegsverletzung.
227 *Völkischer Beobachter. Berliner Ausgabe* 24.1.1933. Abb. auch in *Das Schwarze Korps*, Berlin 14.10.1937, S. 4.
228 Abb. in: LA Berlin A Pr. Br. Rep. 107-01. Die Generalbauinspektion für die Reichshauptstadt. Gräberkommissar Nr. 38: Nikolaifriedhof Prenzlauerstr. 62, Bl. 1732.
229 Bericht der Augenzeugin Charlotte Wolter. Mitteilung des seit 1958 dort eingesetzten Friedhofsverwalters Wolfgang Eichner an den Verfasser, 17.10.03.
230 Die KPD hatte im Oktober 1928 erfolglos versucht, ihre Zeichendominanz auf dem Areal noch zu verstärken, indem Sie dort ein Lenindenkmal errichten wollte. Die Polizei lehnte aus »verkehrstechnischen« Gründen ab. Schreiben des Kommando d. Schupo, 28.10.1928, LA Berlin A Rep. 57, Nr. 737.
231 Marschierende SA, Wandbild von Ludwig Dettmann, Abb. in: *Kunst und Volk* 3/1937, S. 84.
232 *Der Tag* 13.3.1934.

tenden Hakenkreuz-Fahnenträger bekrönt werden sollte.[233] Hosaeus reüssierte auf Platz zwei mit einem vorstürmenden SA-Mann.[234] Bald darauf wurde Gruson zu einem neuen Entwurf aufgefordert.[235] Schließlich erhielt jedoch ein anderer Berliner Bildhauer den Auftrag, Arthur Wellmann.[236] Eingeweiht am 29. November 1936, trug der hohe, mit einem reliefartigen Kranz und Hakenkreuz verzierte Granitsockel die Namen der »Sechs Ermordeten der Bewegung der Innenstadt« und die Parole »Sie marschieren im Geiste in unseren Reihen mit«.[237] Obenauf thronte ein Bronzeadler mit dem Gewicht von fünf Tonnen, einer Höhe von zwei Metern und einer Spannweite von fast sieben Metern aus der Reinickendorfer Bronzegießerei Max Sperlich.[238] Das Denkmal wurde nicht, wie vorgesehen, an der Südspitze des Platzes, sondern an der Ostseite errichtet. Ein figürliches Horst-Wessel-Denkmal erhielt Berlin erst 1940. Die 2,5 m hohe Figur des Berliner Bildhauers Ernst Paul Hinkeldey wurde in Friedrichshain in einer Siedlung »verdienter SA-Kämpfer« aufgestellt.

Am 25. September 1934 weihten Innenminister Frick, Reichsführer-SS Himmler und Oberbürgermeister Sahm das Denkmal für die 1931 von Erich Mielke und Genossen erschossenen Polizisten Lenk und Anlauf ein. Es war nun unter dem Namen »Denkmal der im Beruf gefallenen und verwundeten Polizeioffiziere und Wachtmeister« an der westlichen Straßenfront des Platzes errichtet worden. Das Werk von Hans Dam-

---

233 Die Säule sollte auf einem 2 m hohen Kubus stehen und den Mittelpunkt eines Ehrenhofes bilden, der von Mauern umfasst war. Halterungen für Kränze und Inschriften waren an den Mauern angebracht, Foto des Modells, in: ZA SMPK, Künstlerdokumentation Gruson. Gruson hatte eine Büste des neuen Oberbürgermeisters Sahm geschaffen. Er arbeitete in den späten 1930er-Jahren in der Ateliergemeinschaft Klosterstraße. 1962 enthüllte Willy Brandt eine Walter-Schreiber-Büste des Künstlers im Schöneberger Rathaus.
234 *Berliner Lokal Anzeiger* 18.9.1934.
235 *Völkischer Beobachter. Berliner Ausgabe* 17.4.1935. Gruson wurde 1935 als »Halbjude« aus der Reichskunstkammer ausgeschlossen, nach Martin Schönfelder, Die Stilisierung des Stadtraumes. Der Rosa-Luxemburg-Platz, in: Initiativkreis Ein Zeichen für Rosa Luxemburg (Hrsg.), Ein Zeichen für Rosa Luxemburg, S. 80.
236 Der Magdeburger Wellmann war Protegé des neuen OB Lippert und erhielt zahlreiche Aufträge für Plastiken im öffentlichen Raum: »Der schaffende Mann« und »Mutter« in der Frankfurter Straße, »Frigga«, »Odin« und »Freya« am Alexanderplatz. Eine andere Figurengruppe Wellmanns, die Bronzeplastik »Hagen und Volker« im Hof des Verwaltungsgebäudes Tempelhof, wurde 1940 als »entbehrlich und künstlerisch nicht vollwertig« eingestuft und zugunsten der Kriegsmetallverwertung abgerissen. LA Berlin A Rep. 43-05-03 Tempelhof Nr. 15, Bl. 103.
237 Engelbrechten und Volz, Berlin, 1937, S. 94.
238 *Völkischer Beobachter. Berliner Ausgabe* 18.11.1936. Vgl. das Magdeburger SA-Denkmal des Königsberger Bildhauers Hans Wissel, der den beschränkten Wettbewerb in der Domstadt gewann. Auf einer 16 m hohen Sandsteinsäule thront eine 4,50 m hohe Figurengruppe, »die das Vordringen des Nationalsozialismus symbolisch darstellt. Unter den gewaltigen Schwingen eines stoßbereiten Adlers erhebt sich die vorwärtsstürmende SA. Unter dem Kopf des Adlers stürmt der SA-Führer voran. Unter den Flügeln schweben die toten SA-Männer«, schrieb die Fachpresse über das Denkmal, das im März 1936 auf dem Domplatz errichtet wurde. *Der deutsche Steinbildhauer, Steinmetz und Steinbruchbesitzer*, München, Nr. 9, 21.3.1935, S. 59; Nr. 27, 21.9.1935, S. 196 f. und Nr. 9, 21.3.1936, S. 61.

mann und Hermann Rochlitz bestand aus zwei lebensgroßen Bronzefiguren auf einem zwei Meter hohen Steinsockel mit der Inschrift: »Den Polizei-Hauptleuten/ Anlauf und Lenk/ Hier hinterrücks am 9.8.1931 von Kommunisten/ erschossen und allen in treuer Pflichterfüllung/ gefallenen Polizeioffizieren und Wachtmeistern/ zum ehrenden Andenken/ das Polizeikorps Preußens.«[239] Die Figuren trugen zeitgenössische Polizeiuniformen.[240] Der stehende, »dem Tode ins Antlitz schauende Polizeioffizier« ist barhäuptig, der im zu Füßen sitzende Sterbende trägt einen Tschako. Der sterbende hat noch seinen Dolch in der Gürteltasche, was zeigen soll, dass er nicht im Kampf, sondern heimtückisch getötet wurde, der stehende hat seinen Helm aus Respekt abgenommen, fasst mit der linken Hand zum Dolch und ballt die rechte zum Zeichen der Rache. An dieser Stelle, so der *Berliner Lokal Anzeiger*, starben die Polizeihauptleute Anlauf und Lenk, »von den Kugeln entmenschter [sic], politischen Verbrechertums niedergemäht, den Soldatentod.« Vor Formationen der Polizei, SA und SS dankte Polizeioberst Dillenberger, Kommandeur der Schupo, »Göring als dem tatkräftigen Förderer dieses Denkmals und erinnerte daran, dass 15 Offiziere und 219 Wachtmeister allein in Berlin als Vorkämpfer für die nationale Freiheit gefallen sind.« Gauleiter Kube sprach von der »tragischen Rolle der Polizei in der Systemzeit« und resümierte: »Wenn dieses Denkmal gerade an diesem Platze stehe, so soll es klarmachen, dass es nicht möglich war, sich mit dem Kommunismus auf weltanschaulicher Basis auseinanderzusetzen!«[241] Posthum vereinnahmte die NSDAP die Polizei, die sie noch in der »Systemzeit« erbittert bekämpft hatte. Der *Völkische Beobachter* schrieb, »die gefallenen Polizeioffiziere sind Kameraden des nationalsozialistischen Deutschlands.«[242] Ende 1936 konnte die gleichgeschaltete Presse fordern: »Die Innenstadt, einer der umstrittensten Kampfplätze im Ringen um ein nationalsozialistisches Berlin, hat in einem Wahrzeichen ihre Dankesschuld an den Gefallenen Adolf Hitlers abzutragen.« Der Horst-Wessel-Platz sei »aus einer Hochburg des Kommunismus zum stolzen Symbol eines sauberen, nationalsozialistischen Berlins geworden«.[243] Sowohl die Figurengruppe Dammans als auch Wellmanns Bronzeadler sind noch in den späten Kriegsjahren als Rüstungsrohstoff eingeschmolzen worden, so dass bei Kriegsende nur noch die Sockel der beiden Denkmäler standen.[244]

1937 klagten die neuen Anwohner, »daß der Ehrenhain des Horst-Wessel-Platzes von allen möglichen Leuten, Erwachsenen und Kindern aufgesucht wird in der offensichtlichen Absicht, diese, den Nationalsozialisten heilige Stätte zu entweihen. Juden, Zigeuner und Vertreter der Unterwelt« legten ein schamloses Betragen an den Tag und verschmutzten den Platz mit Essensresten, »halbwüchsige Burschen spielen unter sehr

---

239 Abb. in *Der Polizeibeamte* Nr. 20, 1934, S. 761 ff.
240 Abb. im *Berliner Lokal Anzeiger* 26.9.1934 (morgens).
241 Alle Reden zitiert im *Berliner Lokal Anzeiger* 25.9.1934 (abends).
242 *Völkischer Beobachter. Berliner Ausgabe* 26.9.1934.
243 *Berliner Lokal Anzeiger* 30.11.1936 (abends).
244 Martin Schönfelder, Die Stilisierung des Stadtraumes. Der Rosa-Luxemburg-Platz, in: Initiativkreis Ein Zeichen für Rosa Luxemburg (Hrsg.), Ein Zeichen für Rosa Luxemburg, S. 82 f.

viel Lärm Fußball und Kinder wühlen das Erdreich um«, klagte die NSDAP-Ortsgruppe Horst-Wessel-Platz.[245] »Aus den Ehrenhainen sind wahre Fußballplätze geworden, wo sich täglich unter großem Gejohle ganze Horden herumschlagen. […] Selbst vor dem Denkmal unserer gefallenen Kameraden wird kein Halt gemacht, dieses wird verunreinigt und die Kinder klettern an dem Denkmal hoch. Wie herrlich war es anzuschauen, wenn auswärtige Gäste die Veränderung dieses wüsten Scheunenviertels sahen und sich daran erfreuten, wie schamlos wirkt es dagegen jetzt, nach so kurzer Zeit, wo der Ehrenhain verwüstet ist«, so die linientreuen Bewohner des »Ehrenblocks Linienstr. 228a« im Brief an den Oberbürgermeister.[246] Nachdem die ursprünglich vorgesehene ständige SA-Wache am Denkmal nicht eingerichtet worden war, forderten die örtlichen NSDAP-Mitglieder nun eine dauerhafte Bewachung des Platzes.[247] Offenbar holten sich die Anwohner ihren öffentlichen Raum zurück, ungeachtet der Dominanz nationalsozialistischer Zeichen.

Die Langemarck-Halle

Im Rahmen der erweiterten Planungen für das Olympiagelände sollten (Wehr)-Sport und Kriegerehrung miteinander verbunden werden. Mit der Langemarck-Halle erhielt Berlin sein erstes großes nationalsozialistisches Kriegerdenkmal. Bereits 1926 hatten die Architekten Walter und Werner March den Auftrag erhalten, hier das Deutsche Sportforum zu errichten – sie hatten sich im Wettbewerb u.a. gegen Max Taut und Hans Poelzig durchgesetzt. Im Mai 1931 entschied das IOC, Deutschland den Zuschlag für die Olympiade 1936 zu gewähren. Die Olympiabewerbung war Teil der internationalen Rehabilitationsversuche der Weimarer Republik auf dem Feld der Kultur und des Sports; ihr Erfolg fiel jedoch den Nazis als unverdiente Frucht in den Schoß. Der Sportfunktionär und DVP-Politiker Theodor Lewald wies Hitler im März 1933 ausdrücklich auf die ungeheure Propagandawirkung für Deutschland hin. Im Oktober 1933 beschloss Hitler, die Olympiade in »nationalsozialistischem« Sinne durchzuführen. Planungsumfang und Baukosten für das Deutsche Sportforum explodierten: Bis 1936 sollten auf dem 132 ha großen Reichssportfeld und in der Umgebung ein Stadion, ein Schwimmstadion, eine Sportschule, die Deutschlandhalle, das Haus des Deutschen Sports, das olympische Dorf und eine Freilichtbühne entstehen. Werner March war nunmehr, auch auf dem Gebiet der künstlerischen Gestaltung, al-

---

245 NSDAP-Ortsgruppe Horst-Wessel-Platz an den NSDAP- Gau Berlin, Kreis V, 19.5.1937, in: LA Berlin A Rep. 031-08 Bezirksverwaltung Mitte, Nr. 55. Grünanlage Luxemburgplatz.
246 Zur »Sanierung des Baublocks nördlich der Horst-Wessel-Straße« und zur Vertreibung seiner ursprünglichen Bewohner siehe das Sitzungsprotokoll des Stadtrates vom 8.2.1934. LA Berlin A Pr. Br. Rep. 57, Nr. 413.
247 Die Bewohner des »Ehrenblocks Linienstr. 228a« an den Oberbürgermeister, 24.4.1937, in: LA Berlin A Rep. 031-08 Bezirksverwaltung Mitte, Nr. 55. Grünanlage Luxemburgplatz.

lein verantwortlich für das enorm erweiterte Projekt, nachdem sein Bruder Walter die amerikanische Staatsbürgerschaft angenommen hatte. Die Sportanlage war mit dem Konzept einer nationalen Weihestätte verbunden. An das Stadion schloss sich eine riesige Aufmarschfläche, das Maifeld mit der Langemarck-Gedenkhalle, an. Als westliche Begrenzung des Maifeldes und des Reichssportfeldes (RSF) diente ein 19 m hoher Tribünenwall, aus dessen Mitte sich der 76 m hohe Glockenturm erhob, der mit Bossenmauerwerk aus Crailsheimer Muschelkalk verkleidet war. Werner March schrieb über das Ehrenmal: »Im Mittelgeschoß [des Walls, Anm. d. V.] erhebt sich als feierlicher, von 12 kräftigen Pfeilern gegliederter weiter Raum die hohe Langemarck-Halle, die über die Olympischen Spiele hinaus den Turm zum Wahrzeichen einer nationalen Gedenkstätte macht und dem RSF mit dem Gedächtnis an Langemarck geistig seinen kostbarsten Inhalt schenkt [...], der Schmuck ist von großer, symbolhafter Einfachheit. Die Pfeiler tragen die 76 Fahnen der an der Schlacht beteiligten Regimenter. Das Massiv des mitten durch die Halle stoßenden Glockenturms trägt auf 10 Stahlschildern die Namen der Divisionen und der ihnen zugehörigen Truppenteile. Westlich vor dem Block des Glockenturms liegt im Fußboden, von einer Stahlplatte mit dem Langemarck-Kreuz bewahrt, Erde aus dem Friedhof von Langemarck. Die Schmalseiten tragen in hohen Steinlettern die zwei Sprüche ›Ihr heiligen grauen Reihen/Geht unter Wolken des Ruhms/Und tragt die blutigen Weihen/des heimlichen Königtums‹ (W. Flex) und ›Lebe droben, o Vaterland/ Und zähle nicht die Toten/Dir ist, Liebes/ Nicht einer zuviel gefallen‹ (Hölderlin).«[248]

Beide Zitate waren auch am Gefallenendenkmal der TH angebracht worden. Ihre Verwendung verweist auf den studentischen Kult um Langemarck und die studentische Wehrsportbewegung, die in den Olympischen Spielen ihre Bestätigung finden sollte. Der Turm mit der Olympischen Glocke wurde zum zentralen Element, nach dem sich die gesamte Axial-Anlage ausrichtete. So hat auch das Rund des Stadions einen Einschnitt, das Marathontor, das den Blick auf den Turm freigibt. Sportlicher Wettbewerb und kriegerischer Opfertod waren hier deutlich verknüpft. Die Nazi-Olympiade trug zur Militarisierung Olympias bei: Disziplinen wie Gepäckmarsch und Kleinkaliberschießen kamen auf, die Choreographie des Einmarschs der Nationen wurde perfektioniert. Auf Widerspruch trafen diese Maßnahmen kaum, sie entsprachen durchaus dem internationalen Zeitgeist.

March war nach 1933 rasch in die NSDAP eingetreten und zum Professor ernannt worden. Er versuchte, moderne Architekturauffassungen mit den Ansprüchen seiner Auftraggeber zu verbinden und benutze Stahlbetonkonstruktionen, die mit Naturstein verkleidet wurden. Die Fassadenpfeiler des Stadions, die er verbreitern musste, um sie monumentaler wirken zu lassen, trugen Muschelkalkplatten; Konsolen und

---

248 Werner March, Die baukünstlerische Gestaltung des Reichssportfeldes, in: Reichsministerium des Inneren (Hrsg.), Das Reichssportfeld. Eine Schöpfung des Dritten Reiches für die Olympischen Spiele und die deutschen Leibesübungen, Berlin 1936, S. 41 f.

Hauptgesims bestanden aus Gauinger Travertin, die Fußböden waren mit Granit und Muschelkalk belegt. Die Großplastiken waren passend in Gauinger Travertin ausgeführt. Doch die verglasten Zwischenwände und Sichtbetonelemente im Stadion missfielen Hitler, der daraufhin Albert Speer mit der Verkleidung der Stahlbetonkonstruktion durch Naturstein beauftragte. Das Gelände wurde an das Nahverkehrssystem angebunden, die U-Bahn konnte in dichter Zugfolge 40.000 Besucher pro Stunde zum Stadion bringen. Im Rahmen der städtebaulichen Umgestaltung verband die Heerstraße das Reichssportfeld mit der Ost-West-Achse.

Für die zahlreiche Plastiken auf dem Gelände wurde ein beschränkter Wettbewerb unter 15 deutschen Bildhauern ausgelobt. March verstand die Großplastiken aus Travertin als Gegengewichte zur Architektur. Bekannte Bildhauer und Schöpfer von Kriegerdenkmälern kamen hier zum Zuge, wie Karl Albiker[249] und Willy Meller. Albikers »Diskuswerfer« und »Staffelläufer« am Weg zum Schwimmstadion haben mit ihrer Höhe von sieben Metern säulenartigen Charakter. Joseph Wackerles »Rosseführer« vor dem Marathontor nach dem Vorbild der römischen Rossebändiger von Monte Cavallo auf dem Quirinal verstärkten als architektonische Elemente die Wirkung der Ost-West-Achse. Um die Monumentalität zu steigern, ließ man teilweise die Bossen stehen; Willy Mellers »Siegesgöttin« scheint aus dem unbearbeiteten Fels herauszuwachsen. Die Wirkung der Plastiken rund um das Stadion ist auf Fernsicht berechnet, aus der Nähe wirken die Figuren unfertig und roh. Meller wurde in der Presse als »der echteste deutsche Architekturplastiker« gefeiert, der kaum Rundplastiken fertige, sondern immer aus der Wand oder dem Block herausarbeite.[250]

Eine freiere Gestaltung der Plastiken wurde auf dem übrigen Gelände zugelassen. Es gab für die einzelnen Standorte Einzelwettbewerbe, die von einer Kunstjury entschieden wurden. So kam es, dass sogar ein Bildhauer wie Ludwig Gies mit einem Aluminiumadler am Haus des Sports zum Zuge kam. Die Gießerei Noack erprobte zu dieser Zeit unter großem Interesse der Presse ein Verfahren der Aluminiumveredelung für den Kunstguss, da der große Metallbedarf für die unzähligen geplanten Hoheitsadler und Außenskulpturen mit den metallwirtschaftlichen Autarkiebestrebungen des »Dritten Reiches« kollidierte und man Ersatz für die rüstungsrelevante Bronze suchte.[251] Gies wurde mit seiner Christusfigur von 1921 aus dem Lübecker Dom nur wenig spä-

---

249 Zeppelin-Denkmal in Konstanz, Kriegerdenkmäler der TH Karlsruhe und in Greiz und Freiburg. Siehe *DAZ* 17.9.1938.
250 Willy Meller schuf Kriegerdenkmäler in Neuß, Bochum, Lüdenscheid, Dülken. Mitarbeit an der Bauplastik der NS-Ordensburgen Vogelsang und Crössinsee und am Tannenbergdenkmal. *Westdeutscher Beobachter* 4.3.1937, *Die Kunst im Dritten Reich* Dezember 1938.
251 Bei Noack wurden in dieser Zeit gegossen: Waldemar Raemischs Adler für die Säulen vor dem *Haus des Sports*, Kolbe *Zehnkämpfer* und *Ruhender Akt* sowie die Bronzetüren für den Hindenburgturm im Tannenberg-Denkmal. Auch für die Demontage der Siegessäule erhielt Noack 1938 den Zuschlag. 100 Jahre Bildgießerei H Noack, Katalog Kolbe-Museum, Berlin 1997, S. 33.

ter bei der Kampagne »Entartete Kunst« attackiert. Einige Bildhauer hatten schon in der Weimarer Republik einen Namen und waren hier mit relativ dezenten Arbeiten vertreten, wie etwa Georg Kolbe mit dem »Ruhenden Akt« vor der Schwimmhalle. Kolbes »Zehnkämpfer«, bereits 1933 geschaffen, wurde hingegen vom SS-Organ *Das Schwarze Korps* als Positivbeispiel gegenüber der »entarteten Kunst« gepriesen.

Die Werke von Josef Thorak und Arno Breker stehen schließlich für die offizielle Staatskunst jener Zeit. Beide Bildhauer erlebten mit den Olympiaaufträgen den großen Durchbruch. Thoraks Aufstieg begann Ende der 1920er-Jahre in einer Situation, in der die deutsche Bildhauerei vielfach zur Formensprache der Jahrhundertwende zurückkehrte. Der Naturalismus Rodins und vor allem aber die antikisierende, auf die Geschlossenheit von Umriß und Volumen zielende Plastik Maillols wurden tonangebend. 1928 erhielt Thorak den deutschen Staatspreis, wurde aber zunächst durch große Aufträge des türkischen Staates beschäftigt.[252] Seine Arbeiten aus den 1920er-Jahren wirken noch durchaus expressionistisch und lassen keineswegs den späteren brutalen Zug erkennen.[253] Nach 1933 fertigte er Büsten an von Mussolini, Nietzsche, Hindenburg (er nahm auch dessen Totenmaske ab), Pilsudski, Atatürk und zahlreichen NS-Größen. Thoraks »Faustkämpfer« nordöstlich des Schwimmstadions trägt gänzlich die Züge des über- bzw. unmenschlichen Helden.[254] Max Schmeling, ein Nachbar Thoraks im noblen Bad Saarow, hatte Modell gestanden; die Bronze wurde für das Olympia-Gelände auf 3,75 m vergrößert. Zusammen mit einer Hitlerbüste vor dem Haus des Sports wurde der »Faustkämpfer« nachträglich und auf Hitlers Initiative hin in das Konzept eingebunden (s. Abb. 25, S. 149).

---

252 Thorak wurde von Wilhelm von Bode unterstützt. Er verschaffte dem Österreicher 1914 ein Unterkommen als akademischer Meisterschüler bei Manzel. Einige Kriegerdenkmäler produzierte Thorak vor 1933 in Deutschland.
Das Denkmal der nationalen Befreiung in Eskeschihir zeigt eine Reihe aufstrebender Männer, die einen schweren Balken tragen. Das Denkmal Atatürks in Denizly zeigt diesen als Reiter auf einem sich aufbäumenden Pferd, mit wehendem Umgang und zur Faust geballten Hand, flankiert von bewaffneten Männern. Beide Denkmäler sind in ihrer Komposition von Thoraks Entwurf eines »Denkmals der Arbeit« abgeleitet, das eine Gruppe aufstrebender, eine schwere last hochziehender Männer zeigt. Die Denkmäler sollten mehrere Meter hoch sein und aus Granit ausgeführt werden. Die Entwürfe und Zeichnungen wurden 1935 vom Amt Rosenberg in Berlin ausgestellt. Dort wurde auch ein Entwurf Thoraks für das Atatürk-Denkmal in Antalya sowie für ein Denkmal des türkischen Nationalgründers ausgestellt; den Entwurf reichte er gemeinsam mit Clemens Holzmuster ein. Die völkische Kunst. Amtl. Organ der NS-Kulturgemeinde. Abt. Bildende Kunst, Berlin 1935, Heft 3, S. 72-79. Holzmuster entwarf das türkische Parlamentsgebäude.
253 Wilhelm von Bode, Der Bildhauer Josef Thorak, Berlin 1929, S. 77 ff. »Statue der Arbeit«, S. 25 ff. »Gekreuzigter«. Dieses Christusbild wird von der *Illustrierten Reichsbanner Zeitung* Nr. 22, 28.5.1927, S. 360 anlässlich der Großen Berliner Kunstausstellung 1927 als »ergreifend« gewürdigt.
254 Vgl. mit der viel schlankeren, die Arme streckenden Gestalt des Boxers in Bodes Katalog von 1929, S. 85.

Abb. 25: »Faustkämpfer« von Josef Thorak

Mit Arno Brekers Bronzen »Zehnkämpfer« und »Siegerin«, die im Innenhof der Sportakademie aufgestellt wurden, begann sein Aufstieg als Hofkünstler Hitlers.[255] Breker hatte von 1927 bis 1933 in Paris gelebt und dort vielfältige Kontakte zu französischen Künstlern geknüpft. Ein bemerkenswert unheroisches Gefallenendenkmal schuf er 1927 in Budberg a. Nrh., eine trauernde Frau in Granit. Es zeigt die Wandlung Brekers, der sich nach 1933 schnell der Nazi-Ästhetik anpasste und einer ihrer wichtigsten Exponenten wurde. Grotesk erscheint es heute, dass Max Liebermann Breker 1933 zur Rückkehr nach Deutschland bewegte und ihm das ehemalige Atelier August Gauls vermittelte. Bis 1936 näherte sich Breker dem offiziell erwünschten Figurenstil. Er erhielt nach und nach ein Großatelier in Grunewald, Gutsbesitz mit Werkstätten außerhalb Berlins und etwa 100 Mitarbeiter. Seine Kontakte aus der Pariser Zeit nutzend, zeigte er 1942 sein Werk in der Orangerie des Grünen Gartens der Tuilerien. Bei der Eröffnung standen Cocteau und der greise Maillol in der ersten Reihe. Vergeblich warb Stalin, auch nach 1945, um die Dienste des Bildhauers, dem die Fähigkeit zugetraut wurde, den »Neuen Sowjetmenschen« zu modellieren.[256]

Themenpark Kaiserreich

Im Rahmen der städtebaulichen Neuordnung Berlins durch Albert Speers Generalbauinspektion wurde der Platz der Republik vor dem Reichstag wieder in Königsplatz umbenannt und für die dort geplante Große Halle geräumt, welche den Abschluss der Nord-Südachse bilden sollte. Die Siegessäule wurde im Juli 1938 auf ihren heutigen Platz am Großen Stern versetzt. Diese Kreuzung im Tiergarten war dafür auf 200 Me-

---

255 Arno Breker, Im Strahlungsfeld der Ereignisse, Preuß. Oldendorf 1972, S. 85.
256 Arno Breker (1900–1991) schuf Büsten von Otto Dix, nahm Liebermanns Totenmaske ab, fertigte Büsten von Hindenburg und den NS-Größen. Schon 1932 hatte er den Rompreis Preußens gewonnen. Eine Breker-Ausstellung in Westberlin wurde am 21.5.1981 nach den Protesten von 1.000 Demonstranten abgebrochen.

ter Durchmesser vergrößert worden, die Säule wurde um ein Segment aufgestockt, um monumentaler zu wirken – sie befand sich nun auf einer paradetauglichen Ost-West-Achse. Weitere Denkmäler aus der Zeit des Kaiserreichs wurden um den Großen Stern herum plaziert. Vom Königsplatz stammten die Denkmäler Bismarcks, Roons und Moltkes. Die 32 Gruppen der in Nord-Süd-Richtung verlaufenden Siegesallee wurden abgebaut und auf den Großen Stern ausgerichtet. Damit war eine Art Themenpark des Kaiserreichs entstanden, sorgsam gepflegt, aber vom politischen Zentrum räumlich getrennt. Zu Hitlers Geburtstag fand 1939 die erste und einzige große Wehrmachtsparade auf diesem Areal statt.[257]

Die geplanten Totenburgen und die Soldatenhalle

Im Laufe des Zweiten Weltkriegs begann die Projektierung großer Ehrenmäler für die deutschen Gefallenen. Der Architekt Wilhelm Kreis, Schöpfer zahlreicher Bismarcktürme und des preisgekrönten Entwurfs für das Reichsehrenmal in Bad Berka, wurde am 16. März 1941 zum Generalbaurat für die Gestaltung der deutschen Kriegerfriedhöfe ernannt.

Er skizzierte im Sommer 1941 große Ehrenmäler an den Schauplätzen bedeutsamer Schlachten, die in prominenter Lage, meist auf Bergrücken oder an Küsten, den deutschen Herrschaftsanspruch dokumentieren sollten, so z.B. in Oslo, bei Narvik, Drontheim, in Holland, in der nordafrikanischen Wüste, ein Ehrenmal für die Panzertruppen, in Italien, an einem Pass in Mazedonien, an der Struma, bei Warschau, bei Kutno. »Die großartigste Schöpfung ist aber jenes grandiose Monument«, schrieb Kreis' Biograph Stephan 1944, »das Denkmal, das sich über die Niederungen des Djnepr erheben wird. Wie in den Ebenen Ägyptens, kann auch in den Weiten des Ostens nur die ganz großflächige Form Bestand haben. Über 130 m hoch türmt sich der riesige Steinkegel über das Land.«[258] Dieser »granitene Berg« wie auch die anderen »Totenburgen« sollten als Grenzsteine und Heldendenkmäler zugleich dienen. Sie trugen meistens einen vollplastischen Adler als Hoheitszeichen, Feuerschalen, selten Figuren auf dem Dach oder auf der Spitze.

Dem Gürtel von Ehrenmälern um ganz Europa war als zentrales Gegenstück die »Große Soldatenhalle« zugedacht, die im Rahmen der Planung für einen Neubau des Oberkommandos des Heeres an der Nord-Süd-Achse entstehen sollte: »Die Soldatenhalle steht außerhalb des Maßstabes und der Bestimmung der übrigen Bauanlage. Kreis selbst rechnet sie unter die Ehrenmäler [...]. Der Block liegt da wie ein riesenhafter Altar. Eine großartige Pfeilerreihung bestimmt seine granitene Fassade. Die Stirnwand gliedert ein ins Gewaltige gesteigertes Portal. Die Seitenflügel schmücken

---

257 Alings, Siegessäule, 2002, S. 102.
258 Hans Stephan, Wilhelm Kreis, Oldenburg 1944, S. 86.

Reliefs von Arno Breker. Von äußerster Wucht ist die Wirkung des mächtigen tonnengewölbten Innenraums. An seiner Kopfseite wird ein weiteres Werk von Breker stehen, das 14 m hohe Standbild des Siegers. Die Krypta unter der Gedächtnishalle wird aber die Sarkophage der großen deutschen Soldaten aufnehmen.«[259]

Hitlers Pläne für ein Reichsehrenmal

Ein eigenartiges architektonisches Relikt steht an der Kolonnenbrücke in Berlin-Schöneberg (s. Abb. 26, S. 152). Es handelt sich um einen zylindrischen Baukörper aus Beton mit zehn Meter Durchmesser und etwa 15 Meter Höhe, errichtet 1941 von der Firma Dyckerhoff & Widmann, den das Landesdenkmalamt immerhin als »Großbelastungskörper« in seiner Denkmalliste führt. Dieser Druckkörper wird, da eine Sprengung durch die Nähe neuer Wohnblocks auf dem früheren Kleingartengelände unmöglich geworden ist und eine manuelle Abtragung zu umständlich und zu teuer scheint, wohl noch lange Zeit erhalten bleiben. Welchen Zweck hatte der Großbelastungskörper?

In unmittelbarer Nähe sollte nach Speers Plänen ein gigantischer Triumphbogen entstehen, in den Maßen von 170 mal 119 Metern, bei einer Höhe des Torbogens von 80 Metern und einer Gesamthöhe von 117 Metern. Die Kleingartenkolonie an der Kolonnenbrücke war der südliche Endpunkt der geplanten Nord-Süd-Achse. Maße und Gestalt des Bauwerks gehen auf Skizzen Hitlers aus dem Jahr 1925 zurück. Der Bogen sollte als Reichsehrenmal für die knapp zwei Millionen deutschen Gefallenen des Ersten Weltkriegs den Endpunkt der Achse bilden. Speer will die Skizzen Hitlers 1935 erhalten haben und präsentierte zu dessen 50. Geburtstag ein 1,70 m hohes Modell. Die Skizze und die Modellphotos sind die einzigen Zeugnisse des Triumphbogens.

Doch vor Baubeginn musste die Tragfähigkeit des Bodens für das monströse Bauwerk geprüft werden. Speer erteilte den Auftrag zur »Gründung eines Triumphbogens am Platz an der Kolonnenbrücke«; zunächst seien geologische Verhältnisse, Gründungstiefe, Gründungsvorgang, die Möglichkeiten einer Einbeziehung der U-Bahn in die Gründung und die Gewichtsvorgänge zu erkunden.[260] Daher wurden Probebohrungen durchgeführt und ein trommelförmiges Belastungsfundament erstellt: »Es soll dort ein Betonpfropfen in den Boden gesenkt werden, um die voraussichtliche Sackung des Bauwerks T und der Soldatenhalle in dem bei beiden Bauwerken vorhandenen Mergeluntergrund festzustellen.« Pläne zeigen den Druckkörper und die Fun-

---

259 Stephan, Kreis, 1944, S. 69 ff.
260 Speer an den Präsidenten der Durchführungsstelle für die Neugestaltung der Reichshauptstadt. 15. Auftrag, in: LA Berlin A Pr. Br. Rep. 107. Die Generalbauinspektion für die Reichshauptstadt. Nr. 350/3 Bauwerk T.

damente des nach Norden ausgerichteten Triumphbogens, der »Bauwerk T« genannt wurde.[261] Aus den Planungen für den Triumphbogen wurde nichts. Erstaunlich ist beim Blick in die Bauakten eines so großzügigen und einschüchternden Bauwerkes, wie umständlich und mühsam Ersatzflächen für die Kleingärtner beschafft werden mussten. Der Kriegsverlauf sorgte dann bald für das Ende der Arbeiten. Die einzige materielle Hinterlassenschaft ist der Großbelastungskörper, der in seiner Funktionslosigkeit heute geradezu ein Anti-Größenwahn-Denkmal ist, wie es kein zeitgenössischer Konzeptkünstler hätte besser schaffen können.

Abb. 26: Der Großbelastungskörper von der Firma Dyckerhoff & Widmann, 1941

---

261 Protokoll der Besprechung in der GBI vom 17.3.1941. LA Berlin A Pr. Br. Rep. 107. Die Generalbauinspektion für die Reichshauptstadt. Nr. 350/3 Bauwerk T.
Speer sprach jedoch im Zusammenhang mit der Großen Halle am Nordende der Nord-Süd-Achse von einem »Betonklotz, der einen Inhalt von drei Millionen Kubikmetern gehabt hatte. Um festzustellen, ob unsere Berechnungen über die Einsinktiefe von einigen cm im märkischen Sand richtig waren, wurde bei Berlin ein Probestück hergestellt. Es ist heute bis auf Zeichnungen und Modellfotos das einzige von diesem Bau verbliebene Zeugnis«, in: Erinnerungen, Berlin 1969, S. 169. Demnach wäre der Großbelastungskörper Teststück für die gigantische Beton-Fundamentplatte der Großen Halle gewesen. Der Standort in Schöneberg weist aber auf den Triumphbogen am Südende der Achse hin, zumal auf Plänen der GBI beide Objekte auf dem gleichen Areal projektiert wurden.

Ruinenwerttheorie

Glaubt man den 1969 publizierten »Erinnerungen« Albert Speers, waren Zerfall und Zerstörung integrale Bestandteile seines Monumentalismus-Konzeptes. So bemerkte er zu einer seiner Zeichnungen der Haupttribüne des Nürnberger Parteitagsgeländes: »Sie stellte dar, wie die Tribüne des Zeppelinfeldes nach Generationen der Vernachlässigung aussehen würde, überwuchert von Efeu mit eingestürzten Pfeilern, das Mauerwerk hie und da zusammengefallen, aber in den großen Umrissen noch deutlich erkennbar.« Machte sich der führende Nazi-Architekt bereits Gedanken über den Verfall seiner Bauten, rechnete er schon damals mit einem Scheitern des »Tausendjährigen Reiches«? Seinen »Erinnerungen« zufolge seien diese Überlegungen unter NS-Funktionären als Defätismus abgelehnt worden, während Hitler Verständnis gezeigt habe: »Hitler fand die Überlegung jedoch einleuchtend und logisch, er ordnete an, daß in Zukunft die wichtigsten Bauwerke seines Reiches nach diesem ›Ruinengesetz‹ zu errichten seien.« Die Monumentalität und Stabilität der Repräsentationsbauten sollte sicherstellen, dass ihre Reste Tausende von Jahren in der Landschaft überdauern könnten. Auch bei der Planung von Kreis' Totenburgen spielte dieser Gedanke eine Rolle: »Wenn einst späte Geschlechter in den Weiten des Ostens, auf den Felsenriffen Norwegens, im Schatten der Akropolis, an den Ufern der Maas oder in den Wüsten Afrikas am Fuße gewaltiger Mahnmale von eindringlicher Sprache dem Schicksalskampf ihrer Ahnen gedenken.«[262]

Die faszinierende Wirkung übten Ruinen seit der Renaissance auf Baumeister und Künstler aus. Hitler und Speer knüpften mit ihrer Ruinenbegeisterung durchaus an eine abendländische Tradition an. Analog zu ägyptischen Pyramiden, griechischen Tempeln und römischen Funktionsbauten beanspruchten Hitler und Speer als semantische Leichenfledderer des deutschen Bildungsbürgertums für ihre Pläne epochale Bedeutung. In der Aufstiegsphase des »Dritten Reiches« wird hier schon ein jenseitiger, lebensfeindlicher Zug sichtbar: Nicht um die Nutzung der Bauten durch lebende Menschen ging es, sondern um ihre Bedeutung nach der Nutzung. Der einzelne Mensch zählte nichts gegen die abstrakte, historische Bedeutung der Ruinen. Somit verfolgten Hitler und Speer eine Utopie, die die Zukunft des »Tausendjährigen Reiches« in eine ebenso ferne wie tote Vergangenheit projiziert, in anderen Worten – getreu einer Parole der spanischen Faschisten: »Es lebe der Tod.«

Die ersehnte Ruinen-Aura konnte laut Speers »Erinnerungen« jedoch nicht durch moderne Bautechnik erzielt werden: »Undenkbar, daß rostende Trümmerhaufen jene heroischen Inspirationen vermittelten, die Hitler an den Monumenten der Vergangenheit bewunderte. Diesem Dilemma sollte meine Theorie entgegenwirken: Die Verwendung besonderer Materialien sowie die Berücksichtigung besonderer statischer Überlegungen sollten Bauten ermöglichen, die im Verfallszustand nach Hunderten oder Tausenden von Jahren etwa den römischen Vorbildern gleichen würden.«

---

262 Stephan, Kreis, 1944, S. 7.

Speer trägt hier einen neuen Aspekt zur Ablehnung moderner Baustoffe bei, wie sie im völkischen Lager schon seit Anfang des 20. Jahrhundert verbreitet war: Beton, Backstein und Klinker galten als industrielle Baustoffe, die nur im profanen Bereich geduldet wurden. Die höheren Weihen als Baustoff für Grabstätten, Denkmäler und Repräsentationsbauten genoss allein der steinmetzmäßig bearbeitete Naturstein. Für antimoderne Architekturkonzepte bildete der Naturstein die Brücke zur Natur, die Verwurzelung der Bauten »in der Scholle«. Optimal aus Sicht der NS-Ideologen und im Sinne Speers war eine Massivbauweise mit Natursteinquadern, die eine lange Haltbarkeit und eine spektakuläre Ruinenwirkung garantieren konnte. Gerade die Verwendung großer Sandsteinquader hatte den Erhalt römischer Bauten bis ins 20. Jahrhundert gesichert. Entsprechend riesige Mengen Naturstein wurden in ganz Europa für den Bau der Hauptstadt »Germania« bestellt. Schon für das Olympiagelände waren 1936 30.500 m^3 Naturstein verwendet worden.[263] Speer hatte im März 1941 bereits 21 Millionen Kubikmeter Granit in Skandinavien geordert, die in den nächsten zehn Jahren nach Berlin geliefert werden sollten. Doch für eine antike Bauweise fehlten in der modernen Gesellschaft die entsprechenden Sklavenarbeiter. Der Krieg schuf Abhilfe, doch in den Konzentrationlager-Steinbruchbetrieben der SS-eigenen Deutschen Erd- und Steinwerke GmbH[264] dominierte die Strategie der »Vernichtung durch Arbeit«. Kurzzeitig wurde der groteske Versuch gemacht, Häftlinge in den Konzentrationslagern Mauthausen, Groß-Rosen und Flossenbürg sowie Oranienburg zu Steinmetzen auszubilden. Die Arbeitsbedingungen waren so mörderisch, dass kaum ein Lehrling ein halbes Jahr durchhielt. Speer beklagte sich noch in seinen »Erinnerungen« über die mangelnde Qualität: »infolge der unvorstellbaren Laienhaftigkeit der SS-Unternehmen bekamen die Blöcke Sprünge und Risse.«[265] Im KZ Oranienburg bei Berlin wurden 1940 ein Werksteinlagerplatz und eine Werksteinverarbeitungsstätte zur Versorgung der Hauptstadt geplant. Die SS erklärte, Arbeitskräfte seien reichlich vorhanden, Vertreter der Generalbauinspektion forderten, »die im Lager

---

263 Fränkischer Muschelkalk aus der Würzburger Gegend, Granit aus Schlesien und dem Fichtelgebirge, Travertin aus Württemberg, Kalktuffstein aus Gönningen, Nagelfluh aus Bayern, Dolomit aus der Gegend um Soest, Porphyr aus Sachsen, Marmor aus Schlesien, in: Reichsministerium des Inneren (Hrsg.), Das Reichssportfeld. Eine Schöpfung des Dritten Reiches für die Olympischen Spiele und die deutschen Leibesübungen, Berlin 1936, S. 59.
264 Organisationsplan der Firma Deutsche Erd- und Steinwerke GmbH, Geisbergstr. 21, Berlin W 50.
I. Die Firma ist »Organ des Reichsführers-SS. Anstelle einer Behördenverwaltung ist die kaufmännische Organisationsform der GmbH gewählt worden, um den wirtschaftlichen Effekt der Häftlingsarbeit nach den für einen privatwirtschaftlichen Betrieb geltenden Grundsätzen für einen bestimmten Zeitraum festzuhalten«. Zur Firma gehören die Granitwerke Mauthausen, Flossenbürg, Groß Rosen, die Klinker- und Ziegelwerke Hamburg, Weimar und Oranienburg (mit Steinbearbeitungswerkstätte), in: A Pr. Br. Rep. 107. Die Generalbauinspektion für die Reichshauptstadt. Akten Nr. 123/ bis 123/3. Hauptamt Verwaltung und Wirtschaft.
265 Speer, Erinnerungen, 1969, S. 159.

befindlichen Häftlinge auf diese Arbeiten umzuschulen.«[266] Der Kompromiss bestand in komplexem Backsteinmauerwerk, das von Natursteinplatten verkleidet wurde, so etwa bei der Neuen Reichskanzlei, 1938/39 von Speer fertiggestellt. Während die frühen NS-Repräsentationsbauten wie das Münchner Haus der Deutschen Kunst oder die Nürnberger Haupttribüne noch in moderner Stahlskelettbauweise mit Natursteinverkleidung errichtet worden waren, setzte sich ab 1937 Backstein durch, weniger eine Folge der »Ruinenwerttheorie« als des rüstungsbedingten Stahlmangels. Ein würdevoller Verfall, wie von Speer projektiert, war seinen Bauten nicht beschieden. Gebäude wie die Neue Reichskanzlei fielen in den Bombennächten rasch zusammen und hinterließen riesige Schutthaufen von Ziegeln und Natursteintrümmern.[267]

Doch ganz erfolglos war seine Strategie einer »Archäologie der Zukunft« nicht.[268] Statt der zerstörten oder nie gebauten NS-Monumentalarchitektur überdauerten kriegsbedingte Zweckbauten aus Stahlbeton den Krieg: Produktionsanlagen und vor allem Bunker. Viele dieser Anlagen, die über ganz Europa verstreut sind, haben gute Chancen, auch die folgenden Jahrhunderte zu überdauern, weil sie unwichtig geworden sind und ihre Beseitigung zu teuer ist. Paul Virilio hat mit seiner »Bunkerarchäologie« auf die zahllosen Anlagen des Westwalls hingewiesen, die wie eine barbarische Replik auf den römischen limes wirken. In Stadt und Land liegen die Betonbauten verstreut: Ob als Fundamente der V 2-Raketenproduktion auf Usedom, ob in Gestalt großstädtischer Hochbunker, die, wie auf dem Hamburger Heiligengeistfeld, mittelalterlichen Burgen und Wehrtürmen ähneln, oder als touristisches Gruselerlebnis wie das »Führerhauptquartier Wolfsschanze« in Ostpreußen.

---

266 Aktenvermerk V/3-411-Ba/Hr über eine Besprechung in der GBI LA Berlin betreffs Eröffnung eines Lagerplatzes und einer Verarbeitungswerkstätte im Lager der SS Oranienburg am 15.8.1940. A Pr. Br. Rep. 107. Die Generalbauinspektion für die Reichshauptstadt. Akten Nr. 123/ bis 123/3. Hauptamt Verwaltung und Wirtschaft. Am 15.5.1942 wurde eine Vereinbarung getroffen über den Ausbau und die Finanzierung des Steinlagerplatzes und des Steinbearbeitungswerks zwischen dem Reichsführer-SS Wirtschaftsverwaltungshauptamt und der GBI, der Bau des Steinbearbeitungswerkes jedoch 1942 verschoben. Die bereits gelieferten Maschinen sollten der Schulung der Häftlinge dienen.
267 Der Berliner Historienmaler Matthias Koeppel hat 1987 in zwei Gemälden »Die Ruine der ehemaligen Reichskanzlei« eine fiktive romantische Ruinenlandschaft dargestellt und den »würdevollen Verfall« des Gebäudes und sogar dessen »Wiederherstellung durch den VEB Stuck und Naturstein« phantasiert, in: Katalog Matthias Koeppel, »Berlin ist immer im Werden[...]«, Berlin 2002, S. 57 ff.
268 Als später Erfolg dieser Strategie lässt sich auch die Tatsache begreifen, dass Wandmalereien aus dem Fahrwachen-Bunker der Reichskanzlei Eingang in die Ausstellung »Menschen, Zeiten, Räume – Archäologie in Deutschland« fanden. Die Ausstellung im Berliner Martin-Gropius-Bau schlug im Herbst 2002/Frühjahr 2003 den Bogen von der Bronze- und Römerzeit bis zum Essbesteck der SS-Wache Reichskanzlei. »In ein paar hundert Jahren ist auch das Altertum«, rechtfertigte der Landesarchäologie Wilfried Menghin die Analogie zur Antike, in: *Der Tagesspiegel*, 4.12.2002.

IV. Der Stellungskrieg der Denkmäler: Zusammenfassung und Ausblick

In der politisch und sozial zerklüfteten deutschen Gesellschaft diente die Erinnerung an die Gefallenen der Fiktion nationaler Gemeinschaft und dem Wunsch nach einer Spiritualisierung der Nation, wie sie etwa in der nach 1918 verbreiteten Sehnsucht nach einer »neuen Gotik« zum Ausdruck kam. Uneinigkeit und Individualismus sollten in gemeinsamen Kulthandlungen und mit Hilfe neuer Kultbauten, Denkmäler und Versammlungsstätten, überwunden werden. Doch gerade im Streben nach Sinngebung und Gemeinschaft zeigte sich die tiefe politische Fragmentierung. Jedes politische Lager erhob den Anspruch, den Sinn des Massensterbens zu deuten, und versuchte, die Idee der Nation für sich zu instrumentalisieren. Hier wird die Krise des Nationalstaates evident: Die innere Formierung der Nation durch kulturelle Leitbilder funktionierte nicht. Die Identifikationsprozesse, die von den politischen Inszenierungen ausgingen, erreichten nur einzelne Milieus und politische Lager.

1. Die Wehrverbände und die Republik

Die Tatsache, dass der Kriegsniederlage ein politischer Systemwechsel folgte, macht die deutschen Verhältnisse mit den Vorgängen bei den westlichen Siegermächten unvergleichlich.[1] Auch in Frankreich gab es paramilitärische Veteranenverbände, doch wurden von diesen die Einheit des Landes und die republikanische Verfassung weitgehend respektiert.[2] Die politische Rechte in Deutschland lehnte den Systemwechsel ab. Einerseits galt die Demokratie als Implantat der westlichen Sieger, andererseits wurde in dem sich anbahnenden Systemwechsel selbst die Ursache für den militärischen Zusammenbruch von 1918 gesehen. Gemäß ihren Rassentheorien behauptete die völkische Rechte, die »rassische Zersetzung« des deutschen Volkes durch jüdische Minderheiten und Ideen habe zur Niederlage geführt. Juden seien die Profiteure des Systemwechsels, also hätten sie die militärische Niederlage planmäßig herbeigeführt. Damit war das Schimpfwort der »Judenrepublik« erfunden.

---

1 Es wäre analog zu erörtern, ob es in der Sowjetunion Gefallenenehrenmäler für die Toten des Ersten Weltkriegs gab, und wie Ungarn, Österreich und die Türkei ihre Ehrenmäler gestalteten und diskutierten.
2 Andreas Wirsching, Vom Weltkrieg zum Bürgerkrieg? Politischer Extremismus in Deutschland und Frankreich 1918–1933/39. Berlin und Paris im Vergleich, München 1999.

Die extreme Linke und die Pazifisten waren bald von der Realität der Republik enttäuscht und erwarteten, dass die riesigen Kriegsopfer zur Revolution von Staat und Klassengesellschaft führen müssten. Nur eine entmilitarisierte Gesellschaft im Rahmen eines Völkerbundes oder eine Arbeiterrepublik, wie sie später in Form der Sowjetunion von der KPD idealisiert wurde, seien die Millionen Opfer wert. Während pazifistische Tendenzen bei manchen Gefallenengedenkfeiern der Arbeiterbewegung zum Ausdruck kamen, hielt sich die KPD offiziell von Kriegerehrungen fern, denn die Soldaten seien doch letztlich für kapitalistische Interessen gestorben.

Gegen die Ausgrenzungstendenzen und Verleumdungen durch die völkische Rechte kultivierten die jüdischen Kriegsveteranen und Gemeinden ein Gefallenengedenken, das sich zwischen deutschnationalen und republikanischen Positionen bewegte. Ihnen ging es darum, die nationalstaatlich integrative Funktion des Kriegergedenkens zu nutzen und keinesfalls durch formale oder inhaltliche Extreme aufzufallen. Die Kirchen sahen das Kriegergedenken als Möglichkeit, christliche Weltdeutungen zu verbreiten. Gegen die rasante Säkularisierung der Gesellschaft, in der die politischen Parteien nunmehr Elemente des religiösen Kultes absorbierten, sollte die Kirche wieder Gemeinschaftserleben und Trost spenden; dies ist, gespiegelt in der großen Zahl christlicher Motive bei Kriegerdenkmälern, in katholischen Gebieten weit besser gelungen als in evangelischen.

Sozialdemokraten und liberale Demokraten standen vor dem Problem, das Gefallengedenken im Rahmen der neuen Verfassung zu einer identitätsstiftenden Kulthandlung zu machen. Dabei mussten die Sozialdemokraten integrativ wirken und konnten nicht mit eigenen, prononcierten Deutungen des Krieges versuchen, die Hegemonie in der Sinnfrage zu erreichen.[3] Nur intern konnte argumentiert werden, der einzige Sinn der Kriegsopfer habe in der Verwirklichung der Demokratie bestanden, zumal die meisten Kriegsteilnehmer Demokraten gewesen seien. Der Alltag der Demokratie, die innenpolitischen Probleme der Republik und ihre außenpolitische Belastung als Rechtsnachfolgerin des Kaiserreichs, konnte den politischen Gegnern rechts und links nicht als »Belohnung« für die Kriegsopfer präsentiert werden. Somit mussten die Sozialdemokraten die Parole »Gefallen für die Republik, für Schwarz-Rot-Gold« hinter einer Haltung verstecken, die die Kriegsopfer im Dienst einer noch zu vollendenden Gemeinschaft der Nation gestorben sah. Dieser allgemeine Appell an Nation und Zusammenhalt ließ wenig Raum für offensive, republikanische Politik. Die Formel des »im Felde unbesiegten« Heeres war nicht allein der politischen Rechten zuzuschreiben. Auch Demokraten hatten sie benutzt. Friedrich Ebert hatte die nach Berlin heimkeh-

---

3 Benjamin Ziemann, Republikanische Kriegserinnerung in einer polarisierten Öffentlichkeit. Das Reichsbanner als Veteranenverband der sozialdemokratischen Arbeiterschaft, in: *HZ* 267, 1998, S. 357-398 und Bernd Buchner, Um nationale und republikanische Identität. Die deutsche Sozialdemokratie und der Kampf um die politischen Symbole der Weimarer Republik, Bonn 2001.

renden Truppen am 10. Dezember 1918 mit den Worten begrüßt: »Kein Feind hat Euch überwunden«.[4] Um die Wiedereingliederung der Soldaten in die Zivilgesellschaft nicht zu gefährden, übernahm er Hindenburgs Diktum, das dieser in seinem letzten Tagesbefehl nach dem Waffenstillstand vom 11. November 1918 formuliert hatte: »In treuer Hingabe und Pflichterfüllung hat die Armee Gewaltiges vollbracht. In siegreichen Angriffsschlachten und zäher Abwehr, in hartem Kampfe zu Lande und in der Luft haben wir den Feind von unseren Grenzen ferngehalten [...]. Aufrecht und stolz gehen wir aus dem Kampfe, den wir über vier Jahre gegen eine Welt von Feinden bestanden.«[5] Doch schon bald, unter dem Eindruck der harten Friedensbedingungen bekam diese stolze Haltung die Konnotation eines Vorwurfs an die Heimatfront und die demokratischen Politiker.[6]

Bald hatten alle politischen Richtungen nach dem Vorbild der sich unpolitisch und überparteilich gebenden Kriegervereine eigene Veteranenverbände gegründet, die im Laufe verschärfter politischer Auseinandersetzungen der 1920er-Jahre immer mehr zu Partei- und Demonstrationsarmeen wurden und nur noch formal als traditionspflegende Veteranenvereine dienten. Die zahlenmäßig mächtigsten, »unpolitischen« Kriegervereine agierten de facto im Einklang mit monarchistischen und nationalistischen Kräften. Ihre Überparteilichkeit ging eben auch mit einer feindseligen Neutralität gegenüber der Republik einher.

2. Politisch bestimmte Präferenzen für Formen und Materialien beim Denkmalsbau?

Bereits im Krieg verblasste die Denkmalsgestaltung des 19. Jahrhunderts. Sie wurde als unmodern und unernst empfunden. Dem Massensterben der Soldaten durch die moderne Technik sollte eine schlichte Form der Totenehrung folgen. Normen für

---

4   Zitiert nach Gerd Krumeich, Die Dolchstoß-Legende, in: Hagen Schulze und Etienne François (Hrsg.), Deutsche Erinnerungsorte, Bd. 1, München 2001, S. 592 und allgemein: Jörg Duppler und Gerhard Groß (Hrsg.), Kriegsende 1918. Ereignis – Wirkung – Nachwirkung, München 1999.

5   Amtliche Kriegsdepeschen, Bd. 8.: 1. Juni 1918 bis 12. November 1918, Berlin o.J., S. 2977 f., abgedruckt in: Krumeich, Dolchstoß-Legende, S. 591 f.

6   Hindenburg erklärte ein Jahr später, am 18.11.1919, vor dem parlamentarischen Untersuchungsausschuß, den die deutsche Nationalversammlung zur Klärung der »Ursachen des deutschen Zusammenbruchs von 1918« eingerichtet hatte, die »revolutionäre Zermürbung« hätte die Armee gelähmt: »Ein englischer General sagte mit Recht: Die deutsche Armee ist von hinten erdolcht worden [...]. Wo die Schuld liegt, ist klar erwiesen. Bedurfte es noch eines Beweises, so liegt er in dem angeführten Ausspruche des englischen Generals und in dem maßlosen Staunen unserer Feinde über ihren Sieg.« Zitiert nach Krumeich, Dolchstoß-Legende, S. 593. Hindenburg ließ offen, wer Schuld hatte. Die politische Rechte konnte dieses Vakuum in den folgenden Jahren rasch füllen: Streikende, Arbeiterparteien, Kommunisten, Juden, demokratische Politiker, die Republik als Ganzes wurden diffamiert.

Denkmäler und Friedhöfe sollten ein einheitliches und würdevolles Erscheinungsbild der Gräber sichern. Neue Materialien tauchten auf: Zement, Klinker, Kalkstein wurden sukzessive denkmalswürdig, Marmor verschwand hingegen. In schneller Folge wechselten Stile und ästhetische Tendenzen in der Bildhauerei: Expressionismus, Neue Sachlichkeit/Neuer Naturalismus, Neoklassizismus, Archaik und Abstraktion und hinterließen Spuren in der Denkmalslandschaft. Wilhelminische Routiniers und junge Talente engagierten sich – und über allen lastete die schwere Wirtschaftskrise. Erst der Nationalsozialismus verhieß eine Vereinheitlichung der Denkmalslandschaft, indem er monumentale architektonische Anlagen mit einer architekturbezogenen Plastik als Beiwerk favorisierte.

Während Kommunisten und Pazifisten, abgesehen von Denkmälern für revolutionäre Kämpfer und Bürgerkriegsopfer, keine Kriegerdenkmäler errichten ließen, haben sich Sozialdemokraten in der Gestaltung der Kriegerdenkmäler und in den sie umrahmenden Ritualen engagiert. Es gab dabei aber keine Tendenz zur Ästhetisierung des Kriegserlebnisses; eine nüchterne, empirische Auffassung der Geschichte aus Sicht der Arbeiter und Republikaner dominierte. Bei Denkmälern handelte es sich um vergleichsweise bescheidene Anlagen. Das ästhetische Kriterium der Schlichtheit, das in allen politischen Lagern nach 1918 kanonisch wurde, ergänzte sich mit den bescheidenen Mitteln, die zur Verfügung standen. Die Denkmäler vieler Kriegervereine fielen weit prächtiger aus, da ihnen entweder potente Geldgeber nahestanden, oder sie in jahrelanger Arbeit mit zu diesem Zweck gegründeten Organisationen Geld sammelten. Zudem wurde von der politischen Linken statt Denkmalsbauten Hilfe für Hinterbliebene und Invaliden favorisiert, was Zurückhaltung in finanzieller und gestalterischer Hinsicht erforderte. Während die monarchistischen Kriegervereine eine kraftvolle, scheinbar konsequente, rückwärts gewandete Vision in ihrer Festkultur entwickelten, bestand das Dilemma des republikanischen Kriegergedenkens in der Unmöglichkeit, ein einheits- und identitätsstiftendes Gedenken zu schaffen, denn die militärische Niederlage war mit dem politischen Systemwechsel untrennbar verbunden.

Die Frage nach den stilistischen Präferenzen der verschiedenen politischen Lager wird von der Frage der jeweils zur Verfügung stehenden Mittel durchkreuzt. Oft waren nur billigste Lösungen wie Findlinge, einfache Grabsteine, Stelen und Quader möglich. Zudem war ein konventioneller Kunstgeschmack sowohl im rechten Lager als auch auf Seiten der Arbeiterbewegung verankert; hatten sich doch die Sozialdemokraten jahrzehntelang um die Adaption des bürgerlichen Kulturerbes bemüht. Insgesamt gesehen, waren moderne, kubistische und expressionistische Formen weit häufiger von linken und demokratischen Auftraggebern gewählt worden als von monarchistischen und konservativen. Das wichtigste Gefallenenehrenmal der Sozialdemokraten, das Einzelgrab des Reichstagsabgeordneten Frank, wies kubistische Formen auf. Das Weimarer Denkmal der Opfer des Kapp-Putsches von Walter Gropius, das im Auftrag des lokalen Gewerkschaftskartells gebaut worden ist, darf als eine punktuell gelungene

Synchronisierung von moderner Stilentwicklung und emanzipativer Politik gelten. Ähnliches trifft auf das Revolutionsdenkmal von Mies van der Rohe zu. Es ist allerdings schwierig, diesbezüglich eine fundierte Aussage auch für die deutschen Kommunisten zu treffen. Denn kommunistische Denkmäler gab es nur wenige, und darüber hinaus hat es den Anschein, als sei das Revolutionsdenkmal bei der Parteibasis unbeliebt gewesen. Wie die Entwicklung in den Jahren der Weimarer Republik gezeigt hat, ist es nicht möglich, der linken und demokratischen Seite eine Vorliebe für Abstraktion, der Rechten hingegen eine Vorliebe für figürliche Kunst zuzuordnen. Zwar ist die Affinität reaktionärer und nationalistischer Kreise zu den idealisiert-heroischen Soldatenstandbildern eines Hosaeus und Lederer nicht zu übersehen. Gleichwohl kann man feststellen, dass mit Clemens Holzmeisters Schlagerter-Denkmal sowie dem Tannenberg-Denkmal plötzlich auch für das rechte Lager expressionistische Formen und abstrakte, architektonische Anlagen akzeptabel werden, die man als »Heroischen Stil« bezeichnet hat.[7]

Einiges spricht für die Auffassung, die Zeit zwischen 1914 und 1945 als Einheit, als modernen Dreißigjährigen Krieg zu begreifen. In diesem Zeitraum befand sich Mittel- und Osteuropa in einer Dauerkrise, die die Trennung zwischen außenpolitischen und innenpolitischen Problemen unmöglich machte. Dem Waffenstillstand folgten ethnische Kämpfe und Bürgerkriege in Kärnten, Bayern, Ungarn, Russland und im Baltikum, der russisch-polnische Krieg 1920, die Kämpfe in Oberschlesien 1921. Die deutsche Krise kulminierte 1923 mit dem französischen Einmarsch ins Ruhrgebiet, der darauf folgenden Hyperinflation, dem Putschversuch von rechts und den Aufständen von links. Doch auch in den relativ ruhigen Jahren 1924 bis 1929 zeigte sich, dass militärische Fragen die Öffentlichkeit beherrschten. Für Polen, Tschechen, Rumänen, Franzosen und Italiener ging es darum, ihre militärische Überlegenheit zu sichern, Deutsche, Ungarn und Österreicher forderten allgemeine Abrüstung oder Wehrgerechtigkeit für die Verlierer. Vor dem Hintergrund, nur ein zur Landesverteidigung völlig unzureichendes Heer von 100.000 Mann unterhalten zu dürfen, galt es als deutsche patriotische Pflicht, sich in paramilitärischen Vereinen zu organisieren und Wehrsport zu betreiben. Doch allein damit ist die Entstehung der Parteiarmeen, gerade auch der Linken, nicht zu erklären. Vielmehr hatte das Militärische die politische Sphäre durchdrungen. Die Jahre 1914 bis 1918 hatten sowohl die Generation der Kriegsteilnehmer als auch die folgende und die der Zuhausegebliebenen geprägt. Gerade letztere Gruppen kompensierten den Mangel an Fronterfahrung durch besonders militärisches oder brutales Gehabe im republikanischen Alltag. Das Militärische besaß gegenüber der neuen, »unästhetischen« Demokratie, die durch Parlamentsdebatten, Ausschüsse und blasse Fachleute verkörpert wurde, ungebrochene Anziehungskraft. Militärische Ausdrucksformen, Zeichen und Organisationsschemata gaben Sicherheit. Unmittelbar wirkte das Ornament der geordneten Masse, der

---

[7] Frank-Berthold Raith, der Heroische Stil. Architektur als Ausdruck der konservativ-revolutionären Kultur, Berlin 1997.

wohlgestalteten Marschsäulen, Spaliere, Fronten. Macht- und Befehlsverhältnisse waren klar erkennbar. Abzeichen und räumliche Anordnung gegenüber der Masse zeichneten das Führungspersonal aus. Keine Partei oder Gruppe, die buchstäblich Massenbewegung werden wollte, konnte sich diesem Schema entziehen. Angst vor den Massen bzw. der »Vermassung« einerseits und die Anziehungskraft der Massen andererseits hielten sich die Waage. Dem gemäß herrschte die Anschauung vor: Jede Massenbewegung musste durch öffentliche Manöver beweisen, dass sie die Masse zu ordnen und zu zähmen verstand. Selbst die umstürzlerischen Kommunisten suchten sich in der Öffentlichkeit als Ordnungsfaktor zu präsentieren; dabei half ihnen das Kommandoreglement der Reichswehr. Doch nicht nur die militärische Form, die Welt der Uniformen, Orden, Fahnen, Formationen und Tagesbefehle dominierte das politische Spektrum, auch die Grundfunktion des modernen Krieges, die Raumbeherrschung, durchdrang das politische Geschehen: Die militärische Aufgabe bestand in der Kontrolle des Raumes, in der Bewegung im Raum. Der eigene Raum musste abgeschirmt werden, der gegnerische Raum musste infiltriert, rasch durchquert und kontrolliert werden. Den Gegner galt es zu fixieren und einzukreisen. Raum musste als Ressourcenquelle, als »Lebensraum« behauptet und erweitert werden. So steigerte sich etwa die Vorstellung, dass der Raumverlust im deutschen Osten und der Kolonien für Volk und Wirtschaft bedrohlich seien, zur Manie.

Für die deutsche Strategie im Ersten Weltkrieg war die raumgreifende Bewegung des Schlieffenplans prägend gewesen. Der Maler Max Beckmann schrieb in der offensiven Anfangsphase des Krieges: »Es ist imponierend, wenn man sieht, was unser Land leistet, wie es sich mit Elementarkraft ausbreitet wie ein Fluß, der über seine Ufer tritt.«[8] Die Erstarrung der Westfront war das Ende dieser Strategie, statt Überraschung und Umfassung des Gegners herrschten Stillstand und Abnutzung, der Kampf um immer kleinere, wertlos-verwüstete Territorien. Minimale Raumgewinne wurden mit maximalen Menschenverlusten erzielt, der Boden buchstäblich mit Leichen gepflastert. Fast scheint es, als ob in den Jahren äußerer Befriedung die politischen Lager Deutschlands den Alptraum dieses unbezahlbaren Raumgewinns weiter durchlebten. Der Stellungskrieg wurde inversiv. Statt fremde Räume zu erobern, wandten sich die Parteiarmeen nach innen. Der öffentliche Raum wurde fragmentiert, politisches und geographisches Vokabular vereinte sich. Ganze Länder bekamen politische Beinamen, Regionen und Städte wurden zu Hochburgen der einen, zu no-go-areas der anderen. Sogar Veranstaltungsräume, Bühnen und Säle wurden umkämpft, so versuchten die Parteien z.B., die häufigen Störungen und Sprengungen ihrer Versammlungen durch einen perfekten Saalschutz zu unterbinden. Dieser hatte die Aufgabe, den unübersichtlichen Zuschauerraum zu kontrollieren, »Brandherde« zu isolieren, unsichtbare

---

8   Zitiert nach Christian Lenz, Kirchner-Meidner-Beckmann. Drei deutsche Künstler im Ersten Weltkrieg, in: Wolfgang Mommsen (Hrsg.), Kultur und Krieg. Die Rolle der Intellektuellen, Künstler und Schriftsteller im Ersten Weltkrieg, München 1996, S. 175.

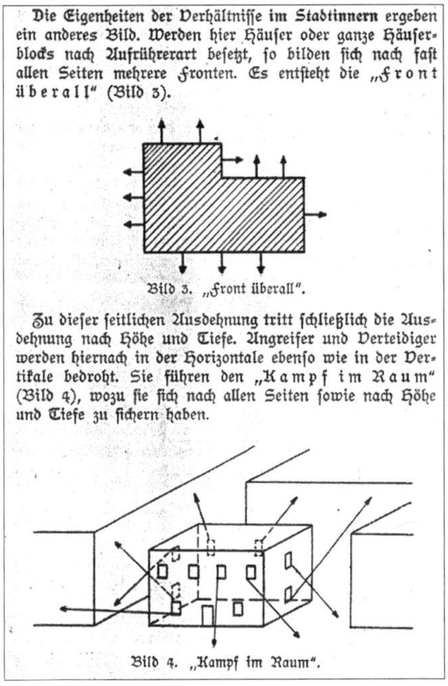

Die Eigenheiten der Verhältnisse im Stadtinnern ergeben ein anderes Bild. Werden hier Häuser oder ganze Häuserblocks nach Aufrührerart besetzt, so bilden sich nach fast allen Seiten mehrere Fronten. Es entsteht die „Front überall" (Bild 3).

Bild 3. „Front überall".

Zu dieser seitlichen Ausdehnung tritt schließlich die Ausdehnung nach Höhe und Tiefe. Angreifer und Verteidiger werden hiernach in der Horizontale ebenso wie in der Vertikale bedroht. Sie führen den „Kampf im Raum" (Bild 4), wozu sie sich nach allen Seiten sowie nach Höhe und Tiefe zu sichern haben.

Bild 4. „Kampf im Raum".

Abb. 27: Grafik aus den »Polizeitaktischen Schriften« 1932

Schutzzonen um Rednerpult und Eingänge zu schaffen und »Front gegen Störer zu machen«.[9]

Besonderes Prestige verbanden alle politischen Richtungen mit der Präsenz in der Reichshauptstadt. Alle Parteien zeigten ihre territorialen Ansprüche an durch Beflaggung, Plakatierung, durch Parolen auf Häuserwänden und eben auch durch die Setzung von Denkmälern. Umzüge und reichsweit einberufene Treffen dienten der Straßenpräsenz. Gerade die eher provinziell verankerten Wehrverbände sahen ihre Sternfahrten und »nationalen Tage« als Eroberungszüge an, berauschten sich an ihrer Masse und phantasierten von der Kontrolle über die als feindlich und unübersichtlich empfundene Metropole. Besonders zäh und stellungskriegartig verlief der Kampf der Nazis um die Arbeiterviertel. In den späten Jahren der Weimarer Republik wurde hier um jeden Versammlungssaal und jede Eckkneipe gerungen. Die Nazis erwiesen sich als konsequenteste Vollzieher des Gefallenenkultes und des Paramilitarismus. Hier wurden die Elemente Raum, Masse, Bewegung, Ordnung und Zeichen – dem Zeitgeist entsprechend – mit größtem Erfolg kombiniert und inszeniert.

Die Polizei versuchte sich ihrerseits auf die Verhältnisse einzustellen. Polizeitaktische Schriften empfahlen, »den Häuserkampf gegen die in verschiedenen Verstecken (Dach, Stockwerk, Keller) eingesetzten feindlichen Schützen nicht allein in der Fläche, sondern vornehmlich ›im Raum‹ zu führen« (s. Abb. 27). Es sei ein »Kampf um Stellungen« innerhalb des Häusermeeres, wobei die Aufrührer zumeist die eigenen Wohnviertel verteidigten: »Es gilt, sich durch die gegnerische Verteidigungszone regelrecht ›durchzufressen‹«, und die »mannigfaltigen Teilkämpfe in räumlicher Trennung« zu gewinnen.[10]

Es fehlte nicht an Stimmen, die damals das Anmaßende und Lächerliche des Parteisoldatentums geißelten. So zeigte der *Simplizissimus* 1930 eine »Feierliche Enthül-

---

9 Rundschreiben des RB-Gau Oberbayern-Schwaben Juni 1932, in: Barch RY 12/II/113/3.
10 Pol.-Oberstlt. Hartenstein, Polizeitaktische Schriften. Folge 1, Berlin 1932/33, S. 20 und 28.

lung« für »Das Denkmal des unbekannten Radaubruders«[11] (s. Abb. 28, S. 164) und spottete über die SA nach den Kudamm-Krawallen des Herbstes 1930: »Die Sieger aus der Schlacht bei Wertheim werden für tapferes Verhalten vor der Schaufensterfront mit dem Eisernen Hakenkreuz erster Klasse ausgezeichnet.«[12]

Die Spötter konnten den Erfolg des Politikmodells vom »Kampf um die Straße« nicht verhindern. Vielmehr wurde das Parteisoldatentum als Ausdruck deutschen Wesens glorifiziert: »Die deutsche Wehrkraft wurde anarchisch freigesetzt«, nachdem der Versailler Vertrag das deutsche Heer zerschlagen habe. Die innerdeutschen Wehrverbände seien »Sturzbäche, in denen der Wehrwille im Zustand freier Natürlichkeit wild und wüst seine Energien austobt«, schrieb Ernst Niekischs *Widerstand*.[13]

Der Kampf um die Straße hatte im politischen Alltag oft etwas Flüchtiges und Wechselhaftes. Denkmäler sicherten hingegen dauerhafte Präsenz. So glaubte man in der 1920er-Jahren noch immer, in der Tradition des monarchischen und bürgerlichen Denkmalkultes im sozial und geographisch zerrissenen Stadtraum dominante Zeichen setzen zu können. Denkmäler sollten Raumkontrolle suggerieren, Ansprüche markieren, ideologische Hoheitszeichen setzen. Dabei war jedes einzelne Denkmalsprojekt den Kräfteverhältnissen zahlreicher Faktoren ausgesetzt: Reichs-, Landes- oder kommunale Gremien, Vereine und Gemeinden als Auftraggeber, Sponsoren aus Wirtschaft und Politik, Presse, Kritiker, Politiker und Künstler bestimmten mit ihren einander oftmals widersprechenden Interessen den Prozess der Denkmalssetzungen.

Gerade die architektonischen Gefallenendenkmäler der späten Weimarer Republik sollten dazu beitragen, den umkämpften öffentlichen Raum partiell zu sakralisieren. Aufmarschflächen und Anmarschwege boten die Grundlage für politische Rituale, die die politische und soziale Zersplitterung des deutschen Volkes vergessen machen und erhabene Gemeinschaftserlebnisse ermöglichen sollten. Denkmäler mussten politisch durchgesetzt, finanziert, gebaut und bewacht werden, sie liefen auch Gefahr, lächerlich zu wirken, beschädigt oder abgerissen zu werden. Nahezu alle politischen Richtungen adaptierten den Gefallenenkult und die Wendung vom »unbekannten Soldaten«, um ihrerseits Märtyrer und Blutzeugen zu produzieren, denen in demonstrativen Akten Grabsteine gesetzt werden konnten. Glaubte man den Inschriften, dann waren Kommunisten für die Weltrevolution, Nationalsozialisten und Stahlhelmer »für die Bewegung« oder »für Deutschland« und Reichsbannermitglieder für die Republik »gefallen«.

---

11 *Simplizissimus,* München/Stuttgart Nr. 31, 27.10.1930, S. 364. Vgl. a. Nr. 28, 7.10.1930, S. 356: »Der Uniformdeutsche. Bei uns kann jeder nach seiner Fasson Unheil anrichten.«
12 *Simplizissimus* Nr. 32, 3.11.1930. Titelblatt.
13 *Widerstand. Zeitschrift für nationalrevolutionäre Politik,* Berlin Heft 3/1931, S. 82.

Abb. 28: Karikatur: »Denkmal des unbekannten Radaubruders« aus dem Simplizissimus, 1930

3. Von der Nachkriegszeit bis zur Gegenwart: Kriegerdenkmäler im Urteil der Öffentlichkeit

Schon in den Handbüchern der US-Armee, die sich 1944 auf den Einmarsch ins Deutsche Reich vorbereitete, waren die Erfassung und der Schutz von Kunst- und Architekturdenkmälern vorgesehen. Das Monument and Fine Arts Comittee der alliierten Kommandantur fand in Berlin seine Entsprechung in der Kunstabteilung der amerikanischen Militärregierung, deren Leiter Norman T. Byrne im Herbst 1945 eine Liste aller zu schützender Denkmäler, Gebäude und Kunstobjekte erstellte. Im Januar 1949 wurde dem Berliner Magistrat die volle Verantwortung für diesen Bereich übertragen. Die sowjetischen Behörden ließen im Ostteil der Stadt deutsche Kommunisten im Bereich der »Volksbildung« agieren, die ihre Loyalität durch langjähriges Moskauer Exil bewiesen hatten. Der Stadtrat für Volksbildung und spätere Außenminister der DDR, Otto Winzer, sprach sich strikt gegen den Erhalt von Kriegerdenkmälern aus. Die Direktive Nr. 30 des Alliierten Kontrollrates vom 13. Mai 1946, betreffend die »Beseitigung deutscher Denkmäler und Museen militärischen und nationalsozialistischen Charakters«, untersagte in § I die Aufstellung von »Gedenksteinen, Denkmälern, Plakaten, Statuen, Bauwerken, Straßen- und Landstraßenschildern, Wahrzeichen, Gedenktafeln oder Abzeichen, die darauf abzielen, die deutsche militärische Tradition zu bewahren und lebendig zu halten, den Militarismus wachzuhalten oder die Erinnerung an die nationalsozialistische Partei aufrechtzuerhalten oder ihrem Wesen nach in der Verherrlichung von kriegerischen Ereignissen bestehen.«[14] Gerade der letzte Satz ließ erwarten, dass der überwiegende Teil der nach 1871 in Berlin errichteten Kriegerdenkmäler beseitigt werden würde. Doch die folgenden Bestimmungen verwässerten die Radikalität des ersten Paragraphen: »Nicht zu zerstören oder sonst zu beseitigen sind Gegenstände von wesentlichem Nutzen für die Allgemeinheit oder von großem architektonischen Wert«, hieß es in Paragraph II. § IV schloss von der Zerstörung aus: »1. Gedenksteine, die lediglich zum Andenken an verstorbene Angehörige regulärer militärischer Einheiten errichtet worden sind. 2. Einzelgrabsteine, die bereits bestehen oder in Zukunft aufgestellt werden. Unter der Voraussetzung, dass die Architektur, die Ausschmückung oder die Inschriften der in den Absätzen 1 und 2 erwähnten Gedenk- oder Grabsteine weder den militärischen Geist widerspiegeln noch das Gedächtnis an die nationalsozialistische Partei bewahren. Zum Zwecke der Erhaltung der in den Absätzen 1 und 2 erwähnten Gedenk- und Grabsteine können an deren Architektur, Ausschmückung und Inschriften Änderungen zur Beseitigung anstößiger Merkmale vorgenommen werden.« Damit war den deutschen Behörden, die die Denkmäler sichten und katalogisieren sollten, eine Möglichkeit gegeben, um-

---

14 Direktive Nr. 30 des Alliierten Kontrollrates vom 13.5.1946, § 1, Kopie SAdK PrAdK Nr. I 237 Bl. 10. Auch abgedruckt in: Senat Berlin (Hrsg.), Berlin. Quellen und Dokumente 1945–1951, 1. Halbband, Berlin 1964, S. 138 f.

strittene Anlagen zu retten. Zudem wurden alle Denkmäler aus der Zeit vor 1914 durch die Bestimmungen ausgeklammert: »Die Ausdrücke ›militärisch‹ und ›Militarismus‹ sowie der Ausdruck ›kriegerische Ereignisse‹ im Sinne dieser Direktive beziehen sich auf Kriegshandlungen nach dem 1. August 1914.«[15]

Wie differenziert die Angloamerikaner dieses Problem sahen, kam in der Ablehnung des französischen Antrags zum Ausdruck, die Siegessäule abzureißen. Die Säule war während der Nazizeit um ein Segment aufgestockt worden und an den Großen Stern versetzt worden. Trotzdem klassifizierten Amerikaner und Briten die Säule als »nichtmilitaristisches« Denkmal aus der Zeit vor 1914.[16] Die Franzosen demontierten jedoch die durch Kriegshandlungen und Vandalismus beschädigten Bronzereliefs, um sie als Trophäen in Pariser Museen zu bringen. 1987 erhielt Berlin das letzte Relief zurück (s. Abb. 29).

Abb. 29: Relieffragment an der Siegessäule

Die Siegessäule überstand die Abrisspläne des Magistrats und der französischen Besatzungsmacht. Landeskonservator Schaper hatte sie als erhaltenswertes Einzeldenkmal eingestuft, Amerikaner und Briten folgten dieser Einschätzung. Für die 1938 in Richtung Großer Stern umgesetzte Siegesallee kam hingegen das Ende. Was die radikale, republikanische Kunstkritik eines Adolf Behne nicht erreicht hatte, trat

---

15 Direktive Nr. 30 des Alliierten Kontrollrates vom 13.5.1946, § V, abgedruckt in: Senat Berlin, Quellen und Dokumente, 1964, S. 138 f.
16 Sitzung der Interalliierten Kommandantur vom 26.11.1946, Zeichen BKG/M (46) 32, Punkt 279: Siegessäule-Siegesallee. LA Berlin B Rep. 37 Acc. 3971, Nr. 216.

1950 ein. Wertvolle Einzeldenkmäler unter den teilweise beschädigten Figurengruppen sollten geborgen und für die spätere Magazinierung zum Schloss Bellevue gebracht werden, alles Übrige zu Marmorplatten und Marmorbruch verwendet werden; der Marmorbruch war der Steinmetzlehrwerkstatt in Dahlem zugedacht, kleinteiliger Bruch sollte zu Marmorkies verarbeitet werden. Zwischen dem 11. Mai und 25. August 1950 wurden 56 Denkmäler mit 28 Standfiguren und 56 Nebenfiguren abgebaut, fast 1.000 t Marmorwerkstein und Bruchsteine abgefahren.[17]

Parallel zu den Alliierten hatte der neue Magistrat Berlins im Frühjahr 1946 Ideen zum Umgang mit den Kriegerdenkmälern der Vergangenheit entwickelt. Bildwerke des Nationalsozialismus seien grundsätzlich zu vernichten, darunter alle Statuen auf dem Reichssportfeld, ebenso einige Soldatenplastiken im Tiergarten. Schinkels Kreuzbergdenkmal hingegen brächte »nationales Empfinden zum Ausdruck, das natürlich und maßvoll ist und frei von jeglichem triumphalen und militaristischen Gebaren.«[18] Es sei »mit Energie alles Militaristische auszumerzen, ohne in Bilderstürmerei zu verfallen.« Daher wurde neben einer »Liste I: Denkmäler, die abzutragen und zu vernichten« seien, eine »Liste II: Denkmäler, die abzutragen und den Berliner Museen zur Magazinierung zu überweisen« seien, aufgestellt. In Liste I fanden sich u.a. auch die Siegessäule und Limburgs Denkmal der Garde-Ulanen, in Liste II Cauers Eisenbahnerdenkmal vom Hamburger Bahnhof.[19] Für die Magistratsentscheidung am 18. Mai 1946 hatte der Architekt und erste Stadtbaurat Berlins, Hans Scharoun, ein Verzeichnis von Denkmälern erstellt, deren sofortige Beseitigung vorgeschlagen wird. In der Liste fanden sich das Horst-Wessel-Denkmal, dessen Inschrift bereits entfernt worden war, der Granitsockel stand noch bis August 1951, und alle Gedenkzeichen im Bereich des Reichssportfeldes, die aber noch nicht besichtigt werden konnten, weil die Briten das Gelände okkupiert hatten. An Kriegerdenkmälern seien zu beseitigen: Alwin Voelkels Feuerwerkerdenkmal vor der Feuerwerkerschule an der Invalidenstraße 55a: »Symbolische Darstellung eines explodierenden Geschosses. Das Denkmal ist künstlerisch wertlos und hat militaristischen Charakter«; Limburgs Ulanendenkmal an der Invalidenstraße 56: »das künstlerisch wertlose Denkmal ist nicht ausgesprochen militaristisch,

---

17 In einem Erlass Wilhelms II. vom 27.1.1895 schenkte er der Stadt Berlin die Denkmäler der Siegesallee. In den Jahren 1898 bis 1901 entstanden 32 Figurengruppen aus Carraramarmor mit jeweils einem regierenden Fürsten der Mark Brandenburg und zwei bedeutenden Zeitgenossen. Das Bildprogramm stellte der Kunsthistoriker Reinhard Koser zusammen. 27 Bildhauer wurden beschäftigt, die Kosten aus Wilhelms II. Privatvermögen bestritten.
Bericht über die Beseitigung der Siegesallee im Berliner Tiergarten, Hauptamt für Grünflächen und Gartenbau, Bln.-Tiergarten, 2.11.1950. Die Arbeiten der Firmen Becker und Philipp Holzmann AG kosteten 82.014 Westmark.
18 Magistratsvorlage Nr. 116, Anfang März 1946, betreffend Vorschlag zur Entfernung von Denkmälern in Berlin, abgedruckt in: Jürgen Wetzel (Hrsg.), Die Sitzungsprotokolle des Magistrats der Stadt Berlin 1945/46, Bd. 2, Berlin 1999, S. 247 ff.
19 Magistratsbeschlussvorlage Nr. 233 vom 26.4.1946, abgedruckt in: Wetzel, Sitzungsprotokolle, 1999, S. 386 ff.

erhält aber durch seine Beziehung zur Kaserne militaristische Bedeutung« und Dammanns Landwehr-Denkmal an der Jebensstraße: »künstlerisch wertlos und sehr ungünstig aufgestellt. Als Ehrenmal zweifellos bedeutungslos für die Bevölkerung«. Vorschläge des Bezirksamtes Spandau, fünf weitere Kriegerdenkmäler zu beseitigen, darunter das Ehrenmal der Siemenswerke, wurden von Scharoun nicht berücksichtigt.[20]

Die von Scharoun zum Abriss vorgeschlagenen Denkmäler in der westlichen Innenstadt existieren heute immer noch: Limburgs Ulanengedenkstein überstand in der 1970er-Jahren den Abriss der umgebenden Kasernen und steht heute isoliert, doch in gutem Zustand zwischen den Parkbuchten des umliegenden Wohngebietes. Voelkels Feuerwerkerehrenmal fand Platz auf dem Gelände der von den Amerikanern genutzten Gardeschützenkasernen (heute: Bundesnachrichtendienst) in Steglitz. Dammanns Landwehrkrieger steht noch heute, von der Öffentlichkeit nahezu unbemerkt an seinem Platz an der Jebensstraße. Im Westen wurden einige Denkmäler wie Voelkels Feuerwerkerdenkmal, »entschärft«, indem sie aus der öffentlichen Sphäre auf Kasernengelände versetzt wurden, bei anderen wurden aggressive Inschriften und Motive entfernt, so bei Enckes Denkmal des 22. Res.-Korps die »Rache«-Schwurhand.

Im Falle des Garnisonfriedhofes ließ das Finanzamt für Liegenschaften, das den ehemaligen Reichsbesitz verwaltete, die bestehenden Regimentsdenkmäler dokumentieren und bat die Alliierten am 26. Oktober 1946 um Entscheidung, wie weiter zu verfahren sei. In der Antwort vom 5. November 1946 forderte das Office of Military Government US Berlin District nur den Abriss des Jugendwehr-Ehrenmals, alle anderen blieben erhalten.[21] Vor dem Fototermin wurde offenbar die »Rächer«-Inschrift des Augustaner-Denkmals herausgemeißelt. Das Jugendwehr-Denkmal war äußerlich unspektakulär, eine schlichte Steinpyramide mit Stahlhelm und Ehrenkranz; aber die Tatsache, dass es 1936 errichtet worden war und einen assoziativen Bezug zur »Wehrwolfbewegung« darstellte, machten es abrissreif.

Einige Denkmäler waren bereits in den letzten Kriegsjahren demontiert worden. Der Oberbürgermeister hatte die Bezirksbürgermeister schon 1940 aufgefordert, »entbehrliche« Denkmäler aus Metall zugunsten der Metall-Kriegsspende abzubauen. Dies betraf auch einige Kriegerdenkmäler.

Am Ende des Zweiten Weltkriegs trat der kriegerische Bestimmung des Reichssportfeldes noch einmal hervor: Das Opfer von Langemarck verdoppelnd, fielen zahlreiche Hitlerjungen bei der Verteidigung des Stadions. Die Briten wählten als Verwaltungssitz somit auch einen Ort, der als militärische Trophäe gelten konnte. In diesem Zusammenhang ist wohl auch der Wiederaufbau der 1947 gesprengten Langemarck-Halle zu verstehen.

---

20 Abgedruckt in: Wetzel, Sitzungsprotokolle, 1999, S. 494 ff.
21 Die entsprechenden Akten des Gartenbauamtes Neukölln sind noch nicht archivalisch aufbereitet und zugänglich, Angaben nach Karl-Robert Schütze, Von den Befreiungskriegen bis zum Ende der Wehrmacht. Der Garnisonfriedhof, Berlin 1986, S. 96 f.

Die Briten wünschten 1959, der Queen bei ihrem jährlichen Besuch eine komplette Kulisse des Olympiageländes bieten zu können. Die Bundesregierung bezahlte die Rekonstruktion der Halle und den Wiederaufbau des gesprengten Glockenturms; Architekt wurde wieder Werner March. Der Sportfunktionär Carl Diem, der damals maßgeblich an der Gestaltung des Kriegerdenkmals beteiligt war, frohlockte nun in einem Brief an den Architekten: »Es wäre doch idiotisch, wenn man den Raum als solchen schüfe, und ihm nicht den alten Sinn gäbe.« 1963 war das »Bauvorhaben Langemarck-Halle« abgeschlossen. Die Halle war kaum verändert worden. Glas ummantelte nun den Turmschaft in der Halle, die Stahlschilder der Divisionen wurden wieder an den Pfeilern angebracht, die 76 Regimentsfahnen blieben allerdings verschollen. Auch die flandrische Erde unter der Stahlplatte wurde nicht wieder ersetzt. Den Sinnsprüchen wurden nun die Namen und Lebensdaten der Verfasser hinzugefügt, ohne weiteren Kommentar.[22]

4. Denkmalspolitik in Ostberlin

Im August 1946 lag der Sowjetischen Militäradministration (SMAD) eine Liste von zu zerstörenden Denkmälern vor, die bis zum 1. Januar 1947 abgearbeitet werden sollte. Die jeweiligen Volksbildungsämter der Bezirke sollten die Arbeiten vor Ort in die Hand nehmen.[23] Überblickt man Scharouns »Zusammenstellung der Denkmäler, die seit Kriegsende beseitigt worden sind«, vom Mai 1946[24], hat es den Anschein, als hätten die Bezirksverwaltungen im sowjetischen Machtbereich konsequenter mit den Kriegerdenkmälern aufgeräumt. Die Russen suchten den öffentlichen Raum durch eigene, kolossale Siegerdenkmäler zu dominieren, so im Tiergarten, wo das schon im November 1945 eingeweihte sowjetische Ehrenmal den ursprünglichen Verlauf der Siegessallee abschneidet, in Pankow und in Treptow, wo auch Materialien der zerstörten Reichskanzlei verwendet wurden.[25] Mit der Berliner Gießerei Noack schloss die Sowjetische Militäradministration eine Art Generalvertrag über alle in Polen und Ost-

---

22 Wolfgang Schäche und Norbert Szymanski, Das Reichssportfeld. Architektur im Spannungsfeld von Sport und Macht, Berlin 2001, S. 133.
23 Besprechung betr. der NS-Denkmäler im Kunstamt des Magistrats, 2.8.1946. Anwesend: die Direktoren Stengel und Weickert, sowie Janasch, Werner, Sattegast, Amersdorffer, Scheper, Kühn, SAdK PrAdK I 237, Bl. 1 ff.
24 Abgedruckt in: Wetzel, Sitzungsprotokolle, 1999, S. 496 ff.
25 Die vollkommene Maßlosigkeit der Figuren, wie bei der 85 m hohen Betonskulptur in Stalingrad/Wolgograd, wurde allerdings bei den Berliner Anlagen der Roten Armee nicht erreicht, obwohl doch hier die Stätte des größten Triumphes der Roten Armee lag. Der Bildhauer Wutschetitsch war sowohl Schöpfer des Treptower Ehrenmals als auch der schwerttragenden »Mutter Heimat« von 1966. Zusammen mit der 1959 für den UN-Park in New York geschaffenen Skulptur »Schwerter zu Pflugscharen« bilden die drei Monumente die »Schwertertriologie« im Werk des Künstlers.

deutschland zu errichtenden Denkmäler der Roten Armee. Auch die Montage der 13 m hohen Soldatenfigur des Treptower Denkmals wurde von Noack durchgeführt, bis der Kalte Krieg diese Geschäftsverbindung kappte.

Deutsche Kommunisten wie Otto Winzer, die aus dem Moskauer Exil kamen und nun politische Posten erhielten, sahen auf dem Gebiet der Denkmalspolitik eine Möglichkeit, sich gegenüber der sowjetischen Besatzungsmacht ideologisch zu profilieren. Scharoun zählte 1946 folgende Gefallenendenkmäler im Osten Berlins auf, die innerhalb des letzten Jahres beseitigt worden waren: Die Denkmäler des Res.-Feld-Art.-Regt. 107, des Garde.-Regt. zu Fuß und die Siegessäule im Invalidenpark[26], das Denkmal des Garde-Füs.-Regt. am Zeughaus, das Polizeidenkmal am Horst-Wessel/Bülow-Platz, den Handgranatenwerfer am Schloss Bellevue[27], das Schlageter-Denkmal im Park Friedrichsfelde, einen Gedenkstein für einen SS-Mann in Köpenick sowie vier Kriegerdenkmäler in Weissensee und acht in Pankow. In diesen Ortsteilen sind die Denkmäler für die Gefallenen des Ersten Weltkriegs offenbar systematisch abgeräumt worden, während in den westlichen Stadtteilen kaum Denkmäler entfernt worden waren.[28]

Eine strenge Auslegung des alliierten Befehls Nr. 30 gab im Namen der »Deutschen Zentralverwaltung für Volksbildung in der sowjetischen Besatzungszone« Erich Weinert bekannt. So gelte der Befehl auch für Museen, Ausstellungen und Straßennamen und beziehe sich auf Heerführer (einschließlich Hindenburg), alle Truppenteile und Waffengattungen, auch auf die »sogenannten Regimentsehrenmale« und die Erinnerung an militärische Ereignisse wie Tannenberg. Bezüglich der Ehrenmale hieß es in dem »Kommentar zum Befehl Nr. 30«: »Bei Ihnen ist eine verbotene Absicht im Sinne des Befehls dort gegeben, wo durch angebrachte Inschriften, Embleme oder bildhafte Darstellungen über den Charakter des Totenmals hinaus ein militärischer Sinn gegeben wird. Es wird vorgeschlagen, daß die Bürgermeister der einzelnen Orte unter Beratung durch den Block der Antifa-Parteien, FDGB und FDJ die betreffenden Denkmäler erfassen und zu erhaltende und teilzuerhaltende unter Angabe der Gründe, Künstler etc. anmerken.« Über den Landrat und den Landeskonservator sollten die Listen an die SMAD zur Genehmigung gelangen. »Die Beseitigung der mit Befehl Nr. 30 verbotenen Denkmäler soll zur Umerziehung des Volkes genutzt werden.« Die Abtragung sei durchzuführen nicht auf dem Verwaltungsweg, »sondern in Verbindung mit einer Kundgebung, bei der die Bevölkerung die Gelegenheit hat, ihren Willen zur Umerziehung und ihre Abkehr von nazistischer und militaristischer

---

26 Stadtbaurat Arnold Munter stellte in einer Sitzung der »Abteilung Aufbau« am 17.4.1951 die Frage, ob sich »in der abzutragenden Säule im Invalidenpark« noch Grabstellen befänden, diese müssten zunächst aufgehoben werden. LA Berlin C Rep. 110, Nr. 165. Offenbar waren das Fundament und der Sockel noch vorhanden.
27 Das künstlerisch »vollkommen minderwertige« Denkmal stammte von Prof. Dietzsch-Sachsenhausen und war ein Ehrenmal für Gefallene des 4. Garde-Regiments zu Fuß.
28 Abgedruckt in: Wetzel, Sitzungsprotokolle, 1999, S. 496 ff.

Ideologie zu zeigen. Das wird besonders dort gegeben sein, wo schon existierende Denkmäler nazistischer und militaristischer Prägung durch Anbringung einer neuen Inschrift usw. zu einem Erinnerungsmal für die Antifaschisten werden, die im Kampf gegen den NS ihr Leben opferten.«[29]

Auch auf lokaler Ebene gab es Initiativen, Kriegerdenkmäler umzugestalten. So wurde 1946 das Eiserne Kreuz auf dem Kriegerdenkmal in Birkenwerder bei Berlin von der SPD-Ortsgruppe mit einer Marmortafel überdeckt, die die Aufschrift trug »Die Toten mahnen uns«.[30]

Die Bezirksverwaltungen wurden aufgefordert, auf den Grabsteinen »nazistische Abzeichen und Gedenkzeichen, widrigenfalls den ganzen Grabstein« zu entfernen.[31] Besondere Aufmerksamkeit verlangte der Invalidenfriedhof, der zudem an der Sektorengrenze lag. Hier wurden auf rund 250 Grabsteinen Eiserne Kreuze, Pour le merite, Abzeichen der Wehrmacht und Hakenkreuze festgestellt. Neben der Frage, was damit zu geschehen habe, stand das Problem der mangelhaften Kontrolle dieses Grenzabschnitts an. Das Verbot von Beisetzungen und die Einschränkung der Besuchszeiten rechtfertigte Stadtrat Arnold Munter im Frühjahr 1951: »Aus Bevölkerungskreisen wurde uns bekanntgegeben, und durch meine Dienststelle bestätigt, daß auf diesem Friedhof, auf dem u.a. zahlreiche Faschisten beigesetzt sind, ausgesprochen faschistische Zeremonien stattfinden. Darüber hinaus hat man gerade die Gräber gemeinster Faschisten besonders gut gepflegt. Dazu gehört auch das Grab des SA-Banditen Maikowski.«[32]

Der rasche und bedenkenlose Abriss von Kriegerdenkmälern war unter dem Einfluss der Kommunisten im Ostteil der Stadt vorherrschend. Auch Lederers Universitätsdenkmal wurde bei den Aufräumungsarbeiten auf dem Universitätsgelände offenbar wurde noch im Jahre 1945 abgetragen. Inwieweit es durch die Bomben auf das Universitätsgebäude zerstört worden war, bleibt ungeklärt. Der Gartenhof war jedenfalls schwer verwüstet, zahlreiche Bäume waren umgestürzt. Politische Erwägungen haben sicher zum Abrissentschluss beigetragen. Erst 1976 wurde etwa an seine Stelle ein Gedenkstein für die Opfer des Faschismus des Bildhauers J. Jura gesetzt.

Sicher waren Denkmäler und Plastiken, sobald sie sich auf sowjetischem Militärgelände befanden. So überdauerten Skulpturen Arno Brekers auf einem sowjetischen Truppenübungsplatz bei Eberswalde, bis sie Anfang der 1990er-Jahre entwendet wurden.

---

29 Erich Weinert, Deutsche Zentralverwaltung für Volksbildung in der sowjetischen Besatzungszone, Kommentar zum Befehl Nr. 30. SAdK PrAdK I 237, Bl. 12.
30 Der Originalzustand wurde 1990 wiederhergestellt. *Berliner Zeitung* 12.4.1994.
31 Dies war bis 1950 nicht überall geschehen, wie eine »nochmalige Erinnerung« des Amtes für Grünplanung an die Bezirke vom 27.11.1950 zeigte. LA Berlin C Rep. 110, Nr. 165.
32 Stadtrat Arnold Munter an Probst D. Grüber, 18.5.1951. LA Berlin C Rep. 110, Nr. 165. An den Gräbern Maikowskis, Mölders und Udets befanden sich allerdings keine NS-Ehrenzeichen mehr.

Im Krieg wurde die Neue Wache stark beschädigt. Die Hitze nach den Bombentreffern war so groß, dass der Granitkubus angeschmolzen wurde und sich verformte. Die Berliner FDJ plädierte für den Abriss dieses »militaristischen« Zeugnisses, die städtische Bauverwaltung und die Kulturkommission des FDGB setzten sich für den Erhalt ein. Man einigte sich darauf, daraus ein »Denkmal der Opfer imperialistischer Kriege« zu machen. Heinrich Tessenow schlug vor, den Bau in seinem ruinösen Zustand als Mahnmal zu belassen.[33] Ausdrucksstark wirkten vor allem der verformte schwarze Granitkubus und der beschädigte, rußgeschwärzte Eichenlaubkranz. Die durch Hitze und Druck veränderten Materialien hatten auch ohne inhaltliche Deutungen und beigefügte Inschriften einen ausdrucksstarken und wirkungsvollen Charakter. Doch diese – auch heute noch moderne – Lösung blieb nur ein Provisorium. 1948 wurde der Eichenlaubkranz entwendet – seine Blätter tauchten 1960 in einem Schließfach des Bahnhof Zoo wieder auf.[34]

1969 wurde die Wache als Denkmal des antifaschistischen Staates DDR, der sich nun auch positiv auf preußische Traditionen bezog, umgestaltet. Anstelle des angeschmolzenen Granitkubus wurde ein Glaskubus mit Ewiger Flamme installiert. »Blutgetränkte« Erde von Schlachtfeldern und Konzentrationslagern sowie je ein unbekannter Wehrmachtssoldat und KZ-Häftling wurden im Innenraum beigesetzt. Das Staatswappen der DDR dominierte die Rückwand, das Motto »Den Opfern des Faschismus und Militarismus« stand auf den Seitenwänden. Verbunden war das Mahnmal mit einem ausgesprochen militaristischen Ritual. Täglich zogen Soldaten des Wachregiments Friedrich Engels mit Stechschritt und Zapfenstreich zur täglichen Wachablösung auf.

5. Kriegerdenkmäler heute

Hatten die Denkmäler erst einmal die kritische Nachkriegsphase überstanden, blieben sie meist bis heute erhalten. Limburgs Ulanen-Denkmal und das Franzer-Denkmal blieben isoliert im Stadtraum stehen, nachdem die sie umgebenden Kasernen in den 1970er-Jahren abgerissen worden waren. Der verwahrloste Neue Garnisonfriedhof wurde durch private und behördliche Initiativen in der 1960er-Jahren instandgesetzt. Die militärische Präsenz der Alliierten sorgte dafür, dass einige Kriegerdenkmäler aus Respekt vor dem ehemaligen Gegner regelmäßig mit Kränzen geehrt wurden. So hätten Vertreter der Alliierten jeweils am Volkstrauertag Kurt Kluges Alexander-

---

33 *Tägliche Rundschau* 14.12.1945.
34 Sein Schöpfer, Ludwig Gies, wurde mit einer Rekonstruktion des Kranzes beauftragt, die die 117 erhaltenen Blätter aufnahm. Der Kranz befindet sich heute auf dem Katholischen Standortfriedhof Lilienstraße in Neukölln.

Denkmal geehrt, schrieb seine Tochter 1993.[35] Auch Vertreter der Bundeswehr und Traditionsvereine ehemaliger Einheiten der Wehrmacht legten und legen an diesem Tag an den Denkmälern Kränze nieder. In der Gegenwart gehört der Garnisonfriedhof zu den fast vergessenen Kulturdenkmälern der Stadt. Zwar liegen noch in jedem November Kränze von militärischen Traditionsverbänden und Nachfolgeeinheiten an den Regimentsdenkmälern. Doch schon wird das Areal optisch vom rasch wachsenden muslimischen Friedhof mit seiner Moschee beherrscht. Allein das Augustaner-Denkmal vermag noch zu provozieren: Unbekannte haben die »Rachefaust« mit roter Farbe besprüht, um auf diese Weise dem bedrohlichen Erscheinungsbild der Anlage die Spitze zu nehmen.[36] Die drei großen sowjetischen Kriegerdenkmäler werden zur Zeit saniert und werden der Stadt auf unabsehbare Zeit erhalten bleiben (s. Abb. 30). Die Bundesregierung hatte sich im Rahmen des Abzugs der russischen Truppen 1990 bzw. 1994 zur Pflege der sowjetischen Denkmäler und Friedhöfe verpflichtet.[37]

Abb. 30: Sowjetisches Ehrenmal im Tiergarten, 1945

---

35 Ingeborg Mau, geb. Kluge, Kurt-Kluge-Archiv, an die Berlinische Galerie, 31.8.1993, in: Berlinische Galerie, Künstlerdossier Kluge.
36 Zustand Dezember 2002, im Mai 2003 wieder gesäubert.
37 Das Monument in Treptow wird für 1,5 Mio. € vom Bund saniert. Es wurde 1946–49 für 5.000 Gefallene errichtet. Der russische Botschafter beobachtete die Demontage der Figur, die mit einer Stützkonstruktion versehen werden soll. *FAZ* 2.10.2003. Das Monument in Pankow-Schönholzerheide wurde 1947–49 für 13.200 Gefallene gebaut. Das Denkmal im Tiergarten, schon am 11.11.1945 eingeweiht, wurde für 2.500 Gefallene errichtet. Der Bund gab 1999 und 2000 je 3 Mio. €, 2001, 2002 und 2003 je 1 Mio. € für die Sanierung der Ehrenmale aus. *Berliner Zeitung* 2.10.2003.

Der Systemwechsel von 1989/90 führte zum ersten Mal seit 1945 wieder zu großen Veränderungen in der Berliner Denkmalslandschaft. Die Denkmalssetzungen des SED-Regimes wurden teilweise beseitigt; vor allem die Demontage des großen Lenindenkmals in Lichtenberg und die »Beerdigung« seiner Einzelteile im Köpenicker Forst sorgten für Aufsehen. Siegesdenkmäler für die Demokratie oder die »Bonner Republik« sind bislang nicht errichtet worden.

Mit der Berliner Regierungsbeteiligung der PDS erlebte eine linke, sozialistische Denkmalspolitik eine Renaissance. In den Koalitionsverhandlungen von PDS und SPD wurde im Januar 2002 vereinbart, auf dem Rosa-Luxemburg-Platz ein gleichnamiges Denkmal zu bauen.[38] Im Herbst 2003 weihte der Kultursenator Thomas Flierl am Potsdamer Platz ein Karl-Liebknecht-Denkmal ein.[39] Gegen alle Angriffe, allerdings großflächig von Graffiti überzogen, behauptete sich auch Lew Kerbels kolossaler Thälmannkopf am Prenzlauer Berg. Ein später ideengeschichtlicher Nachhall der Siegesallee war der Vorschlag des SPD-Landeschefs und Stadtentwicklungssenators Peter Strieder vom Sommer 2003, im Tiergarten eine »Allee der Demokraten« mit Büsten und Denkmälern zu errichten. Während der Historiker Heinrich August Winkler die Idee begrüßte und eine Debatte innerhalb und zwischen den Parteien über historische Vorbilder für die Demokratie als sinnvoll erachtete, warnte der PDS-Kulturpolitiker Wolfgang Brauer, die Ergebnisse dieser Debatten dürften »nicht in Gips gegossen werden und die Stadt damit belästigen.«[40] Andererseits trieb im gleichen Jahr gerade die PDS den Bau des Rosa-Luxemburg-Denkmals auf dem gleichnamigen Platz voran, wobei nicht auszuschließen ist, dass hier das Konzept eines figürlichen Personendenkmals im Stil des 19. Jahrhunderts angewendet werden soll.

Der spektakulärste und umfangreichste Denkmalsbau in der neuen Hauptstadt ist jedoch das »Denkmal für die ermordeten europäischen Juden«, das in der Nähe des Brandenburger Tores entsteht und sich als bedeutendster zeitgenössischer Bau eines Nationaldenkmals bezeichnen lässt.

---

38 Senatsverwaltung für Wissenschaft, Forschung und Kultur (Hrsg.), Rosa Luxemburg. Ein Platz. Ein Zeichen, Berlin 2003. Zum Wettbewerb wurden 23 Künstler eingeladen.

39 Ein Sandsteinsockel für das Denkmal war von den Ostberliner Behörden schon 1951 am Potsdamer Platz aufgestellt worden, blieb jedoch infolge des Mauerbaus 50 Jahre verwaist. Der Sockel wurde vor der Neubebauung des Potsdamer Platzes geborgen und am 20.11.03 wiederaufgestellt, versehen mit der Inschrift: »Von dieser Stelle rief Karl Liebknecht am 1. Mai 1916 gegen den imperialistischen Krieg auf und für den Frieden auf.« Der Sockel soll vakant bleiben. Der Kulturpolitiker und ehemalige Direktor des DHM, Christoph Stölzl, kommentierte: »Am leeren, als Wrackteil der Kommunismus-Geschichte ans Ufer der Gegenwart geworfenen Sockel erweist sich, dass der Marxsche Zauberspruch seine Wirkung verloren hat.« Nicht die von Marx geforderte Veränderung der Welt sei hier sichtbar geworden, sondern nur das heute gebrochene und widersprüchliche Verhältnis zum Revolutionär Karl Liebknecht, in: *Der Tagesspiegel* 21.11.03.

40 Tagesspiegel 23.7.2003.

Der Bestand an Kriegerdenkmälern blieb nach 1989 fast konstant. Die Neue Wache wurde zu einer Gedenkstätte nationaler Bedeutung ausgebaut. Als Sammelgedenkstätte aller denkbaren »Opfer von Krieg und Gewaltherrschaft« vereint sie heute den KZ-Häftling und den SS-Mann. Das Kabinett Kohl setzte im Januar 1993, gegen heftige Proteste der Öffentlichkeit und nach Rücksprache mit allen Bundestagsfraktionen, hier die Installation einer »Zentralen Mahn- und Gedenkstätte der Bundesrepublik Deutschland« durch. Die Rekonstruktion der Gestaltung Tessenows wurde von Kohls Berater, Christoph Stölzl, abgelehnt, da sie in heutiger Sicht zu heroisch anmute. Doch die Wände und der Boden wurden nach tessenowschem Vorbild gestaltet. Anstelle des Glaskubus wurde nun eine vergrößerte Pietà von Käthe Kollwitz gesetzt. Das Werk von 1937 zeigt eine Mutter, die um ihren Sohn trauert. Offenbar wurde hier eine Synthese von sozialistischer Kriegsgegnerschaft und christlichem Totengedenken gesucht. Die Qualität der Kollwitzschen Trauerfiguren, ihre Eignung für repräsentative Mahnmale war schon 1932 in der Fachpresse erkannt worden. Doch erst jetzt gelangte ein Werk von ihr an diese prominente Position. Das Motto »Den Opfern von Krieg und Gewaltherrschaft« wiederholt und verschlimmert den Fehler des DDR-Mahnmals, nicht zwischen Opfern und Tätergruppen zu unterscheiden. »Anstelle des heroisch-militärischen Totenkultes ist ein verschleiernder Opferkult getreten«, resümierte Wolfgang Kruse in seinem Abriss zur Geschichte der Neuen Wache.[41] Ebenso heftige wie wirkungslose Proteste fanden 1993 bei der Einweihung der *Zentralen Gedenkstätte* statt. Inzwischen sind auch wieder die Plastiken der Preußischen Generäle aufgetaucht, deren Verschwinden die Kollwitz-Erben zur Bedingung ihrer Erlaubnis gemacht hatten, die Pietà aufstellen zu lassen. Sie stehen, um Zurückhaltung bemüht, auf der gegenüberliegenden Straßenseite.

Die Neue Wache dient seit über 70 Jahren als Gedenkstätte. Sie erlebte vier verschiedene Systeme als Betreiber und Auftraggeber: Das republikanische, sozialdemokratisch geführte Preußen, den Nationalsozialismus, den Sozialismus sowjetischer Prägung und die demokratische Bundesrepublik Deutschland. An einem Objekt kann somit der politischen Totenkult und die Bildsprache unterschiedlicher Systeme studiert werden. Sie ist daher in der deutschen Denkmalslandschaft ein herausragendes, ein unvergleichliches Monument.

Emil Cauers Eisenbahner-Denkmal fiel Anfang der 1990er-Jahre der Umwandlung des Eisenbahnmuseums *Hamburger Bahnhof* zum Kunstmuseum zum Opfer.

Die Siegessäule wäre 1991, 70 Jahre nach dem ersten spektakulären Attentatsversuch, beinahe durch ein Sprengstoffattentat zerstört worden. Linksextremisten hatten am 15. Januar 1991 versucht, dieses »Symbolobjekt für Nationalismus, Rassismus, Sexismus und Patriarchat« zu sprengen. Die auf der Plattform unter der Figur ange-

---

41 Wolfgang Kruse, Schinkels Neue Wache in Berlin: Zur Geschichte des modernen politischen Totenkultes in Deutschland, in: *Zeitschrift für Geschichtswissenschaft*, Heft 2, 2002, S. 419-435, hier: S. 433.

brachte Bombe zündete jedoch nicht vollständig, so dass sich der Schaden in Grenzen hielt.[42] Die Siegessäule hat heute keine patriotische Aura mehr. Sie gilt als Postkartenmotiv, als spektakuläre Kulisse für die alljährliche Love Parade, allenfalls als phallisches Kultobjekt einer hedonistischen Gesellschaft.[43]

Andere Kriegerdenkmäler standen in Berlin nicht im Mittelpunkt öffentlichen Interesses; einen Fall wie den des umstrittenen »76er« Denkmals in Hamburg gab es hier nicht. Das wichtigste NS-Kriegerdenkmal, die Langemarck-Halle, liegt an der Peripherie der Stadt, in der Halle sammelt sich der Taubendreck.

Das allgemeine Desinteresse schützte jedoch nicht vor sporadischen Beschädigungen einzelner Denkmäler durch anonyme Täter. So wurden in den 1990er-Jahren dem Pionier-Denkmal an der Evangelischen Garnisonkirche am Südstern der Kopf abgeschlagen (s. Abb. 31, S. 177), das Franzer-Denkmal 2000 und 2001 mit Farbe beschmiert, das Augustaner-Denkmal 2002 mit Farbe besprüht. Doch sind diese Aktionen eher den naturgesetzartigen Verschmutzungsprozessen in einer Stadt wie Berlin zuzurechnen, denn als politisch motivierte Taten zu werten.

Einige Kriegerdenkmäler, vor allem auf den Standortfriedhöfen, sind heute noch Teil der Feierlichkeiten am Volkstrauertag, der wie in der Weimarer Republik mit einem Staatsakt im Parlament begangen wird. Auf dem Neuen Garnisonfriedhof finden an diesem Tag Kranzniederlegungen des Rings deutscher Soldatenverbände statt. Doch abgesehen von den Obsessionen einzelner Privatpersonen ist das Kriegergedenken eine Angelegenheit von Armee und Kirche geworden, die kaum gesellschaftliche Beachtung findet.[44]

Dagegen liest sich die Geschichte des Nikolaifriedhofes, auf dem sich das Grab Horst Wessels befindet, wie eine chronic scandaleuse. Seit 1989 zieht der Friedhof Neonazis an. Kleinere und größere Gruppen versammeln sich am Grab, Grabsteine werden immer wieder umgestürzt, der Friedhofswächter wurde 1999 überfallen, wobei es einen Toten unter den Angreifern gab.[45] Weil die Polizei am Geburts- und Todestag

---

42 Alings, Siegessäule, 2000, S. 116.
43 Ein Schwulenmagazin nennt sich *Siegessäule*. Bedenkenlos plante ein Unternehmen während der Love Parade 1999 mit Hilfe von himmelaufwärts gerichteten Scheinwerfern eine Art Lichtdom in Speerscher Manier zu installieren. Aufgrund von Protesten wurde diese Gestaltung zurückhaltender ausgeführt.
44 Ein Beispiel privater Obsession bietet die Berliner Skandinavistikstudentin Britta Abendroth alias »Okkulta«, die eine Netzseite »Kriegerdenkmal.com« betreibt und nach eigenen Angaben regelmäßig an den Gefallenendenkmälern Blumen und Kerzen ablegt. Die bekennende »Death- und Blackmetalhörerin und Heidin« bezeichnet den Neuen Garnisonfriedhof als »besonderen Kraftort« für ihre okkultistische Ideologie.
45 31.10.01: 43 Grabsteine umgestürzt (vermutlich Satanisten); 15.9.02: 35 Grabsteine umgestürzt; 20.9.02: 10 Grabsteine umgestürzt; 12.9.03: 18 Grabsteine umgestürzt; 14.9.03: 88 Grabsteine umgestürzt; 16.9.03: 26 Grabsteine umgestürzt. Weil der Friedhofsverwalter einem Neonazi mit Hund den Einlass verwehrt hatte, wurde er am 4.3.1999 nachts in seiner Wohnung, die sich auf dem Friedhof befindet, beraubt und überfallen. Der 75-Jährige verteidigte sich mit einem Revolver. Die Täter stammten z.T. aus dem Alkoholikermilieu und sind vermut-

Abb. 31: Das Garde-Pionier-Denkmal von Hermann Hosaeus, 1928 (heutiger Zustand)

lich von Neonazis zu diesem Einbruch angestiftet worden. Die Boulevardpresse schlachtete den Vorfall aus, *Bildzeitung* 5.3.1999, *BZ* 5.3.1999.

Wessels Präsenz zeigt, teilweise auch Gegendemonstrationen stattfinden, hat sich der Pilgerstrom verteilt. Pro Woche suchen etwa 20 Personen die Grabstelle auf. Immer wieder gibt es mündliche und schriftliche Anfragen bei der Friedhofsverwaltung, die ein wissenschaftliches Interesse vortäuschen, um die genaue Lage der Grabstelle, die seit 1955 erloschen ist, zu erfahren. Schon vor 1989 hatten Unbekannte versucht, das Wessel-Grab zu öffnen, möglicherweise nur, um das dort vermutete »Goldene Parteiabzeichen« zu stehlen. Gleich nach 1989 setzte der »Nazi-Tourismus« ein. Irrtümlich setzten die »Pilger« falsche Gräber instand. Zwei private Anträge zum Wiederaufbau des Grabsteins wurden von der Friedhofsverwaltung abgelehnt. Im Februar 2000 beschädigten Linksextremisten das Grab und behaupteten, sie hätten Horst Wessels Schädel in die Spree geworfen.[46] Im folgenden Jahr meldeten die Rechten am Todestag Wessels eine abendliche Mahnwache mit 70 Teilnehmern, Reichskriegsflagge und Fackeln an, die jedoch aus Sicherheitsgründen tagsüber vor dem Friedhof stattfinden musste; im Vorjahr war sie noch ganz verboten worden.[47] Im September 2003 stürzten Unbekannte in drei Nächten jeweils 18, 88 und 26 Grabsteine um, eine Racheaktion für Verhaftungen im Münchner Nazi-Milieu, die im gleichen Zeitraum stattgefunden hatten.[48] Beinahe jede Nacht halten sich Unbefugte auf dem Friedhofsgelände auf, jede Fernsehsendung zum Thema »Drittes Reich« bringt weitere Neugierige. Die Friedhofsverwaltung möchte die Angelegenheit am liebsten totschweigen, denn jede Publicity scheint noch mehr Schaden anzurichten.[49] Selbst die völlige Unkenntlichmachung der Grabstelle sei sinnlos, wird vermutet. So entsteht das Dilemma, eine an sich unhaltbare Situation hinzunehmen, denn jeder massive Einsatz von Behörden und Polizei würde den Symbolwert des Ortes für die Rechtsextremisten noch steigern.

Wie das gesamte olympische Bauensemble wurden auch die erhaltenen Plastiken 1986 unter Denkmalschutz gestellt. Zur Berliner Olympiabewerbung im Jahre 1993 kursierten Überlegungen, die NS-Skulpturen »unschädlich« zu machen, indem man sie mit riesigen Glaskästen überbaute, zu einem Ensemble eng zusammenstellte oder mit antifaschistischen Werken von Kollwitz oder Hrdlicka konfrontierte.

Nach dem Abzug der Briten erhielt der Bund das Reichssportfeld, trat es aber bald an das Land Berlin ab, das 1998 einen Wettbewerb zur Stadionerneuerung ausschrieb. Im Zuge der Stadionsanierung durch die im Stadionbau international erfahrene Augs-

---

46 Tatsächlich hatten sie den Boden im Bereich des Grabes von Vater Ludwig Wessel spatentief aufgegraben, von einer Hebung der Gebeine kann keine Rede sein.
47 *Berliner Zeitung* 22.2.2001. Im Jahr 2002 blockierten Gegendemonstranten den ganzen Tag den Friedhofseingang, *Berliner Zeitung* 24.2.2002.
48 Die Zahlen sind NS-Zeichencodes nach der Stellung der Buchstaben im Alphabet. 18 = Adolf Hitler, 88 = Heil Hitler. Offenbar hatten sich die Täter im letzten Fall verzählt, und meinten statt 26 die 28 = Blood & Honour.
49 So Uwe Folgner, Verwaltungskommission Evangelischer Friedhöfe in der *Berliner Zeitung* 8.2.2001 und der Kirchenamtmann und Friedhofsverwalter, Wolfgang Eichner, im Gespräch mit dem Verfasser am 20.10.2003.

burger Firma Walter-Bau AG, saniert wurde das Stadion bei laufendem Spielbetrieb segmentweise, standen wieder denkmalpflegerische Fragen zur Debatte. Der Entwurf der Architekten Gerkan, Marg und Partner sieht vor, die historische Gesamtanlage mit ihren Blickachsen zu akzeptieren und nur durch moderne Elemente wie das Stadiondach zu ergänzen. Die ursprüngliche konzeptuelle Verbindung von Sportstätte und Kriegerdenkmal wird nicht angetastet. Für das umgebende Reichssportfeld mit seinen Plastiken wird noch nach Investoren gesucht, um daraus einen »Olympiapark« für Open-Air-Veranstaltungen zu machen. Ein Rundgang über das der Öffentlichkeit z.Zt. nur eingeschränkt zugängliche Reichssportfeld zeigt die NS-Skulpturen in der angenehm profanisierenden Baustellenatmosphäre. Brekers »Zehnkämpfer« blickt gebieterisch über Baumaschinen und Dixie-WCs, Thoraks »Faustkämpfer« steht hinter dem Rasenmäherschuppen der Platzwarte, hart bedrängt von einer Aushubhalde. In der Langemarck-Halle wird ein verzweifelter Abwehrkampf gegen die Tauben geführt: Trotz der Netze vor den Fensteröffnungen sammelt sich der Taubendreck auf dem Steinboden.

Über die Berliner Kriegerdenkmäler und NS-Plastiken wird heute mit Gelassenheit diskutiert – wenn überhaupt. Die Öffentlichkeit nimmt an ihnen keinen Anstoß, sie werden mit mäßigem Eifer instand gehalten. Doch wie werden die Plastiken auf dem Olympiagelände wirken, wenn das Baustellenprovisorium beendet ist, und sie wieder in vollem Glanz erstrahlen? Immerhin wird bei der Fußballweltmeisterschaft 2006 das Endspiel im modernisierten Olympiastadion ausgetragen, in dem damit 70 Jahre nach der Olympiade wieder ein Weltsportereignis stattfindet. Von den Monumentalplastiken geht wohl kaum noch eine ideologische Gefahr aus. Die Arbeiten wirken heute kulissenhaft. Endlich wurde im Frühjahr 2004 eine historische Kommission mit Reinhard Rürüp und Hans Joachim Teichler, Professor für Sportgeschichte, berufen, um einen »Ort der Information« und 35 Stelltafeln für das Olympiastadion zu konzipieren, die die Geschichte des Ortes kritisch und prägnant erläutern sollen. Totalitäre Plastik konnte weit weniger Wirkung entfalten als Leni Riefenstahls Körper-Inszenierung, die das Bild der NS-Olympiade prägt und die für den Sportfilm und die Werbeästhetik so bahnbrechend war wie die V2 für die internationale Raketentechnik. Der Skulpturenpark auf dem Olympiagelände trägt zur künstlerischen und architektonischen Vielfalt der Stadt bei, bildet einen Mosaikstein im Gesamtbild der historischen Stätten und symbolbesetzter Orte Berlins. Viel bedeutender war hingegen die Entscheidung, die Blickachse Stadion-Marathontor-Glockenturm beizubehalten und somit den kriegerischen Charakter der Gesamtanlage zu konservieren. Es reicht nicht aus, unter die wandhohen Zitate von Flex und Hölderlin die Lebensdaten der Autoren in den Kalkstein zu meißeln. Die Langemarck-Halle bedürfte einer kritischen und ausführlichen Kommentierung.

Erstmals seit 1932/33 finden Gesamtberliner Denkmaldiskurse wieder im Rahmen einer demokratischen Gesellschaft statt. Denkmalsprojekte sind in einer Demokratie zahlreichen Gremien, politischen Milieus und einer kritischen Öffentlichkeit ausgesetzt. Auch heute bietet Berlin das Bild eines zersplitterten Stadtraumes mit unterschiedlichsten Milieus, Parteien und Wohnquartieren. Zudem steht die Stadt seit 1989 vor der Aufgabe, politisch und sozial zusammenzuwachsen, die deutsche Einheit exemplarisch und vorbildhaft zu vollziehen. Trotz dieser Probleme gibt es jedoch keine unversöhnlichen politischen Feindschaften um die Gedenkkultur, die mit Gewalt ausgetragen werden. Im Unterschied zur Weimarer Republik verlaufen die politischen Diskurse heute in ruhigen Bahnen. Dazu hat sicher die Erfahrung des Zweiten Weltkriegs beigetragen, die die deutsche Erinnerung an den Ersten Weltkrieg überlagert, welcher dagegen in Großbritannien immer noch als »Great War« im öffentlichen Bewußtsein firmiert. Zudem wurden die Folgen des politischen Wandels von 1989/90 – anders als die der Zwischenkriegszeit – sozial abgefedert. Die Berliner Denkmalslandschaft, die durch die Zeugnisse nationalsozialistischer und realsozialistischer Kunstpolitik angereichert wurde, ist heute nur noch selten Gegenstand politischer Debatten. Sie gilt vielmehr als künstlerisch-architektonischer Fundus, der aus denkmalpflegerischen Gründen zu bewahren ist und sich im Rahmen des Stadtmarketings touristisch einbetten läßt.

Das Gefallenengedenken war in der Weimarer Republik ein zentrales Thema. Es sollte die Nation festigen. Jahrelang diskutierte man erfolglos über den Bau eines zentralen Ehrenmals, gebaut durch das Reich. Auch 1989/90 griff der Nationalstaat in die Berliner Denkmalslandschaft ein, indem er mit der Neuen Wache eine umstrittene nationale Gedenkstätte schuf. In verklausulierter Form, »gewidmet allen Opfern von Krieg und Gewaltherrschaft«, kann hier der deutschen Gefallenen gedacht werden, ohne politisches Aufsehen zu erregen. Dabei wirkt die Pietà von Käthe Kollwitz einerseits als Beschwichtigungsmaßnahme, andererseits als Verweis auf die intransigent geführten Erinnerungsdiskurse der Weimarer Republik. Die Entscheidung für Berlin als Bundeshauptstadt zog ein starkes geschichtspolitisches Engagement des Nationalstaates nach sich: Das Deutsche Historische Museum als nationales Geschichtsmuseum, die nationale Gedenkstätte Neue Wache und das Denkmal für die ermordeten europäischen Juden entstehen in unmittelbarer Nähe des Regierungsviertels. In allen drei Fällen gab und gibt es eine Phase großer öffentlicher Anteilnahme, die Planung und Baubeginn begleitet und eine nachfolgende Phase der Beruhigung und Gewöhnung. Vielleicht ist diese Unaufgeregtheit, negativ formuliert: das weitverbreitete Desinteresse, im Zusammenhang mit nationalstaatlichen Denkmalsprojekten eine Folge der politischen Konstellation von 1989/90. Die staatliche Einheit war ein kaum erkämpftes Ereignis, sondern sie fiel den Deutschen unverhofft und gewissermaßen unverdient zu – als Folge einer weltpolitischen Konstellation und Übereinkunft der Großmächte. Zweifellos hatte dieser unheroische Vorgang auch etwas Gutes: Die Wiedervereinigung wurde ohne »Gefallene« erkämpft, denen man jetzt Denkmäler bauen müsste.

Anhang

1. Archivbestände

AdsD = Archiv der sozialen Demokratie der Friedrich-Ebert-Stiftung Bonn
Nachlass Otto Hörsing
RB 1 Reichsbanner

Barch. = Bundesarchiv Berlin-Lichterfelde
R 32 Reichskunstwart
RY 12 Reichsbanner Schwarz-Rot-Gold

LA Berlin = Landesarchiv Berlin
A Pr. Br. Rep. 30 Akten des Polizei-Präsidiums Berlin
A Pr. Br. Rep. 57 Der Stadtpräsident von Berlin
A Pr. Br. Rep. 107 Generalbauinspektion der Reichshauptstadt
A Rep. 37-08 Bezirksverwaltung Charlottenburg
A Rep. 43-08 Bezirksverwaltung Tempelhof
A Rep. 48-08 Bezirksverwaltung Weissensee
B Rep. 42 Vereine

GStA PK = Geheimes Staatsarchiv Preußischer Kulturbesitz
I. HA Rep. 76 Preußisches Kultusministerium
I. HA Rep. 77 Preußisches Ministerium des Inneren

SAdK PrAdK = Stiftung Archiv der Akademie der Künste
Diverses Schriftgut und Korrespondenz

Universitätsarchiv Humboldt-Universität zu Berlin
Abt. I Zentrale Verwaltung, Rektor und Senat

ZA SMPK = Zentralarchiv Staatliche Museen Preußischer Kulturbesitz
Künstlerdokumentationen

2. Publikationen

2.1 Publizierte Quelleneditionen

Senat Berlin (Hrsg.), Berlin. Quellen und Dokumente 1945–1951, Berlin 1964
Wetzel, Jürgen (Hrsg.), Die Sitzungsprotokolle des Magistrats der Stadt Berlin 1945/46, Berlin 1999

2.2 Publikationen bis 1945

2.2.1 Monographien und Kataloge bis 1945

Bode, Wilhelm von, Der Bildhauer Josef Thorak, Berlin 1929
Borchert, Wilhelm, Der Garnisonfriedhof in der Hasenheide in Wort und Bild, Berlin 1930.
Bose, Thilo von, Das Kaiser-Alexander-Garde-Grenadier-Regiment Nr. 1 im Weltkrieg, Zeulenroda 1932
Deutsche Bücherei (Hrsg.), Hindenburg-Bibliographie, Leipzig 1938
Die Neue Wache als Ehrenmal für die Gefallenen des Weltkriegs, Berlin 1936.
Wir wandern durch das nationalsozialistische Berlin, Im Auftrag der Obersten SA-Führung bearb. von J.R. Engelbrechten und Hans Volz, München 1937
Feier bei der Enthüllung des Denkmals für die gefallenen Studierenden, Dozenten und Beamten der Friedrich-Wilhelms-Universität zu Berlin, Berlin 1926
Festschrift: Die TH zu Berlin 1799–1924, Berlin 1925
Handbuch der Regimentsvereine, Berlin 1925
Handbuch des öffentlichen Lebens, (Hrsg. Maximilian Müller-Jabusch), Leipzig 1929
Handbuch für das Feuerwerks- und Zeugpersonal, Berlin 1936
Hartenstein, Polizeitaktische Schriften, Berlin 1932/33
Hentzen, Alfred, Deutsche Bildhauer der Gegenwart, Berlin 1934
Hindenburg, Paul von, Aus meinem Leben, Leipzig 1920
Ilgen, Wilhelm, Deutscher Ehrenhain für die Helden von 1914/18, Leipzig 1931
Jahrbuch der Vereine und Verbände Groß-Berlins, Berlin 1930
Jungstahlhelm Greifswald (Hrsg.), Front Heil! Eine Auswahl deutscher Lieder, Greifswald 1929
Krey, Hans, Hugo Lederer. Ein Meister der Plastik, Berlin 1931
Langbehn, Julius, Rembrandt als Erzieher, Leipzig 1890, 67. Auflage 1926
Lindenberg, Paul (Hrsg.), Hindenburgdenkmal für das deutsche Volk, Berlin 1924
Michalski, L., Verdiente Deutsche und ihre Ruhestätte in Berlin, Berlin 1937
Reichsbanner Schwarz-Rot-Gold. Wegweiser für Funktionäre, Führer und Bundeskameraden, Magdeburg 1926
Reichsbanner Schwarz-Rot-Gold. Wegweiser für Funktionäre, Führer und Bundeskameraden, Magdeburg 1929
Reichsinnenministerium (Hrsg.), Das Reichssportfeld. Eine Schöpfung des Dritten Reiches für die Olympischen Spiele und die deutschen Leibesübungen, Berlin 1936
Rieben, von, Kaiser-Franz-Garde-Grenadier-Regiment Nr. 2, Oldenburg/Berlin 1929
Schoenichen, Walter, Geweihte Stätten der Weltstadt. Grabdenkmäler Berlins und was sie uns künden, Berlin 1928
Seeberg, Reinhold, Invictis victi victuri. Wir heißen Euch hoffen. Vier akademische Reden, Berlin 1919
Sperlings Zeitschriften- und Zeitungsadressbuch, Leipzig 1931

Stahlhelm (Hrsg.), Stahlhelmjahrbuch 1926, Magdeburg 1925
Stahlhelm (Hrsg.), Stahlhelmjahrbuch 1927, Magdeburg 1927
Stahlhelm LV Halle-Merseburg (Hrsg.), Sechs Jahre Stahlhelm in Mitteldeutschland, Magdeburg 1925/26
Stephan, Hans, Wilhelm Kreis, Oldenburg 1943
Technische Hochschule zu Berlin. Festschrift, Berlin 1925
Treuwerth, K., Der Invalidenfriedhof in Berlin, Berlin 1925
Vaterländische Bauhütte (Hrsg.), Gedenktafeln und Kriegerehrenmale. Grundsätze und Ratschläge, aufgestellt im Auftrage der Staatlichen Beratungsstelle für Kriegerehrungen von der Vaterländischen Bauhütte, Berlin o.u.J.
Volksbund Deutsche Kriegsgräberfürsorge (Hrsg.), Deutscher Volkstrauertag 1928, Berlin 1928
Wackernagel, Martin, Der Bildhauer Kurt Kluge, Berlin/Leipzig 1930
Walliser, Karl, Der Berliner Invalidenfriedhof, Berlin 1904
Was musst Du vom Reichsbanner Schwarz-Rot-Gold wissen? Eine sachliche Aufklärung, Anonym, 1925
Witkop, Philipp, Kriegsbriefe gefallener Studenten, München 1929
Wolters, Rudolf, Albert Speer, Oldenburg 1943
Württembergische Metallwarenfabrik Geislingen (Hrsg.), Die Galvanoplastik in der Kunst, Leipzig 1913

2.2.2 Zeitschriften und Periodika bis 1945

Akademische Blätter des Kyffhäuser-Verbandes deutscher Studenten, Berlin 1919–1928
Akademische Rundschau. Zeitschrift für akademisches Leben und studentische Arbeit (ab Sept. 1928: *Der Student*), Göttingen 1927–1931
Bundesblatt des Deutschen Offizier-Bundes, Berlin 1923–1932
Burschenschaftliche Blätter. Zeitschrift der Deutschen Burschenschaft, Frankfurt 1924–1931
Das Kunstblatt, Berlin 1922–1932
Das Reichsbanner. Zeitung des Reichsbanners Schwarz-Rot-Gold. Bund der republikanischen Kriegsteilnehmer e.V., Magdeburg 1924–1932
Das Schwarze Korps. Amtliche Zeitung der SS der NSDAP, Berlin 1935–1937
Der deutsche Steinbildhauer, Steinmetz und Steinbruchbesitzer, München 1920–1937
Der Friedhof. Monatsschrift der Friedhofsverwalter Deutschlands e.V., Berlin 1934–1937
Der Schild. Zeitschrift des RjF, Berlin 1925–1932
Der Stahlhelm, Magdeburg, 1924–1928
Deutsche Bauzeitung, Berlin, 1921–1932
Deutschnationales Rüstzeug, Berlin 1924–1928
Die Plastische Kunst. Zeitschrift des Allgemeinen Deutschen Bildhauerbundes, Berlin 1926–1928
Die Rote Front. Organ des RFB, Berlin 1924–1929
Die Weltbühne, Berlin 1922–1932
Friedhof und Denkmal, Dresden 1922–1924
Illustrierte Reichsbanner/Republikanische Zeitung. Mit offiziellen Mitteilungen des Bundesvorstandes, Magdeburg 1924–1932
Internationale Pressekorrespondenz, Berlin 1925–1932
Kladderadatsch, Bonn 1924–1934
Kriegsgräberfürsorge. Mitteilungen und Berichte vom Volksbund Deutsche Kriegsgräberfürsorge, Berlin 1923–1932
Kunst und Künstler, Berlin 1923–1932

Kunst und Volk. Amtliches Organ der NS-Kulturgemeinde, München 1935–1937
Militärwochenblatt. Zeitschrift für die deutsche Wehrmacht, Berlin 1920–1933
Nationalsozialistische Hochschulbriefe. Kampfblatt des NSDStB (ab Nr. 3: Der junge Revolutionär), Berlin 1926–1929
Simplizissimus, München/Stuttgart 1924–1933
Sozialdemokratische Parteikorrespondenz, Berlin 1923–1932
Sozialistische Monatshefte, Berlin 1919–1932
Student und Hochschule. Nachrichtenblatt für das deutsche Hochschulwesen (Hrsg.: Vorstand des Deutschen Studentenverbandes), Berlin 1929–1932
Wasmuths Monatshefte für Baukunst und Städtebau, Berlin 1921–1932
Widerstand. Zeitschrift für nationalrevolutionäre Politik, Berlin 1931
Zentralblatt der Bauverwaltung, Berlin 1921 bis 1932

2.2.3 Zeitungen bis 1945

Berliner Lokal Anzeiger
Berliner Tageblatt
Der Angriff
Germania
Neue Preußische Kreuz Zeitung
Rote Fahne
Völkischer Beobachter
Vorwärts
Vossische Zeitung

2.3 Publikationen nach 1945

2.3.1. Zum politischen Zeithintergrund

Barkai, Avraham, »Wehr Dich«. Der Centralverein deutscher Staatsbürger jüdischen Glaubens 1893–1938, München 2002

Beil, Christine, Zwischen Hoffnung und Verbitterung. Selbstbild und Erfahrungen von Kriegsbeschädigten in den ersten Jahren der Weimarer Republik, in: *ZfG* Jg. 46, 1998, H. 2, S. 139-157

Bösch, Frank, Das konservative Milieu. Vereinskultur und lokale Sammlungspolitik, Göttingen 2002

Brunck, Helma, Die deutschen Burschenschaften in der Weimarer Republik und im Nationalsozialismus, München 1999

Chickering, Roger, Das Deutsche Reich und der Erste Weltkrieg, München 2002

Döbler, Christine, Politische Agitation und Öffentlichkeit in der Weimarer Republik, Frankfurt 1999

Dunker, Ulrich, Der Reichsbund jüdischer Frontsoldaten 1919–38. Geschichte eines jüdischen Abwehrvereins, Düsseldorf 1977

Duppler, Jörg / Groß, Gerhard (Hrsg.), Kriegsende 1918. Ereignis. Wirkung. Nachwirkung, München 1999

Ehls, Marie-Luise, Protest und Propaganda. Demonstrationen in Berlin zur Zeit der Weimarer Republik, Berlin 1997

Heffen, Annegret, Der Reichskunstwart. Kunstpolitik in den Jahren 1920–33, Essen 1986

Kaufmann, Stefan, Kommunikationstechnik und Kriegsführung 1815–1945, München 1996

Kessler, Harry Graf, Tagebücher 1918–1937 (Hrsg. Wolfgang Pfeiffer-Belli), Frankfurt 1996

Mallmann, Klaus Michael, Kommunisten in der Weimarer Republik. Sozialgeschichte einer revolutionären Bewegung, Darmstadt 1996

Marwedel, Rainer (Hrsg.), Theodor Lessing. Ich warf eine Flaschenpost ins Eismeer der Geschichte. Feuilletons 1923–33, Darmstadt 1986

Mommsen, Wolfgang (Hrsg.), Kultur und Krieg. Die Rolle der Intellektuellen, Künstler und Schriftsteller im Ersten Weltkrieg, München 1996

Rauscher, Walter, Hindenburg, Wien 1997

Ruge, Wolfgang, Hindenburg. Portrait eines Militaristen, Berlin 1974

Schulze, Hagen / François, Etienne (Hrsg.), Deutsche Erinnerungsorte, Bd. 1., München 2001

Schulze, Hagen, Weimar. Deutschland 1917–1933, Berlin 1982

Schumann, Dirk, Politische Gewalt in der Weimarer Republik. Kampf um die Straße und Furcht vor dem Bürgerkrieg, Essen 2001

Schuster, Kurt G.P., Der RFB 1924–1929, Düsseldorf 1975

Unruh, Karl, Langemarck. Legende und Wirklichkeit, Koblenz 1986

Wirsching, Andreas, Vom Weltkrieg zum Bürgerkrieg. Politischer Extremismus in Deutschland und Frankreich 1918–1933/39. Berlin und Paris im Vergleich, München 1999

Zaun, Harald, Paul von Hindenburg und die deutsche Außenpolitik 1925–34, Köln 1999

Zirlewagen, Marc, Der Kyffhäuserverband der Vereine Deutscher Studenten in der Weimarer Republik, Köln 1999

2.3.2 Allgemein zu Denkmälern und Kriegerdenkmälern

Becker, Annette, Les monuments aux morts, Paris 1989

Brandt, Susanne, Der Erste Weltkrieg und die Medien des Gedächtnisses. Filme, Soldatenfriedhöfe und Kriegsfotos nach 1918, in: *Sozialwissenschaftliche Informationen* Jg. 28, 1999, H.4, S. 261-271

Gillis, J.R., Commemorations, Princeton 1994

Gregory, A., The silence of memory, Oxford 1994,

Hütt, Michael (Hrsg.), Unglücklich das Land, das Helden nötig hat. Leiden und Sterben in den Kriegsdenkmälern des Ersten und Zweiten Weltkriegs, Marburg 1990

King, A., Memorials of the Great War, London 1998

Kosellek, Reinhardt, Der politische Totenkult. Kriegerdenkmäler der Moderne, München 1994

Kosellek, Reinhardt, Zur politischen Ikonologie des gewaltsamen Todes, Basel 1998

Lurz, Meinhold, Kriegerdenkmäler in Deutschland, 6 Bde., Heidelberg 1985 ff.

Mosse, G.L., Fallen soldiers, Oxford 1990

Rother, Rainer (Hrsg.), Die letzten Tage der Menschheit. Bilder des Ersten Weltkriegs, Berlin 1994

Scharf, Helmut, Kleine Kunstgeschichte des deutschen Denkmals, Darmstadt 1984

Vogt, Arnold, Den Lebenden zur Mahnung. Denkmäler und Gedenkstätten. Traditionspflege und historische Identität vom 19. Jahrhundert bis zur Gegenwart, Hannover 1993

2.3.3 Zu einzelnen kulturellen Aspekten, Künstlern und Denkmälern

Akademie der Künste (Katalog), Skulptur und Macht. Figurative Plastik im Deutschland der 30er und 40er Jahre, Berlin 1983

Alings, Reinhard, Die Berliner Siegessäule. Vom Geschichtsbild zum Bild der Geschichte, Berlin 2000

Behrenbeck, Sabine, Der Kult um die toten Helden. Nationalsozialistische Mythen, Riten und Symbole 1923–45, Vierow b. Greifswald 1996

Berger, Ursel (Hrsg.), Ausdrucksplastik, Berlin 2002
Berufsbildungswerk des Steinmetz- und Bildhauergewerbes (Hrsg.), Naturwerkstein in der Denkmalpflege. Handbuch für den Steinmetzen, Architekten und Denkmalpfleger, Wiesbaden 1988
Bloch, Peter; Einholz, Sybille; von Simpson, Jutta (Hrsg.), Ethos und Pathos. Die Berliner Bildhauerschule 1786–1914, Berlin 1990
Breker, Arno, Im Strahlungsfeld der Ereignisse: 1925–1965, Preußisch-Oldendorf 1972
Brocke, Michael / Ekkehard Ruthenberg / Kai Uwe Schulenberg, Stein und Name. Die jüdischen Friedhöfe in Ostdeutschland, Berlin 1994
Curtius-Hoffmann, Kathrin, Das Kriegerdenkmal der Berliner Universität 1919–1926. Siegexegese der Niederlage, in: *Jahrbuch für Universitätsgeschichte* 5/2002
Demps, Laurenz, Zwischen Mars und Minerva. Wegweiser über den Invalidenfriedhof, Berlin 1998
Diers, Michael (Hrsg.), Monumente. Formen und Funktionen ephemerer Denkmäler, Berlin 1993
Eckert, Reinald, Gutachten zur Entwicklungsgeschichte der Grünanlagen im Bereich Invalidenstraße, Berlin 1991 (Im Auftrag der Senatsverwaltung für Stadtentwicklung u. Umweltschutz)
Ekdahl, Sven, Tannenberg-Grunwald-Zalgiris. Eine mittelalterliche Schlacht im Spiegel deutscher, polnischer und litauischer Denkmäler, in: ZfG, Heft 2/2002, S. 103-119
Endlich, Stefanie / Wurlitzer, Bernd, Skulpturen und Denkmäler in Berlin, Berlin 1990
Fuhrmeister, Christian, Beton – Klinker – Granit. Eine Materialikonographie, Berlin 2001
Gandert, Klaus-Dietrich, Vom Prinzenpalais zur Humboldt-Universität. Die Entwicklung des Universitätsgebäudes mit seinen Gartenanlagen und Denkmälern, Berlin 1985
Grimm, Wolfgang, Bildatlas wichtiger Denkmalsgesteine der BRD, München 1990
Holstein, Siegmar, Allegorische Darstellungen des Krieges. Ikonologische und ideologiekritische Studien, München 1976
Hüppauf, Bernd (Hrsg.), Ansichten vom Krieg. Vergleichende Studien zum Ersten Weltkrieg in Literatur und Gesellschaft, Königstein 1984
100 Jahre Bildgießerei H. Noack, (Katalog) Kolbe-Museum, Berlin 1997
Jochum-Bohrmann, Ilonka, Hugo Lederer. Ein deutschnationaler Bildhauer des 20. Jahrhunderts, Frankfurt 1990
Jürgens-Kirchhoff, Annegret, Schreckensbilder. Krieg und Kunst im 20. Jahrhundert, Berlin 1993
Klother, Eva-Maria, Denkmalsplastik in Berlin 1945–1989, Münster 1998
Knobloch, Heinz, Der arme Epstein. Wie der Tod zu Horst Wessel kam, Berlin 1993
Koeppel, Matthias, (Katalog), »Berlin ist immer im Werden[...]«, Berlin 2002
Kruse, Wolfgang, Schinkels Neue Wache in Berlin: Zur Geschichte des modernen politischen Totenkultes in Deutschland, in: *ZfG*, Heft 2/2002, S. 419-435
Maur, Hans, Berliner Gedenkstätten. Auf den Spuren der Arbeiterbewegung, Berlin 2000
May, Herbert / Jochens, Birgit, Die Friedhöfe in Berlin-Charlottenburg. Geschichte der Friedhofsanlagen und deren Grabmalkultur, Berlin 1994
Melcher, Peter, Weissensee. Ein Friedhof als Spiegelbild jüdischer Geschichte in Berlin, Berlin 1986
Mittig, Hans-Ernst, Nationale Erdrituale, in: *Kritische Berichte* Heft 1/1997, S. 4-21
Probst, Volker G., Bilder vom Tode. Eine Studie zum deutschen Kriegerdenkmal in der Weimarer Republik am Beispiel des Pietàmotivs und seiner profanierten Varianten, Hamburg 1986
Raff, Thomas, Die Sprache der Materialien. Anleitung zu einer Ikonologie der Werkstoffe, München 1994
Raith, Frank-Berthold, Der Heroische Stil, Berlin 1997
Rave, Paul O. / Wirth, Irmgard, Die Bauwerke und Kunstdenkmäler von Berlin. Bezirk Tiergarten, Berlin 1955
Schäche, Wolfgang / Szymanski, Norbert, Das Reichssportfeld. Architektur im Spannungsfeld zwischen Sport und Macht, Berlin 2001

Schmölders, Claudia / Gilman, Sander (Hrsg.), Gesichter der Weimarer Republik. Eine physiognomische Kulturgeschichte, Köln 2000

Schubert, Dietrich, Die Wandlung eines expressionistischen Kriegerdenkmals: Bernhard Hoetgers »Niedersachsenstein« 1915–1922, in: *Jahrbuch der Hamburger Kunstsammlungen*, Hamburg 1976, S. 285-304

Schütze, Karl-Robert, Von den Befreiungskriegen bis zum Ende der Wehrmacht. Die Geschichte des Garnisonfriedhofes am Rande der Hasenheide, Berlin 1986

Senatsverwaltung für Wissenschaft, Forschung und Kultur (Hrsg.), Rosa Luxemburg. Ein Platz. Ein Zeichen, Berlin 2003

Siegfried, Detlev, Der Fliegerblick. Intellektuelle, Radikalismus und Flugzeugproduktion bei Junkers 1914 bis 1934, Bonn 2001

Speer, Albert, Erinnerungen, Berlin 1969

Steckner, Cornelius, Museum Friedhof. Bedeutende Grabmäler in Berlin, Berlin 1984

Tietz, Jürgen, Das Tannenberg-Nationaldenkmal, Berlin 1999

Wagner, Monika (Hrsg.), Lexikon des künstlerischen Materials, München 2002

Weihsmann, Helmut, Bauen unterm Hakenkreuz. Architektur des Untergangs, Wien 1998 Weinland, Martina, Kriegerdenkmäler in Berlin 1870–1930, Frankfurt 1990

Ziemann, Benjamin, Republikanische Kriegserinnerungen in einer polarisierten Öffentlichkeit. Das Reichsbanner als Veteranenverband der sozialistischen Arbeiterschaft, in: *HZ* 267, 1998, S. 357-398

3. Abkürzungen

AdsD	Archiv der sozialen Demokratie Bonn
ASTA	Allgemeiner Studenten-Ausschuß
Barch.	Bundesarchiv Berlin-Lichterfelde
CV	Centralverein deutscher Staatsbürger jüdischen Glaubens
DB	Deutsche Bauzeitung
DDR	Deutsche Demokratische Republik
DN	deutschnational
DNVP	Deutschnationale Volkspartei
DOB	Deutscher Offizier-Bund
DVP	Deutsche Volkspartei
FDGB	Freier deutscher Gewerkschaftsbund
FDJ	Freie deutsche Jugend
GBI	Generalbauinspektion für die Reichshauptstadt
GStA PK	Geheimes Staatsarchiv Preußischer Kulturbesitz
HZ	Historische Zeitschrift
InPrekorr	Internationale Pressekorrespondenz
Jungdo	Jungdeutscher Orden
K.f.dt.K.	Kampfbund für deutsche Kultur
KPD	Kommunistische Partei Deutschlands
KZ	Konzentrationslager
LA Berlin	Landesarchiv Berlin
NDO	Nationalverband deutscher Offiziere
NS	Nationalsozialismus/nationalsozialistisch
NSDAP	Nationalsozialistische Deutsche Arbeiterpartei
NSDStB	Nationalsozialistischer Deutscher Studentenbund
PDS	Partei des demokratischen Sozialismus
Pol.-Präs.	Polizeipräsident/-präsidium
Pol.-Gruppe	Polizeigruppe
RB	Reichsbanner Schwarz-Rot-Gold
RFB	Rot-Front-Kämpferbund
RjF	Reichsbund jüdischer Frontsoldaten
RKK	Reichskulturkammer
RM	Reichsmark
RMVAP	Reichsministerium für Volksaufklärung und Propaganda
RSF	Reichssportfeld
SA	Sturmabteilung
SAdK PrAdK	Stiftung Archiv der Akademie der Künste
Schupo	Schutzpolizei
SMAD	Sowjetische Militäradministration
SPD	Sozialdemokratische Partei Deutschlands
SS	Schutzstaffel
Teno	Technische Nothilfe
TH	Technische Hochschule
ZA SMPK	Zentralarchiv Staatliche Museen Preußischer Kulturbesitz
ZfG	Zeitschrift für Geschichtswissenschaft

4. Personenregister

A

Albiker, Karl 137, 138, 147
Alerich 80
Amersdorffer, Alexander 37, 169
Anlauf, Paul 143, 144
Arndt, Ernst-Moritz 68
Arnim, Friedrich Sixt von . . 38, 101, 104, 148
Atatürk, Kemal 148

B

Baeck, Leo 86
Baluschek, Hans 37
Barlach, Ernst 55
Becker, Carl Heinrich 70, 109, 110
  119, 167
Beckmann, Max 161
Beer, Alexander 21, 49, 84, 85, 174
Begas, Reinhold 59, 90, 140
Behne, Adolf 62, 92, 93, 134, 166
Behnke 141
Behrens, Peter 117, 118, 131
Belling, Rudolf 118
Bestelmeyer, German 115, 117, 118, 121
Bismarck, Otto von 16, 35, 43, 45, 66, 71
  120, 137, 150
Blawitzka, Bruno 74
Blunck, Erich 131
Borchert, Wilhelm . . . 73, 74, 77, 78, 84, 105
Böß, Gustav 121, 139
Brandt, Willy 143
Braun, Otto 77, 106, 110, 128, 132, 133
Breker, Arno 57, 138, 148, 149, 151
  171, 179
Brüning, Heinrich 133
Buddecke, Hans Joachim 77
Buddeckes, Albert 77
Bülow, Friedrich Wilhelm Graf Bülow
  von Dennewitz 10, 45, 46, 97, 141
Byrne, Norman T. 165

C

Cauer, Emil . 58, 60, 75, 80, 82, 137, 167, 175
Cocteau, Jean 149
Cremer, Fritz 55
Cuno, Wilhelm 119

D

Damman, Hans 58, 74, 75, 77, 137
  144, 168
Dehn, Günther 106
Deimling, Bertold von 34, 89
Dessoir, Max 117
Dettmann, Ludwig 142
Deutsche Erd- und Steinwerke GmbH . . . 154
Diem, Carl 169
Dietz (Pastor) 14
Dietzsch-Sachsenhausen, Friedrich 70, 78
  170
Dix, Otto 83, 149, 179
Dorrenbach, Franz 60, 97, 98, 99, 100
  105, 106
Dröllmann 22
Duesterberg, Theodor 43, 121
Dyckerhoff & Widmann (Firma) . . . 151, 152

E

Ebert, Friedrich 15, 51, 93, 95, 119, 127
  140, 157
Ebhardt, Fritz 39, 89
Ehrhardt 32
Einstein, Albert 108
Elkan, Benno 88
Encke, Eberhard 75, 76, 78, 79, 117
  137, 168
Encke, Erdmann 75
Engelbrecht (Hauptmann a.D.) 32
Ensler, H.W. 13
Ermann (Professor in Bonn) 25
Erzberger, Matthias 87, 95

F

Falkenhayn, Erich von 78
Firle, Otto 135
Flex, Walter 146, 179
Flierl, Thomas 174
Frank, Ludwig 23, 33, 95, 159
Frick, Wilhelm 143
Friedrich II. 60, 80
Friedrich III. 98
Friedrich, Caspar David 65
Fuchs, Eduard 27

G

Garbe (Berliner Stadtbaurat) 37, 118, 139
Gaul, August 117, 149
Geiß, Moritz (Zinkgießerei) 69
Gerstel, Wilhelm 40
Geßler, Otto 102, 103
Gies, Ludwig 55, 132, 147, 172
Gladenbeck (Gießerei) 69
Gneisenau, August Wilhelm Anton
    Graf Neidhardt von 43
Gobes, Josef 122
Goebbels, Josef 45, 56, 105, 141, 142
Goethe, Johann Wolfgang von ... 62, 65, 137
Goldschmidt, Adolf 117
Goltz, Rüdiger Graf von der
    (Generalmajor) 30, 24
Göring, Hermann 144
Groener, Wilhelm 33, 39, 40, 132, 133
Gropius, Walter 22, 28, 95, 118, 159
Grosz, George 83, 134
Grube, Hans 131
Gruson, Paul 142, 143
Grzesinski, Albert 126
Gumbel, Ernst Julius 106
Gundel (Oberst) 71
Guttmann, Simon 37

H

Hammerstein, Kurt Freiherr von 133
Heise, Carl Georg 55
Herter, Ernst 59
Herz (Bürgermeister von Kreuzberg) 39
Heß, Rudolf 138, 139
Hiller, Kurt 25
Himmler, Heinrich 143
Hindenburg, Paul von 15, 16, 31, 44, 51
    52, 53, 55, 91, 93, 97, 101, 102, 104, 106
    110, 111, 124, 126, 128, 132, 133, 140
    147, 148, 149, 158, 170
Hinkeldey, Ernst Paul 143
Hitler, Adolf 45, 105, 114, 127, 129, 135
    136, 137, 138, 139, 141, 142, 144, 145
    147, 148, 149, 150, 151, 153, 168, 178
Hoetger, Bernhard 56, 83
Hoffmann, Ludwig 117, 118, 131, 139
Hölderlin, Friedrich 115, 146, 179
Holzmeister, Clemens 96, 160
Horn, General von (Kyffhäuserbund) 133

Hörsing, Otto 13, 20, 24
Hosaeus, Hermann 37, 39, 59, 66, 70, 77
    80, 81, 90, 96, 115, 122, 131, 135, 143
    160, 177
Hrdlicka, Alfred 178
Hutier, Oskar von 133

J

Jacobi, M.H. 69
Janesch, Gerhard 74, 78
Jecklin (Stadtverordneter Berlin) 38
Joachim, Hans 77
John, Werner 80
Jura, J. 171
Justi, Ludwig 37, 117

K

Kállai, Ernst 93, 134
Kerbel, Lew 174
Kessler, Harry Graf von 36, 51
Kießling (Ministerialdirektor) 131
Klaff, Albert 77
Klaff, Bruno 77
Klaffert, Hans 30
Klimsch, Fritz 138
Kluckow, K. 74
Kluge, Kurt 71, 73, 172, 173
Koch (Stadtverordneter Berlin) 38, 39
Koeppel, Matthias 155
Kohl, Helmut 175
Kolbe, Georg 55, 69, 95, 117, 118, 137
    138, 140, 147, 148
Kollwitz, Käthe 55, 56, 175, 178, 180
Kreis, Wilhelm 131, 150, 151, 153
Krohn, Friedrich Wilhelm 129, 130
Kruse, Wolfgang 175
Kube, Wilhelm 144
Kuhlow, Kurt 135
Külz, Wilhelm 128
Kuth, Wilhelm 43
Kuttner, Erich 12, 14

L

Langbehn, Julius 66
Lassalle, Ferdinand 139
Lederer, Hugo 60, 96, 117, 118, 119, 120
    121, 122, 125, 137, 142, 160, 171
Lehmbruck, Wilhelm 56, 57

Lenk, Franz 143, 144
Lessing, Theodor 106
Lewald, Theodor 145
Liebermann, Max 119, 149
Liebknecht, Karl 26, 28, 40, 141, 174
Limburg, Josef 60, 78, 79, 88, 137, 167
   168, 172
Link (Student) 125
Lippert, Julius 143
Loebell, Friedrich Wilhelm von 13
Luther, Hans 102
Luxemburg, Rosa 26, 27, 28, 143, 144
   145, 174
Luytens, Edwin 24

M

Mackensen, August von
   (Generalfeldmarschall) 35
Maikowski 140, 141, 171
Maillol, Aristide 148, 149
March, Walter 145
March, Werner 145, 146, 147, 169
Marschall (Bildhauer) 52
Marx, Karl 139, 174
Marx, Wilhelm 102
Matzdorf, Wolfgang S. 126
Meidner, Ludwig 83, 161
Meller, Willy 147
Menghin, Wilfried 155
Meyer, Eduard 107, 108, 117, 118
Micheli (Firma) 66
Mielke, Erich 143
Mies van der Rohe, Ludwig 26, 27, 28, 92
Moltke, Helmuth Graf von 43, 150
Momper, Walter 51
Munter, Arnold 170, 171
Mussolini, Benito 148
Muthesius, Hermann 117

N

Natter (Jenaer Bildhauer) 77
Nicolai, Georg Friedrich 106
Niekisch, Ernst 163
Nietzsche, Friedrich 148
Noack (Gießerei) 69, 140, 147, 169, 170
Noack, Ferdinand 117
Nollet (frz. General der Intern.
   Militärkommission) 127

O

Osborn, Max 86, 118
Oskar, Prinz von Preußen 101
Ossietzky, Carl von 52, 126
Otto (Oberstleutnant a.D.) 75

P

Paul, Bruno 104
Pechstein, Max 83
Pieck, Wilhelm 27
Pilsudski, Josef 148
Placzek, Otto 37
Poelzig, Hans 117, 11, 131, 145
Pompeckj, Josef Felix 119, 124, 125, 126
Popp, Josef 65

Q

Quast, (General von Q.) 44

R

Raeder, Erich 133
Raemisch, Waldemar 147
Rathenau, Emil 95
Rathenau, Walter 31, 32, 95, 107, 108
Recke von der Horst, Eberhard
   Freiherr von der 73
Redslob, Edwin 93, 94, 121, 128, 131
Richter, Erich 77
Richter, Herbert 135
Richter-Elsner, Fritz 138, 139
Richthofen, Manfred von 103
Rochlitz, Heinrich 74, 75
Rochlitz, Hermann 144
Rodin, Auguste 148
Roethe, Gustav 78, 119, 126
Röll, Fritz 80
Röll, Hermann 139
Roon, Albrecht Graf von 150
Rosenberg, Alfred 138, 148
Rossmann, Erich 23
Rübsam, Jupp 58
Rürüp, Reinhard 179

S

Sagasser 141
Sagebiel, Ernst 135
Sahm, Hermann 37, 142, 143
Schaper (Landeskonservator) 166

Scharoun, Hans 167, 168, 169, 170
Scheffler, Karl 131
Scheibe, Richard 137, 138
Schinkel, Karl Friedrich 64, 68, 129, 131
    133, 167, 175
Schlageter, Albert Leo 96, 134, 160, 170
Schleicher (Steinmetzfirma) 119
Schmeling, Max 148
Schneider, Willi 21
Schönaich, Paul Freiherr von
    (General a.D.) 18, 34
Schottmüller, Frieda 131
Schulz (AStA-Vertreter Berlin) 108
Schulz (begraben auf dem
    Luisenstädtischen Friedhof) 21, 141
Schulz, Erich 21
Schulz, Otto 90
Schützinger, Hermann 17, 23, 34
Schwechten, Franz 91
Seeberg, Reinhold 107, 112, 116, 117
    119, 126
Seeckt, Hans von 133
Seek, Franz 63, 104, 131
Seelow, Paul 45
Seeßelberg, (Professor) 115
Seifert, Victor 60, 71, 72
Seldte, Franz 121
Severing, Carl 32
Speer, Albert . . . 135, 147, 149, 151, 152, 153
    154, 155, 176
Sperlich, Max 143
Stahl, Fritz 118, 120
Stahn, Günther 29, 139
Stalin, Josef 149
Stampfer, Friedrich 12
Starck, Constantin 131
Stein, W. 58
Steinberg 141
Stilarsky, Wilhelm 68
Stölzl, Christoph 174, 175
Strieder, Peter 174
Stüler, Friedrich August 79

T
Tarnowsky, Michel de 89
Taut, Bruno 22, 129, 130, 134

Taut, Max 145
Teichler, Hans Joachim 179
Tessenow, Heinrich . . 131, 132, 140, 172, 175
Tewes, Paul 135
Thälmann, Ernst 27, 49, 102, 174
Thieme, Gerhard 28, 29, 139
Thorak, Josef 57, 138, 148, 149, 179
Tuaillon, Louis 90, 104, 120, 137
Tucholsky, Kurt (s. Wrobel, Ignatz) 25

V
Valotton, Felix 83
Virilio, Paul 155
Voelkel, Alwin 82, 83, 84, 167, 168

W
Wackerle, Joseph 147
Waetzold, Wilhelm 119, 131
Wagner, Martin 37, 131
Walch, Timothy 127
Walter-Bau (Firma) 179
Wandschneider, Wilhelm 39
Wauer, William 90
Weidig, Friedrich Ludwig 95
Weinberg (Stadtverordneter Berlin) . . . 38, 39
Weinert, Erich 16, 170, 171
Wellmann, Arthur 143, 144
Werner, Georg 135
Wessel, Horst 10, 46, 97, 141, 142, 143
    144, 145, 167, 170, 176, 178
Wessel, Ludwig 178
Westphal (Vorsitzender des Preußischen
    Landeskriegerverbandes) 13
Wick (Oberlandjäger) 44
Wiemer, Fritz 135
Wilhelm II. . . 32, 43, 66, 67, 69, 83, 104, 167
Winckelmann, Johann Joachim 62
Winkler, Heinrich August 174
Winzer, Otto 165, 170
Wirth, Josef 133
Wolff, Heinrich 135
Wrobel, Ignatz (s. Tucholsky, Kurt) 25
Wutschetitsch, Jewgeni 169

Z
Zänkert, Paul 21

5. Orts- und Denkmalregister[1]

A

»Adler am Haus des Sports« (Olympiastadion/ Olympiagelände, Charlottenburg-Wilmersdorf/Berlin) 147

»Alexander-Denkmal« (s.u. Kaiser-Alexander-Garde-Grenadier-Regiment Nr. 1 Gefallenendenkmal)

Altdamm (Preußen)
Kriegerdenkmal 60, 120

Antalya (Türkei)
Atatürk-Denkmal 148

Antikriegsmuseum (Mitte/Berlin) 46

Atatürk-Denkmal
Antalya (Türkei) 148
Denizly (Türkei) 148

»Augustaner-Denkmal« (s.u. Königin-Augusta-Garde-Regiment Nr. 4)

B

Bad Berka (Thüringen)
Reichsehrenmal 128, 134, 150, 151

Bad Doberan (Mecklenburg)
Kriegerdenkmal 58

Bad Freienwalde (Preußen)
Kriegerdenkmal 58

Bauwerk T (Schöneberg/Berlin) 151, 152

Berlin (s.u. den einzelnen Stadtteilen)

Berliner Universität Gefallenendenkmal ... 10 66, 97, 106, 107, 108, 111, 112, 114, 127

Bielefeld (Preußen)
Kriegerdenkmal 75

Bismarck-Denkmal
Hamburg 120
Tiergarten (Berlin) 150

Bonn (Preußen)
Gefallenendenkmal der Universität ... 70 114

Braunschweig (Preußen)
Kriegerdenkmal 68, 77

Budberg a. Nrh. (Preußen)
Kriegerdenkmal 149

Bülowplatz (danach Horst-Wessel-Platz, heute Rosa-Luxemburg-Platz, Mitte/Berlin) 10, 45, 46, 97, 141
Polizei-Denkmal für Franz Lenk und Paul Anlauf 143, 144

Butzbach (Hessen)
Ebert-Rathenau-Erzberger-Weidig-Denkmal 95

Buxtehude (Preußen)
Kriegerdenkmal 59

C

Charlottenburg (Berlin)
Kaiser-Wilhelm-Gedächtniskirche 83
Königin-Elisabeth-Garde-Grenadier-Regiment Nr. 3 Gefallenendenkmal 40, 42
Langemarck-Halle 10, 145, 146, 168 169, 179
Olympiastadion/Olympiagelände (auch Wilmersdorf/Berlin) 75, 145 146, 148, 154, 169, 178, 179
Technische Hochschule 57, 59, 70 106, 111, 114, 115, 116, 121, 122, 146 147

Chemnitz (Sachsen)
Kriegerdenkmal 83

Christusgemeinde (Kreuzberg/Berlin)
Gefallenendenkmal 43

Coburg (Bayern)
Kriegerdenkmal 70

D

Dahlem (Berlin)
Denkmal des Kriegervereins Dahlem .. 81
Fußartillerie-Regiment Nr. 11
Kriegerdenkmal 80, 83, 90

Demmin (Preußen)
Kriegerdenkmal 83

Denizly (Türkei)
Atatürk-Denkmal 148

---

1 Soldatenfriedhöfe, Krieger- und Gefallenendenkmäler ohne nähere Bezeichnung sind unter dem Ortsnamen aufgeführt. Es wurden lediglich die bedeutendsten ins Register übernommen.

Denkmal der »Mutter Heimat«
  (Stalingrad-Wolgograd/UdSSR) 169
Denkmal des Kriegervereins Dahlem
  (Dahlem/Berlin) 81
Denkmal des unbekannten Radaubruders
  (Karikatur) 163, 164
Denkmal für die Gefallenen des Krupp-
  Kasinos (Eschwege/Preußen) 79
Denkmal für die ermordeten europäischen
  Juden (Mitte/Berlin) 174, 180
Denkmal für die Märzgefallenen
  (Weimar/Sachsen) 28
Denkmal für die Opfer des Faschismus
  (Humboldt-Universität,
  Mitte/Berlin) 171
Denkmal für die Opfer des Kapp-Putsches
  Wesel (Preußen) 26
  Weimar (Sachsen) 95, 159
  Treptow (Berlin) 139
Denkmal für die Opfer des Sturms
  auf die Tuilerien 54
Denkmal für die französischen
  Revolutionssoldaten 54
Denkmal für die Verteidiger der Stadt
  Frankfurt gegen die Franzosen
  (Frankfurt am Main/Preußen) 54
Denkmal für Erich Schulz (Neuer
  Garnisonsfriedhof, Neukölln/Berlin) .. 21
Denkmal für Ludwig Frank
  (Mannheim/Baden) 23, 33, 95
Denkmal vor den Vereinten Nationen
  »Schwerter zu Pflugscharen«
  (New York/USA) 169
»Der Trauernde« (Duisburg/Preußen) 56
»Der Gestürzte« 56
Deutsches Historisches Museum Berlin ... 28
  29, 180
»Diskuswerfer« (Olympiastadion/
  Olympiagelände, Charlottenburg-
  Wilmersdorf/Berlin) 147
Dortmund (Preußen)
  Ehrenmal jüdischer Frontkämpfer 86
Douaumont (Frankreich)
  Beinhaus und Soldatenfriedhof 23
Düsseldorf (Preußen)
  Denkmal des Westfälischen
  Füsilier-Regiments Nr. 39 58
  Schlageter-Denkmal 96, 134, 136

Duisburg (Preußen)
  »Der Trauernde« 56

E
Eberswalde (Preußen)
  Kriegerdenkmal 59, 171
Ebert (s.a. Friedrich-Ebert-Denkmal)
Ebert-Erzberger-Rathenau-Denkmal
  (Osnabrück/Preußen) 95
Ebert-Hindenburg-Denkmal
  (Holzminden/Preußen) 15
Ebert-Rathenau-Erzberger-Weidig-
  Denkmal (Butzbach/Hessen) 95
Eessen bei Dixmuiden (Belgien)
  Totenmal »Trauernde Eltern« 55
  Soldatenfriedhof 55
Essen (Preußen)
  Grabmal für die Karsamstagsopfer ... 121
  »Ehrenfeld für die Gefallenen der
  jüdischen Gemeinde«
  (Weissensee/Berlin) 84, 85
Ehrenmal der deutschen Studenten-
  schaft (Würzburg/Bayern) 115
Ehrenmal des Unbekannten Soldaten
  (nicht realisiert) 22, 129
Ehrenmal jüdischer Frontkämpfer
  Dortmund (Preußen) 86
  Königsberg (Preußen) 86
  Rheydt (Preußen) 86
  Trier (Preußen) 86
  Wanne-Eickel (Preußen) 86
  Würzburg 86
Eisenach (Thüringen)
  Kriegerdenkmal 59, 60
Eisenbahner-Denkmal
  (Schöneberg/Berlin) 40, 80, 167, 175
Eschwege (Preußen)
  Denkmal für die Gefallenen
  des Krupp-Kasinos 79
Evangelische Garnisonskirche
  (Kreuzberg/Berlin) 39, 83, 176

F
»Faustkämpfer« Olympiastadion/
  Olympiagelände (Charlottenburg-
  Wilmersdorf/Berlin) 148, 179
Feuerwerks- und Zeugpersonal
  Kriegerdenkmal (Steglitz/Berlin) .. 82, 83

Flossenbürg (Bayern)
　Konzentrationslager 154
Frankfurt am Main (Preußen)
　Denkmal für die Verteidiger der
　Stadt Frankfurt gegen die Franzosen . . . 54
Frankfurt an der Oder (Preußen)
　Kriegerdenkmal 120
»Franzer-Denkmal«
　(s.u. Kaiser-Franz-Garde-Grenadier-
　Regiment Nr. 2)
Friedhof der Luthergemeinde Lankwitz
　(Berlin)
　Grab Behnke 141
Friedhof Plötzensee (Wedding/Berlin)
　Kriegerdenkmal 80, 82
Friedrich-Ebert-Denkmal (s.a. Ebert-Erzberger,
　Ebert-Hindenburg, Ebert-Rathenau)
　Meerane (Preußen) 95
　Rendsburg (Preußen) 95
Friedrich-Ebert-Gedenkstein
　(Wedding/Berlin) 140
Friedrichsfeld bei Wesel (Preußen)
　Gedenkstein für die Opfer des
　Kapp-Putsches 26
Friedrichsfelde (Berlin)
　Schlageter-Denkmal 170
　Revolutions-Denkmal 26, 28, 29, 95
　124, 139, 140, 160
　Rosa-Luxemburg-Denkmal . . . 26, 27, 28
Friedrichshain (Berlin)
　Grabanlage für die Märzgefallenen . . . 139
　Grabanlage für die gefallenen
　Matrosen 139
　Horst-Wessel-Denkmal 143, 167
Fürstenwalde (Preußen)
　3. Garde-Ulanen-Regiment
　Kriegerdenkmal 41
Fußartillerie-Regiment Nr. 11 Krieger-
　denkmal (Dahlem/Berlin) 80, 83, 90

G

Garde du Corps Kriegerdenkmal
　(Potsdam/Preußen) 41, 80
Garde-Pionier-Bataillon
　Kriegerdenkmal (Kreuzberg/Berlin) . . . 39
　83, 176
1. Garde-Dragoner Ehrenmal (Neuer
　Garnisonsfriedhof, Neukölln/Berlin) . . 77

1. Garde-Regiment zu Fuß
　Kriegerdenkmal (Potsdam) 60, 98
4. Garde-Regiment zu Fuß Ehrenmal
　»Handgranatenwerfer« (Tiergarten/
　Berlin) 170
5. Garde-Regiment zu Fuß
　Kriegerdenkmal (Spandau/Berlin) . . . 119
2. Garde-Ulanen-Regiment
　Kriegerdenkmal (Mitte/Berlin) . . 79, 167
3. Garde-Ulanen-Regiment Krieger-
　denkmal (Fürstenwalde/Preußen) 41
Garnisonkirche (Potsdam/Preußen) 112
Gedenkanlage für die Opfer der
　Sozialistengesetze (Plötzensee,
　Wedding/Berlin) 139
Gedenkstein für die revolutionären
　Matrosen (Köln/Preußen) 26
Gedenkstein für einen SS-Mann
　(Köpenick/Berlin) 170
Gießen (Preußen)
　Ehrentafel für die Gefallenen
　der Universität 115
Glatz (Preußen)
　Kriegerdenkmal 59
Gleiwitz (Preußen)
　Kriegerdenkmal 78
Glogau (Preußen)
　Kriegerdenkmal 59
Gotha (Thüringen)
　Kriegerdenkmal 59
Göttingen (Preußen)
　Kriegerdenkmal 75
Grab Alerich (Stahnsdorf/Preußen) 80
Grab Behnke (Friedhof der Luther-
　gemeinde, Lankwitz/Berlin) 141
Grab Bismarck (Friedrichsruh) 43
Grab Buddeckes, Albert (Invaliden-
　friedhof, Mitte/Berlin) 77
Grab Gneisenau (Invalidenfriedhof,
　Mitte/Berlin) 43
Grab Joachim, Hans (Invalidenfriedhof,
　Mitte/Berlin) 77
Grab John, Werner (Invalidenfriedhof,
　Mitte/Berlin) 80
Grab Klaff, Albert und Bruno
　(Invalidenfriedhof, Mitte/Berlin) 77
Grab Maikowski (Invalidenfriedhof,
　Mitte/Berlin) 140, 141, 171

Grab Moltke (Kreisau/Preußen) 43
Grab Sagasser (Luisenstädtischer
    Friedhof, Kreuzberg/Berlin) 141
Grab Schulz (Luisenstädtischer
    Friedhof, Kreuzberg/Berlin) 21, 141
Grab Steinberg (Luisenstädtischer
    Friedhof, Kreuzberg/Berlin) 141
Grab Wessel, Horst (Nikolaifriedhof,
    Prenzlauer Berg/Berlin) 46, 141, 142
    176, 178
Grab Paul Zänkert (Neuer Garnisons-
    friedhof, Neukölln/Berlin) 21
Grab des Unbekannten Soldaten
    London (Großbritannien) 24, 130
    131
    Paris (Frankreich) . . . 11, 22, 24, 130, 131
Grabanlage für die gefallenen Matrosen
    (Friedrichshain/Berlin) 139
Grabanlage für die Märzgefallenen
    (Friedrichshain/Berlin) 139
Grabkapelle Heinrich VII.
    (London/Großbritannien) 130
Grabmal für die Karsamstagsopfer
    (Essen/Preußen) 121
Groß-Rosen
    Konzentrationslager 154
Grünberg (Preußen)
    Kriegerdenkmal 59
Güstrow (Mecklenburg)
    Ehrenmal 55

H
Hadersleben (Preußen)
    Schleswig-Holstein-Denkmal 43
Hagen (Preußen)
    Kriegerdenkmal 77, 143
Halberstadt (Preußen)
    Kriegerdenkmal 59
Halle (Preußen)
    Kaiser-Wilhelm-Denkmal 43
    Moltke-Denkmal 43
Hamburg
    Bismarck-Denkmal 120
    Kriegerdenkmal in Lokstedt 83
»Handgranatenwerfer« (s.u. 4. Garde-
    Regiment zu Fuß Ehrenmal)
Hannover (Preußen)
    Kriegspferd-Denkmal 88

Haus der deutschen Kunst
    (München/Bayern) 155
Hindenburg Holzskulptur (Siegessäule,
    Tiergarten/Berlin) 52
Hindenburg-Museum (Posen/Preußen) . . . 52
Holzminden (Preußen)
    Ebert-Hindenburg-Denkmal 15
    Volkshaus 15
Horst-Wessel-Denkmal
    Mitte (Berlin) 142
    Friedrichshain (Berlin) 143, 167
Horst-Wessel-Platz (Mitte/Berlin) . . . 10, 145
Humboldt-Universität (Mitte/Berlin)
    Denkmal für die Opfer
    des Faschismus 171

I
Ilmenau (Thüringen)
    Kriegerdenkmal 59
Invalidenfriedhof (Mitte/Berlin) 54, 103
    104
    Grab Albert und Bruno Klaff 77
    Grab Albert und
    Hans Joachim Buddecke 77
    Grab Maikowski 140, 141, 171
    Grab Werner John 80
Invalidensäule (Mitte/Berlin) 68

J
Jüdischer Friedhof Weissensee
    (Weissensee/Berlin) 84

K
Kaiser-Alexander-Garde-Grenadier-
    Regiment Nr.1 Gefallenendenkmal
    »Alexander-Denkmal«
    (Neuer Garnisonsfriedhof,
    Neukölln/Berlin) 71, 73, 172
Kaiser-Franz-Garde-Grenadier-Regiment
    Nr. 2 Gefallenendenkmal »Franzer-
    Denkmal« (Kreuzberg/Berlin) 42, 44
    75
Kaiser-Wilhelm-Denkmal
    Mitte (Berlin) 69, 83
    Halle (Preußen) 43
    Rothenschirmbach (Preußen) 43
Kaiser-Wilhelm-Gedächtniskirche
    (Charlottenburg/Berlin) 83

Kamen (Preußen)
  Kriegerdenkmal 77
Karl-Liebknecht-Denkmal, Potsdamer
  Platz (Tiergarten/Berlin) 174
Karl-Liebknecht-Haus (Mitte/Berlin) . . . 141
Katharinenkirche (Lübeck/Preußen) 55
Katholische Garnisonskirche
  (Neukölln/Berlin)
  Luftschiffer-Denkmal 60, 71, 72
Kenotaph von Whitehall (London/
  Großbritannien) 24
Kleinwerther (Württemberg)
  Kriegerdenkmal 22
Köln (Preußen)
  Gedenkstein für die revolutionären
  Matrosen 26
Köln-Deutz (Preußen)
  Kriegerdenkmal 78
Königin-Augusta-Garde-Grenadier-
  Regiment Nr. 4 Gefallenendenkmal
  »Augustaner-Denkmal« (Neuer
  Garnisonsfriedhof, Neukölln/Berlin) . . 10
  38, 65, 97, 98, 99, 104, 105, 168, 173
Königin-Elisabeth-Garde-Grenadier-
  Regiment Nr. 3 Gefallenendenkmal
  (Charlottenburg/Berlin) 40, 42
Königsberg (Preußen)
  Ehrenmal jüdischer Frontkämpfer 86
Köpenick (Berlin)
  Gedenkstein für einen SS-Mann 170
Kraftfahrer-Denkmal (Potsdam/Preußen) . 89
Kreuzberg (Berlin)
  Evangelische Garnisonskirche 39, 83, 176
  Garde-Pionier-Bataillon
  Kriegerdenkmal 39, 83, 176
  Gefallenendenkmal der
  Christusgemeinde 42, 43
  Kaiser-Franz-Garde-Grenadier-Regi-
  ment Nr. 2 Gefallenendenkmal . . . 44, 75
  Luisenstädtischer Friedhof 21, 141
Kreuzberg-Denkmal 68, 167
Kriegervereinshaus Chausseestraße
  (Wedding/Berlin) 45, 47, 49, 50, 110
Kriegsblinden-Denkmal (Steglitz/Berlin) . . 88
Kriegsbrieftauben-Denkmal
  (nicht realisiert) 89
Kriegshund-Denkmal (Tiergarten/
  Berlin) 89

Kriegspferd-Denkmal (Hannover/
  Preußen) 88
Küstrin (Preußen)
  Kriegerdenkmal 77

L
Laboe (Preußen)
  Marineehrenmal 58
Landwehr-Offiziers-Denkmal
  (Tiergarten/Berlin) 74, 75, 168
Langemarck (Belgien)
  Soldatenfriedhof 113, 146
Langemarck-Halle (Olympiagelände,
  Charlottenburg-Wilmersdorf/
  Berlin) 10, 145, 146, 168, 169, 179
Langensalza (Preußen)
  Kriegerdenkmal 59, 78
Lankwitz
  Friedhof der Luthergemeinde 141
Leipzig (Sachsen) Kriegerdenkmal 58, 77
Lenin-Denkmal
  Mitte (Berlin) (nicht realisiert) . . . 40, 142
  Lichtenberg (Berlin) 174
Liegnitz (Preußen)
  Kriegerdenkmal 59, 83
London (Großbritannien)
  Grabkapelle Heinrich VII. 130
  Kenotaph von Whitehall 24
  Westminsterabtei Grab des
  Unbekannten Soldaten 24, 130, 131
Lübeck (Preußen)
  Katharinenkirche 55
Ludwigsburg (Württemberg)
  Kriegerdenkmal 22
Luisenstädtischer Friedhof
  (Kreuzberg/Berlin)
  Grab Sagasser 141
  Grab Schulz 21, 141
  Grab Steinberg 141
Luftschiffer-Denkmal (Katholische
  Garnisonskirche, Neukölln/Berlin) . . . 60
  71, 72
Lychen (Preußen)
  Kriegerdenkmal 15

M
Magdeburg (Preußen)
  SA-Denkmal 143

Magdeburger Dom 55, 143
Mammoltshain i.T (Hessen)
    Kriegerdenkmal 26
Mannheim (Baden)
    Ludwig-Frank-Denkmal 23, 33, 95
Marineehrenmal (Laboe/Preußen) 58
Mauthausen (Österreich)
    Konzentrationslager 154
Meerane (Preußen)
    Friedrich-Ebert-Denkmal 95
Moltke-Denkmal
    Halle 43
    Tiergarten (Berlin) 150
Mitte (Berlin)
    Bülowplatz (danach Horst-Wessel-
    Platz, heute Rosa-Luxemburg-Platz) .. 10
    45, 46, 97
    Denkmal für die ermordeten
    europäischen Juden 174, 180
    2. Garde-Ulanen-Regiment
    Kriegerdenkmal 79, 167
    Horst-Wessel-Platz
    (früher Bülowplatz, heute
    Rosa-Luxemburg-Platz) 97
    Humboldt-Universität 171
    Invalidenfriedhof 77, 140, 141, 171
    Invalidensäule 68
    Karl-Liebknecht-Haus 141
    Neue Reichskanzlei 155
    Neue Wache 10, 56, 92, 97, 127
    129, 131, 132, 133, 134, 140, 172, 175
    180
    Polizei-Denkmal für Franz Lenk
    und Paul Anlauf 143, 144
    Reserve-Feld-Artillerie-Regiment
    Kriegerdenkmal Nr. 107 170
    Revolutionsmuseum der SA 140
    Rosa-Luxemburg-Denkmal 174
München (Bayern)
    Haus der deutschen Kunst 155

N

Namslau i. Schles. (Preußen)
    Kriegerdenkmal 83
Neue Reichskanzlei (Mitte/Berlin) 155
Neue Wache (Mitte/Berlin) 10, 56, 92, 97
    127, 129, 131, 132, 133, 134, 140, 172
    175, 180

Neuer Garnisonsfriedhof
    (Neukölln/Berlin) 21, 50, 71, 73, 74
    77, 97, 104, 105, 140, 172, 176
    Denkmal für Erich Schulz 21
    1. Garde-Dragoner Ehrenmal 77
    Grab Paul Zänkert 21
    Kaiser-Alexander-Garde-Grenadier-
    Regiment Nr. 1
    Gefallenendenkmal 71, 73
    Königin-Augusta-Garde-Grenadier-
    Regiment Nr. 4 Gefallenendenkmal ... 10
    38, 65, 97, 98, 99, 104, 105, 168, 173
Niedersachsenstein
    (Worpswede/Preußen) 56, 83
Nikolaifriedhof (Prenzlauer Berg/Berlin)
    Grab Horst Wessel 46, 141, 142
    176, 178
Neukölln (Berlin)
    1. Garde-Dragoner Ehrenmal 77
    Neuer Garnisonsfriedhof 21, 50, 73
    74, 77, 97, 104, 105, 140, 172, 176
    Kaiser-Alexander-Garde-Grenadier-
    Regiment Nr. 1 Gefallenendenkmal 71, 73
    Katholische Garnisonskirche 71
    Königin-Augusta-Garde-Grenadier-
    Regiment Nr.4 Gefallenendenkmal,
    Neuer Garnisonsfriedhof 10, 38, 65
    97, 98, 99, 104, 105, 168, 174
    Luftschiffer-Denkmal 60, 71, 72
Neustrelitz (Mecklenburg)
    Kriegerdenkmal 59
New York City (USA)
    Denkmal vor den Vereinten Nationen
    »Schwerter zu Pflugscharen« 169
Norden (Preußen)
    Kriegerdenkmal 59

O

Olympiastadion/Olympiagelände (Charlotten-
    burg-Wilmersdorf/Berlin) 75, 145
    146, 148, 154, 169, 178, 179
    »Adler am Haus des Sports« 147
    »Diskuswerfer« 147
    »Faustkämpfer« 148, 179
    Langemarck-Halle 10, 145, 146, 168
    169, 179
    »Staffelläufer« 147
    »Siegesgöttin« 147

»Ruhender Akt« 148
»Rosseführer« 147
»Zehnkämpfer« 148, 179
Oranienburg
    Konzentrationslager (Berlin) 154
Ordensburg Crössinsee
    (bei Falkenburg/Preußen) 147
Ordensburg Vogelsang
    (bei Gemünden/Preußen) 147
Osnabrück (Preußen)
    Ebert-Erzberger-Rathenau-Denkmal . . 95

P

Pankow (Berlin)
    Sowjetisches Ehrenmal 169, 173
Paris (Frankreich)
    Grab des Unbekannten Soldaten . . 11, 22
    24, 130, 131
    Vendôme-Säule 54
Perleberg (Preußen)
    Kriegerdenkmal 59, 75
Polizei-Denkmal für Franz Lenk und
    Paul Anlauf (Bülowplatz,
    Mitte/Berlin) 143, 144
Posen (Preußen)
    Hindenburg-Museum 52
Potsdam (Preußen)
    1. Garde-Regiment zu Fuß
    Kriegerdenkmal 60, 98
    Garnisonkirche 112
    Garde du Corps Kriegerdenkmal . . 41, 80
    Kraftfahrer-Denkmal 89
Prenzlauer Berg (Berlin)
    Nikolaifriedhof . . . 46, 141, 142, 176, 178

R

Rathenau-Brunnen
    (Wedding/Berlin) 95, 140
Rathenau-Denkmal
    (s.u. Ebert-Erzberger-Rathenau/
    Ebert-Rathenau-Erzberger-Weidig)
Ratibor (Preußen)
    Kriegerdenkmal 59
Reichsehrenmal 22, 93, 104, 129
Reinickendorf (Berlin)
    Kriegerdenkmal 139, 143
Rendsburg (Preußen)
    Friedrich-Ebert-Denkmal 95

Reserve-Feld-Artillerie-Regiment
    Kriegerdenkmal 107 (Mitte/Berlin) . . 170
22. Reservekorps Gefallenenmal
    (Wilmersdorf/Berlin) 45, 78
Revolutions-Denkmal
    (Friedrichsfelde/Berlin) . . . 26, 28, 29, 95
    124, 139, 140, 160
Revolutionsmuseum der SA
    (Mitte/Berlin) 140
Rheydt (Preußen)
    Ehrenmal jüdischer Frontkämpfer 86
Roon-Denkmal (Tiergarten/Berlin) 150
Rosa-Luxemburg-Denkmal
    Friedrichsfelde (Berlin) 26, 27, 28
    Mitte (Berlin) 174
Rosa-Luxemburg-Platz (früher Bülowplatz,
    danach Horst-Wessel-Platz,
    Mitte/Berlin) 174
»Rosseführer« (Olympiastadion/Olympia-
    gelände, Charlottenburg-
    Wilmersdorf/Berlin) 147
Rothenschirmbach (Preußen)
    Kaiser-Wilhelm-Denkmal 43
»Ruhender Akt« Olympiastadion/Olympia-
    gelände (Charlottenburg-
    Wilmersdorf/Berlin) 148

S

SA-Denkmal (Magdeburg/Preußen) 143
Schöneberg (Berlin)
    Bauwerk T 151, 152
Schlageter-Denkmal
    Düsseldorf 96, 134, 160
    Friedrichsfelde (Berlin) 170
Schleswig (Preußen)
    Kriegerdenkmal 59, 78
Schleswig-Holstein-Denkmal
    (Hadersleben/Preußen) 43
Schmalkalden (Preußen)
    Kriegerdenkmal 59
Schneidermühl (Preußen)
    Kriegerdenkmal 59
Schönfließ (Preußen)
    Kriegerdenkmal 43
Sensburg (Preußen)
    Kriegerdenkmal 59
Siegesallee (Tiergarten/Berlin) . . 62, 120, 150,
    166, 167, 174

»Siegesgöttin« (Olympiastadion/Olympia-
gelände, Charlottenburg-
Wilmersdorf/Berlin) 147
Siegessäule (Tiergarten/Berlin) 41, 43, 52
54, 77, 90, 147, 149, 150, 166, 167, 170
175, 176
Siemenswerke Gefallenendenkmal
(Spandau/Berlin) 168
Soest (Preußen)
Kriegerdenkmal 59, 154
Sorau (Preußen)
Kriegerdenkmal 59
Sowjetisches Ehrenmal
Pankow (Berlin) 169, 173
Tiergarten (Berlin) 169, 173
Treptow (Berlin) 169, 173
Spandau (Berlin)
5. Garde-Regiment zu Fuß
Kriegerdenkmal 119
Siemenswerke Gefallenendenkmal . . . 168
Stahnsdorf (Preußen)
Grab Alerich 80
»Staffelläufer« (Olympiastadion/Olympia-
gelände, Charlottenburg-
Wilmersdorf/Berlin) 147
Stalingrad-Wolgograd (UdSSR)
Denkmal der »Mutter Heimat« 169
Stein bei Nürnberg (Bayern)
Kriegerdenkmal 22
Steglitz (Berlin)
Feuerwerks- und Zeugpersonal
Kriegerdenkmal 82, 83
Kriegsblinden-Denkmal 88

T

Tangermünde (Preußen)
Kriegerdenkmal 59
Tannenberg-Denkmal (Preußen) 96, 104
129, 147, 160
Technische Hochschule (Charlottenburg/
Berlin) 57, 106, 111, 116, 121
Gefallenendenkmal 59, 70, 111, 114
115, 122, 146, 147
Tegel (Berlin)
Kriegerdenkmal 38
Tempelhof (Berlin)
Kriegerdenkmal 42, 91, 105, 143

Teterow (Mecklenburg)
Kriegerdenkmal 58
Thälmann-Denkmal
(Prenzlauer Berg/Berlin) 174
Tiergarten (Berlin)
Bismarck-Denkmal 150
4. Garde-Regiment zu Fuß
Ehrenmal 170
Hindenburg-Holzskulptur 52
Karl-Liebknecht-Denkmal,
Potsdamer Platz 174
Kriegshund-Denkmal 89
Landwehr-Offiziers-Denkmal 74, 75
168
Moltke-Denkmal 150
Roon-Denkmal 150
Siegesallee . . . 62, 120, 150, 166, 167, 174
Siegessäule . . . 41, 43, 52, 54, 77, 90, 147
149, 150, 166, 167, 170, 175, 176
Sowjetisches Ehrenmal 169, 173
Tilsit (Preußen)
Kriegerdenkmal 43
Torgau (Preußen)
Kriegerdenkmal 59, 77
»Tor-Monument« (Ypern/Belgien) 23
Totenmal für den gefallenen Sohn
von Käthe Kollwitz (Belgien) 55
»Trachée des Bajonettes« Gefallenenmal
(Verdun/Frankreich) 23
»Trauernde Eltern«, Totenmal
(Eessen bei Dixmuiden/Belgien) 55
Tremmen (Preußen)
Kriegerdenkmal 14
Treptow (Berlin)
Denkmal für die Opfer des
Kapp-Putsches 139
Sowjetisches Ehrenmal 169, 173
Trianonpark (Weissensee/Berlin)
Kriegerdenkmal 43
Trier (Preußen)
Ehrenmal jüdischer Frontkämpfer 86
»Triumph der Humanität«
Panzerdenkmal 89

V

Vendôme-Säule (Paris/Frankreich) 54
Verdun (Frankreich)
»Trachée des Bajonettes« Gefallenenmal 23

Vegesack (Bremen)
　Kriegerdenkmal 33
Völklingen (Saar)
　Kriegerdenkmal 22

W

Waldheim-Hedelfingen (Württemberg)
　Kriegerdenkmal 26
Wanne-Eickel (Preußen)
　Ehrenmal jüdischer Frontkämpfer 86
Warnemünde (Mecklenburg)
　Kriegerdenkmal 58
Wedding (Berlin)
　Friedrich-Ebert-Gedenkstein 140
　Gedenkanlage für die Opfer der
　Sozialistengesetze (Plötzensee)
　Kriegerdenkmal Friedhof Plötzensee .. 80
　82
　Kriegervereinshaus Chausseestraße ... 45
　47, 49, 50, 110
　Rathenau-Brunnen 95, 140
Weimar (Sachsen)
　Denkmal für die Opfer des
　Kapp-Putsches 95, 159
　Denkmal für die Märzgefallenen 28
Weissensee (Berlin)
　Jüdischer Friedhof 84
　»Ehrenfeld für die Gefallenen der jüdischen
Gemeinde« 84, 85
　Trianonpark 43
Wesel (Preußen)
　Denkmal für die Opfer des
　Kapp-Putsches 26
Wilmersdorf (Berlin)
　22. Reserve-Korps Gefallenenmal .. 45, 78
　Olympiastadion/Olympiagelände
　(auch Charlottenburg/Berlin) ... 75, 145
　146, 148, 154, 169, 178, 179
Worpswede (Preußen)
　Niedersachsenstein 56, 83
Wuppertal (Preußen)
　Kriegerdenkmal 77
Würzburg (Bayern)
　Ehrenmal der
　deutschen Studentenschaft 115
　Ehrenmal jüdischer Frontkämpfer 86

Y

Ypern (Belgien)
　»Tor-Monument« 23

Z

»Zehnkämpfer« (Olypiastadion/Olympia-
gelände, Charlottenburg-
Wilmersdorf/Berlin) 148, 179

203

6. Bildnachweis

Titelbild: Zeitungsausschnitt vom Juli 1926: Einweihung des Gefallenendenkmals der Berliner Universität, ohne nähere Bezeichnung. Geheimes Staatsarchiv Preußischer Kulturbesitz

Nr. 1: Reichsbannerflugblatt (um 1930). Bundesarchiv Berlin-Lichterfelde . . . . S. 19

Nr. 2 bis 3: Denkmal für das Revolutionsdenkmal von Gerhard Thieme und Günther Stahn (1982). Zentralfriedhof Berlin-Friedrichsfelde. Aufnahme Saehrendt 2003 . . . . S. 29

Nr. 4 bis 5: Karikaturen im *Simplizissimus* (1930) . . . . S. 34 u. 48

Nr. 6: Revolutionsdenkmal von Bernhard Hoetger in Bremen (1921). Abb. in: *Der deutsche Steinbildhauer, Steinmetz und Steinbruchbesitzer* (1922) . . . . S. 56

Nr. 7: Zeitungsausschnitt 1920er Jahre, ohne nähere Bezeichnung. Zentralarchiv Staatliche Museen zu Berlin . . . . S. 58

Nr. 8: Carrarit-Guß von Wilhelm II. (um 1910). Aufnahme Saehrendt 2003 . . . . S. 67

Nr. 9: Luftschiffer-Denkmal von Victor Seifert (1931). Aufnahme Saehrendt 2003 . . . . S. 72

Nr. 10: Alexander-Denkmal von Kurt Kluge (1927). Aufnahme Saehrendt 2003 . . . . S. 73

Nr. 11: Denkmal 2. Garde-Res.-Reg. Von B. Blawitzka und K. Kluckow (1929). Aufnahme Saehrendt 2003 . . . . S. 74

Nr. 12: Landwehr-Denkmal von Hans Dammann und Hermann Rochlitz (1927). Aufnahme Saehrendt 2003 . . . . S. 75

Nr. 13: Franzer-Denkmal von Eberhard Encke (1924). Aufnahme Saehrendt 2003 . . . . S. 76

Nr. 14: Denkmal des 22. Res.-Korps von Eberhard Encke (1924). Aufnahme Saehrendt 2003 . . . . . . S. 79

Nr. 15: Ulanen-Denkmal von Josef Limburg (1923). Aufnahme Saehrendt 2003 . . . . S. 79

Nr. 16: Kriegerdenkmal Dahlem von Hermann Hosaeus (1926). Aufnahme Saehrendt 2003 . . . . S. 81

Nr. 17: Kriegerdenkmal Friedhof Plötzensee von Emil Cauer (um 1928). Aufnahme Saehrendt 2003 . . . . S. 82

Nr. 18: Ehrenmal Jüdischer Friedhof Weißensee von Alexander Beer (1927). Aufnahme Saehrendt 2003 . . . . S. 85

Nr. 19: Augustaner-Denkmal von Friedrich Dorrenbach (1925). Aufnahme Saehrendt 2002 . . . . . S. 100

Nr. 20: Karikatur im *Vorwärts* zur Denkmalsweihe des Augustaner-Denkmals (1925) . . . . S. 103

Nr. 21: Zeitungsausschnitt von 1922 mit dem ersten Entwurf Lederers für das Gefallenendenkmal der Berliner Universität, ohne nähere Bezeichnung. Zentralarchiv Staatliche Museen zu Berlin . . . . S. 122

Nr. 22: Zeitungsausschnitt vom Juli 1926: Einweihung des Gefallenendenkmals der Berliner Universität, ohne nähere Bezeichnung. Geheimes Staatsarchiv Preußischer Kulturbesitz . . . . . . S. 125

Nr. 23: Entwurf für ein Reichsehrenmal am Pariser Platz von F. W. Krohn (um 1927). Geheimes Staatsarchiv Preußischer Kulturbesitz . . . . S. 130

Nr. 24: »Hitler als Bildhauer«. Karikatur im *Kladderadatsch* (1933) . . . . S. 136

Nr. 25: »Faustkämpfer« von Josef Thorak auf dem Olympiagelände (1936). Aufnahme Saehrendt 2003 . . . . S. 149

Nr. 26: »Großbelastungskörper« von Fa. Dyckerhoff & Widmann (1940). Aufnahme Saehrendt 2003 . . . . S. 152

Nr. 27: Grafik aus *Polizeitaktische Schriften* (1932) . . . . S. 162

Nr. 28: Karikatur im *Simplizissimus* (1930) . . . . S. 164

Nr. 29: Relief an der Siegessäule (1872). Aufnahme Saehrendt 2003 . . . . S. 166

Nr. 30: Sowjetisches Ehrenmal im Tiergarten (1945). Aufnahme Saehrendt 2003 . . . . S. 173

Nr. 31: Garde-Pionier-Denkmal von Hermann Hosaeus an der ehemaligen Evangelischen Garnisonkirche (1926). Aufnahme Saehrendt 2003 . . . . S. 177

Bei einigen hier reproduzierten Pressefotographien aus den 1920er-Jahren konnten die Fotographen nicht mehr ermittelt werden. Sollten heute noch Rechteinhaber für diese Aufnahmen existieren, bitten wir sie, sich mit dem Verlag in Verbindung zu setzen.

7. Danksagung

Für Anregungen und wissenschaftliche Beratung danke ich Prof. Dr. Jörg Haspel, Landeskonservator Berlins, Prof. Dr. Wolfgang Hardtwig, Humboldt-Universität zu Berlin, Prof. Dr. Heinrich August Winkler, Humboldt-Universität zu Berlin, Prof. Dr. Rüdiger vom Bruch, Humboldt-Universität zu Berlin, Dr. Hans Ottomeyer, Deutsches Historisches Museum Berlin und Prof. Dr. Michael Schneider, Historisches Forschungszentrum der Friedrich-Ebert-Stiftung Bonn. Für Hilfe bei der Bildbearbeitung danke ich Steen T. Kittl, Berlin.

8. Über den Autor

Geb. 1968. Studium der Freien Kunst an der Hochschule für bildende Künste Hamburg, 1996 Abschluss als Meisterschüler bei Prof. KP Brehmer. Anschließend Studium der Geschichte und Kunstgeschichte in Berlin und Heidelberg. Seit 1994 als bildender Künstler in Berlin tätig mit den Schwerpunkten Malerei und Installationen. Mitarbeit in der Künstlergruppe »Neue Anständigkeit.« Im Jahr 2002 kunstwissenschaftliche Promotion bei Prof. Dietrich Schubert an der Ruprecht-Karls-Universität Heidelberg.

9. Aktuelle Forschungsprojekte

Ernst Ludwig Kirchner und seine Kunst im »Zeitalter der Extreme« (seit 2000).
Politische Denkmäler und Kultarchitektur im Berlin der Zwischenkriegszeit (seit 2003).
Internationale Kunstausstellungen als Mittel auswärtiger Kulturpolitik in der Weimarer Republik und im »Dritten Reich« (seit 2004).
100 Jahre Künstlergruppe »Brücke« – 100 Jahre politische Rezeption der »Brücke« (seit 2004).
Erschienen sind bisher die Monographie »Ernst Ludwig Kirchner: Bohème-Identität und nationale Sendung«, (Frankfurt 2003) und zahlreiche Veröffentlichungen im Bereich »Kunst und Politik in der Zwischenkriegszeit 1919–1939«.

Cornelia Hecht
Deutsche Juden und Antisemitismus in der Weimarer Republik
Politik- und Gesellschaftsgeschichte
Band 62

432 Seiten, Hardcover
Euro 32,00
ISBN 3-8012-4137-8

Nach 1918 wurde der Antisemitismus aggressiver und breitenwirksamer: Drohbriefe, gewaltsame Übergriffe, Friedhofs- und Synagogenschändungen, gesellschaftlicher Ausschluss, wirtschaftlicher Boykott.

Wie nahmen deutsche Juden diese Radikalisierung wahr?
Wie reagierten sie auf die antisemitische Agitation?

◆ Im Fokus: die deutsch-jüdische Presse

◆ Ein wichtiger Beitrag zur Erforschung der deutsch-jüdischen Beziehungsgeschichte

◆ Ausgezeichnet mit dem Dr. Leopold-Lucas-Nachwuchswissenschaftler-Preis der Universität Tübingen

Verlag J. H. W. Dietz Nachf.
Dreizehnmorgenweg 24 – 53175 Bonn
www.dietz-verlag.de – E-Mail: info@dietz-verlag.de

Dagmar Ellerbrock
»Healing Democracy« Demokratie als Heilmittel

Gesundheit, Krankheit und Politik in der amerikanischen Besatzungszone 1945-1949

Veröffentlichungen des Instituts für Sozialgeschichte e.V. Braunschweig-Bonn

504 Seiten, Hardcover
Euro 36,00
ISBN 3-8012-4139-4

Nach Ende des Zweiten Weltkriegs drohten nach Auffassung deutscher Amtsärzte Fleckfieber, Typhus, Tuberkulose, Geschlechtskrankheiten und steigende Kindersterblichkeit. Auch amerikanische Medical officers fürchteten, dass die siegreiche US-Armee im besetzten Deutschland von Epidemien bedroht würde.

Wie gelang es, die Seuchen und damit verbundene Ängste zu beherrschen? Sie schließlich in die Hoffnung auf eine gesunde Zukunft zu überführen?

◆ Demokratie als Heilmittel gegen Militarismus, Nationalismus und Kriegsfolgen?

◆ Amerikanisch-deutsche Gesundheitspolitik als erfolgreicher Baustein eines neuen politischen Systems

Verlag J. H. W. Dietz Nachf.
Dreizehnmorgenweg 24 – 53175 Bonn
www.dietz-verlag.de – E-Mail: info@dietz-verlag.de